감사의 마음을 담아

_____에게 드립니다.

홍익희의
유대인 경제사

일러두기

- 본 《유대인 경제사》 시리즈의 일부 내용은 저자의 전작 《유대인 이야기》(행성B잎새, 2013)를 참조하였습니다.

산업혁명을 세계로 전파한 유대 자본
근대 유럽 경제사 下

THE GLOBAL INFLUENCE
OF JEWISH CAPITAL

6

홍익희의
유대인
경제사

한스미디어

6·25전쟁의 잿더미에서 맨손으로 시작한 우리 경제가 이제는 교역규모 세계 9위이자 수출 5강이다. 무에서 유를 창조한 것이나 진배없다. 1950년대 한국은 아프리카 나라들과 별 차이가 없는 극빈국이었다. 아니, 그보다도 못했다. 전쟁이 끝난 1953년의 1인당 소득은 67달러로 세계 최빈국의 하나였다. 그 뒤 8년이 지난 1961년에조차 1인당 소득은 82달러로, 179달러였던 아프리카 가나의 절반에도 못 미쳤다. 그마저도 미국 원조 덕분이었다. 전쟁 복구가 시작된 1953년부터 1961년까지 원조액은 무려 23억 달러였다. 당시 우리의 수출액과 비교해보면 미국 원조가 얼마나 큰 금액이었는지 알 수 있다. 1962년 우리 수출실적은 5000만 달러였다.

그해 정부주도로 처음으로 경제개발계획이 시작되었다. 같은 해 대한무역투자진흥공사KOTRA가 설립되었다. 변변한 자원 없는 우리 민족도 한번 해보자고 무역 진흥의 기치를 높이 내걸고 달리기 시작하였다. 2년 뒤 1964년에 1억 달러 수출을 달성했다. 이를 기념하여 '수출의 날'이 제정되었다.

그로부터 6년 뒤인 1970년에 수출 10억 달러를 넘어섰다. 또 그로부터 7년 뒤 "친애하는 국민 여러분, 드디어 우리는 수출 100억 달러를 돌파하였습니다. 이 기쁨과 보람은 결코 기적이 아니요, 국민 여러분의 고귀한 땀과 불굴의 집념이 낳은 값진 소산이며, 일하고 또 일하면서 살아온 우리 세대의 땀에 젖은 발자취로 빛날 것입니다"라고 박정희 대통령은 떨리는 목소리로 수출의 날 기념식에서 말하였다.

100억 달러! 당시로는 쉽게 믿기지 않는 숫자였다. 대통령은 그날 일기에 이렇게 적었다. "10억 달러에서 100억 달러가 되는 데 서독은 11년, 일본은 16년 걸렸다. 우리는 불과 7년 걸렸다. 새로운 출발점으로 삼자. 새로운 각오와 의욕과 자신을 가지고 힘차게 새 전진을 다짐하자."

이렇게 달려와 2008년 수출액은 4200억 달러를 넘어섰다. 46년 사이에 8400배 증가한 것이다. 세계은행에 따르면 1960년대 이후 30년 동안 한국의 경제성장률이 세계 197개국 가운데 가장 높았다 한다. 자그마치 30년을 1등으로 달려온 민족이다. 세계 경제사에 유례가 없는 것이라 하였다. 바깥을 향한 경제정책이 우리 민족을 일으켜 세운 것이다. 해외에 나가보면 우리 수출기업들이 정말 열심히 뛰고 있다. 그들의 활약상을 보고 있노라면 누구라도 애국자가 아니 되려야 아니 될 수 없다. 우리 경제가 이만큼이나마 클 수 있었던 것은 수출기업들 덕분이다.

　그런데 이러한 수출의 비약적인 발전에도 오늘날 우리 경제가 활력을 찾지 못하는 원인은 무엇일까? 내수경기는 좀처럼 불붙지 못하고 청년실업은 갈수록 늘어나고 있다. 상품 수출로 벌어들인 무역흑자는 서비스수지와 소득수지 적자로 까먹고도 모자랄 판이다. 이제는 세상이 바뀌어 상품 수출만으로는 안 된다. 서비스산업의 발전 없는 제조업 수출만으로는 한계가 있다.

　필자는 해외 7개국에서 근무했다. 그 가운데 1990년대 중반 뉴욕 무역관에 근무할 때, 제조업 고용비중이 10%도 안 되는 미국이 세계 경제를 호령하는 힘은 어디서 나오는지 궁금했다. 속내를 들여다보니 미국은 서비스산업 고용비중이 80%를 넘어선 서비스산업 강국이었다. 특히 금융산업 경쟁력은 세계 최강이었다. 뭔가 월스트리트에 답이 있을 듯했다. 그 속내를 들여다보고 싶었다.

　세계의 제조업이 산술급수적으로 커가고 있을 때 금융산업은 기하급수적으로 성장하였다. 미국 경제에서 GDP 성장에 대한 금융산업 기여도는 3할에 이른다. 세계는 바야흐로 금융자본이 산업자본을 이끄는 금융자본주의 시대다. 이러한 금융자본주의 정점에 미국이 있었다. 제조업의 열세로 무역적자에 허덕이는 미국을 세계 각국에 투자된 미국의 금융자본이 먹여 살리고 있었다.

2001년부터는 스페인에서 두 번째로 근무하는 행운을 얻었다. 세계적인 제조업이나 변변한 첨단산업 하나 없는 스페인이 10여 년 전 첫 근무를 할 때에 비해 급속도로 발전하고 있는 데 놀랐다. 관심을 갖고 들여다보니 그 힘 역시 서비스산업이었다. 20세기에 힘들었던 스페인 경제가 21세기 들어 관광산업과 금융산업이 주도하기 시작하면서 활기차게 돌아갔다. 고용창출 효과 또한 대단했다.

해외 근무를 계속하면서 가는 곳마다 유대인들을 만날 수 있었다. 중남미에서부터 미국, 유럽에 이르기까지 필자가 근무한 나라를 더해갈수록 그들의 힘을 더 크게 느낄 수 있었다. 금융은 물론 유통 등 서비스산업의 중심에는 언제나 유대인들이 있었다.

도대체 그들의 힘의 원천이 무엇인지 알고 싶었다. 우리나라도 이제 예외가 아니었다. 이미 우리 생활 곳곳에 알게 모르게 유대인들의 영향력이 강하게 미치고 있었다. 이제는 유대인이 그동안의 개인적인 관심사의 대상을 넘어 우리 경제에서 그냥 지나칠 수 없는 거대한 상대방이 되어 있었다.

　서비스산업의 실체에 대해 제대로 공부해보고 싶었다. 뿌리부터 알고 싶었다. 금융산업을 비롯한 서비스산업의 뿌리를 살펴보니 거기에는 어김없이 유대인들이 있었다. 경제사에서 서비스산업의 창시자와 주역들은 대부분 유대인이었다. 더 나아가 세계 경제사 자체가 유대인의 발자취와 궤를 같이하고 있었다. 참으로 대단한 민족이자 힘이었다.

　매사에 '상대를 알고 나를 아는' 지피지기가 우선이라 하였다. 그들을 제대로 알아야 한다. 그리고 그들에게 배울 게 있으면 한 수 배워야 한다. 이런 의미에서 우리 경제가 도약하는 데 작은 힘이나마 보탬이 되고자 능력이 부침에도 감히 이 책을 쓰게 되었다. 우리도 금융강국이 되어야 한다. 그리고 다른 서비스산업에서도 경쟁력을 갖추어야 21세기 아시아 시대의 주역이 될 수 있다.

　책을 쓰면서 '경제사적 시각'과 '자본의 공간적 흐름'에 주목했다. 지금 세계에는 직접투자자본FDI이 인건비가 높은 나라에서 낮은 나라로 물 흐르듯 흐르고 있다. 그 덕에 제조업의 서진화西進化가 빠른 속도로 이루어지고 있다. 중국이 대표적인 사례다. 이를 통해 아시아 시대가 우리가 예상했던 것보다 더 빨리 다가오고 있다.

그러나 그보다 더 거센 물결은 세계 금융자본의 초고속 글로벌화다. 대부분의 글로벌 금융자본은 돈 되는 곳이라면 어디든 가리지 않는다. 인터넷 거래를 통해 빛의 속도로 세계 각국을 헤집고 다니며 엄청난 규모의 자본소득을 빨아들이고 있다.

아시아 시대는 이러한 거대하고도 빠른 복합적 흐름으로 가속화되고 있다. 흐름의 가속화는 곧 급류요 소용돌이다. 변혁의 시기인 것이다. 이렇게 급속도로 펼쳐지고 있는 아시아 시대를 맞아 우리나라가 외부의 물살에 휩쓸려서는 안 된다. 더구나 중국이나 일본의 변방에 머물러 있어서도 안 된다. 그 흐름의 중심에 올라타야 한다.

필자는 경제학자도, 경제 관료도 아니다. 경제 전문가는 더더욱 아니다. 그러나 해외 여러 나라에서 근무하면서 보고 듣고 느낀, 서비스산업의 중요성과 유대인의 힘에 대해 같이 생각해보고 싶었다. 필자는 그동안 주로 제조업 상품의 수출을 지원해왔다. 그러나 제조업도 중요하지만 앞으로는 금융, 관광, 교육, 의료, 영상, 문화, 지식산업 등 서비스산업의 발전 없이는 우리의 미래도 한계에 부딪힐 수밖에 없다고 생각한다. 미래 산업이자 고용창출력이 큰 서비스산업이 발전해야 내수도 살아나고 청년실업도 줄일 수 있다. 그래야 서비스수지와 소득수지도 적자를 면하고, 더 나아가 우리 서비스산업이 수출산업으로 자리매김할 수 있다.

무엇보다 금융산업은 우리 미래의 최대 수출산업이 되어야 한다. 우리 모두가 서비스산업의 중요성에 대해 인식을 깊이 하고 지평을 넓혀야 한다. 21세기 우리 경제를 이끌 동력은 한마디로 서비스산업과 아이디어다. 1970년대에 우리가 '수출입국'을 위해 뛰었듯이, 이제는 '서비스산업 강국'을 위해 매진해야 한다.

이 책은 오늘날의 유대인뿐 아니라 역사 속 유대인의 궤적도 추적하였다. 이는 역사를 통해 서비스산업의 좌표를 확인하고자 함이요, 또한 미래를 준비하고 대비하기 위한 되새김질이기도 하다. 경제를 바라보는 시각도 역사의식이 뒷받침되어야 한다고 믿는다.

책을 쓰면서 몇 가지 점에 유의했다. 먼저, 유대인에 대한 주관적 판단이나 감정을 배제하고 객관성을 유지하고자 노력했다. 가능하면 친유대적도 반유대적도 아닌, 보이는 그대로 그들의 장점을 보고

자 애썼다.

두 번째로, 유대인 이야기와 더불어 같은 시대 동서양의 경제사를 씨줄로, 그리고 과학과 기술의 발달 과정을 날줄로 함께 엮었다. 이는 경제사를 입체적으로 파악하기 위해서다. 그리고 경제사를 주도한 유대인의 좌표를 그 시대 상황 속에서 살펴보고자 함이요, 동양 경제사를 함께 다룬 것은 서양의 것에 매몰된 우리의 편중된 인식을 바로잡는 데 조금이라도 보탬이 되고자 함이었다. 유대인도 엄밀히 말하면, 셈족의 뿌리를 갖고 있는 동양인이다. 다만 오랜 역사에 시달려 현지화되었을 뿐이다.

과학과 기술의 발달 과정을 함께 엮은 것은, 경제사를 입체적으로 이해하기 위해서는 시대 상황과 함께 과학과 기술의 변천을 함께 살펴야 한다는 믿음 때문이다. 과학기술사는 경제사와 떼려야 뗄 수 없는 불가분의 관계다. 실제 역사적으로 과학기술의 발전이 경제 패러다임을 바꾼 사례가 많았다. 이미 과학과 기술의 트렌드를 알지 못하고는 경제와 경영을 논하기 어려운 시대가 되었다.

날줄과 씨줄이 얽히면서 만들어내는 무늬가 곧 경제사의 큰 그림이다. 만약 이러한 횡적·종적인 연결고리들이 없다면 상호 연관성이 없는 개별적인 역사만 존재하게 되고, 경제사는 종횡이 어우러져 잘 짜여진 보자기가 아니라 서로 연결되지 않은 천 쪼가리들에 지나지 않을 것이다.

세 번째로, 유대인의 역사와 그들의 의식구조를 이해하기 위해 그들이 믿는 '유대인의 역사책'인 구약성경을 많이 인용하였음을 양해 바란다.

마지막으로 고백해야 할 것은, 이 책의 자료 가운데 많은 부분을 책과 인터넷 검색으로 수집하였다는 점이다. 이를 통해 여러 선학들의 좋은 글을 많이 인용하거나 참고하였음을 밝힌다. 한 조각, 한 조각의 짜깁기가 큰 보자기를 만들 수 있다는 생각에서다. 널리 이해하시리라 믿는다.

특히 《유대인 경제사》를 내면서 먼저 출간된 필자의 책들 《유대인 이야기》(행성B, 2013)와 《유대인 창의성의 비밀》(행성B, 2013), 《세 종교 이야기》(행성B, 2014)에서 많은 내용을 가져왔다.

그리고 이번 《유대인 경제사》 6권에서는 산업혁명을 세계로 전파한 유대 자본과 금융 황제 로스차일드 이야기, 그리고 홀로코스트와 유대인이 왜 증오받는지에 대한 이야기를 다루었다. 네덜란드에서 영국으로 자리를 옮겨 온 유대인의 산업혁명기의 활약상과 로스차일드로 대표되는 유대 금융자본을 살펴보면서 그들이 어떻게 근대 유럽 경제를 열어갔는지를 추적하였다.

참고문헌은 익명의 자료를 제외하고는 본문의 각 페이지와 책 후미에 밝혀두었다. 그럼에도 이 책에 있는 오류나 잘못은 당연히 필자의 몫이다. 잘못을 지적해주시면 감사한 마음으로 고치겠다. 끝으로 이 책을 사랑하는 코트라KOTRA 식구들에게 바친다.

지은이 홍익희

CONTENTS

Ⅲ

나치의 반유대주의와 홀로코스트

I

산업혁명을 세계로 전파한 유대 자본

JEWISH ECONOMIC HISTORY

산업혁명은 18세기 후반에 시작된 기계의 발명과 기술 혁신에 의한 산업상의 큰 변화, 그리고 이에 따른 사회·경제적 변화를 의미한다. 산업혁명이란 용어는 토인비가 처음 사용했다. 그는 "산업혁명은 혁명적인 격렬한 변화가 아니라 그 이전부터 시작되어 왔던 점진적이고 연속적인 기술의 발전"이라고 말했다. 그럼에도 영국에서 일어난 산업혁명으로 기술상의 변화뿐 아니라 여러 가지 사회·경제적 변화가 복합적으로 진행되었다.

산업혁명 이전에 농업혁명이 선행되었다. 16세기 플랑드르에서 중세의 삼포제를 대체하는 4윤작법이 개발되었다. 4윤작법이란, 밭을 3분해서 3년마다 한 번씩 묵히는 삼포제와 달리 밭을 4분해서 보리, 클로버, 밀, 순무 순으로 땅을 놀리지 않고 심는 농법이다. 클로버와 순무가 지력을 회복시키는 작용을 하는 동시에 사료로 사용되기 때문에 밭 가운데 일부를 사용할 수 없는 삼포제에 비해 훨씬 효율적이었다. 이렇게 혁명적으로 발전한 농업은 인구의 급속한 증가를 가능케 했다. 곧 생산인구이자 소비인구가 늘어나 산업혁명의 기반을 이루었다.

19세기에 접어들어 산업혁명은 본격적인 궤도에 진입했다. 산업혁명을 지원하고 또 세계로 전파시키는 데 가장 큰 공헌을 한 것이 해상무역의 발전과 저리의 금융산업 발달이었다. 그 중심에 유대인들이 있었다.

01

철도, 세상을 바꾸다

철도의 역사는 발명의 역사이자 시공을 좁히는 근대화의 역사였다. 또 그 자체가 곧 근대 경제사였다. 철도의 발전 과정을 살펴보자.

산업혁명 당시 영국의 석탄광산과 철광산에서는 무거운 석탄과 철광석을 더욱 쉽게 운반하기 위해 수레용 레일을 깔아 운반했다. 그 뒤 19세기 초 영국의 기술자들은 레일과 차륜을 직접 접촉시켜 그 마찰로 기차를 움직일 수 있는 방법을 연구하기 시작했다. 마침내 1804년 리처드 트레비딕이 시속 4마일의 광산 철로용 증기기관차를 세계 최초로 제작했다. 하지만 너무 느려 실용성과는 거리가 멀었다. 그 뒤 증기기관차의 아버지로 불리는 조지 스티븐슨 George Stephenson이 1814년에 상업성이 있는 시속 12마일의 증기기관차를 개발했다. 처음에 이 증기기관차는

❖ 스티븐슨 증기기관차 기념우표

탄광 내부에서만 사용되었다. 그러다가 점차 탄광과 공업 지역을 잇는 운송수단으로 자리 잡아갔다.

스티븐슨이 발명한 증기기관차는 속도와 능률 면에서 대성공을 거두어 철도시대를 열었다. 1825년, 석탄을 탄광의 갱도에서 뱃길까지 운반하는 약 40km의 스톡턴-달링턴 철도가 개통되었다. 이것이 세계 최초의 철도다. 스티븐슨은 자기가 제작한 36개의 왜건을 연결해 만든 증기기관차 '로코모션호'를 스스로 운전하여 승객과 석탄 90톤을 싣고 시속 18km로 달렸다.

그러나 당시에는 증기기관차가 석탄만 운반하고 여객 수송은 마차철도에 의해 이루어졌다. 그럼에도 장대한 길이를 가진 기계력을 사용하는 공공철도의 개통은 큰 자극요인이 되어, 그 뒤 철도가 본격적으로 영국 각지에 들어서게 되는 배경이 되었다.

세계를 달군 두 상업도시 간 철도 연결

1830년에는 맨체스터-리버풀 항구 간 철도가 개통되었다. 스티븐슨이 개량한 로켓호가 20톤의 객차를 끌고 시속 50km로 이 철도를 달림으로써 철도 붐을 일으켰다. 하루 7회를 왕복하며 약 1100명을 실어 날랐다. 대성공이었다.

맨체스터-리버풀 철도는 45km에 불과하지만 즉각 국가적 모델이 되었

⚙ 증기기관차

다. 그 성공에 자극받아 다음 단계로 수도 런던을 중심으로 남쪽으로는 사우샘프턴, 서쪽으로는 브리스톨, 북쪽으로는 버밍엄을 거쳐 리버풀-맨체스터 철도까지 연결하는 3개 노선의 철도회사들이 1832~1835년 사이에 설립되었다.

산업 순환의 대동맥이 형성되자 물류의 발달로 국내시장이 빠르게 확장되었다. '철도 광풍railway mania'으로까지 표현되는 영국 철도의 급속한 발달은 영국의 무역과 제조업에 놀라운 동력을 제공했다. 그 뒤 영국은 '해가 지지 않는 나라'로 최전성기를 맞이한다. 영국은 물론 바다 건너 유럽과 미국도 '당대의 첨단기술'인 철도의 출현에 열광했다.

영국 광역철도망을 완성하다

그 뒤 영국은 본격적인 간선철도를 건설하기 위해 여태까지와는 다른 종류의 복잡한 문제들을 극복해야 했다. 1837년 7월 버밍엄에서 북쪽의 워링턴까지 132km 구간이 개통되었다. 당시 이 장거리 노선은 토목공학의 신기원을 열었다. 강과 산을 건너기 위해 150여 개의 다리와 터널 2개, 육교 5개와 고가식 수로 2개를 건설하는 과정에서 신공법이 개발되었다.

이로써 2차원에 머물던 교통로도 3차원의 영역으로 넓어졌다. 이 철도 개통 보름 후에는 리버풀-런던 노선도 뚫렸다. 런던과 부근의 3대 도시인 버밍엄-리버풀-맨체스터를 연결하는 광역철도망이 완성된 것이다. 장거리 철도가 투자자들에게 10% 넘는 배당을 실시한다는 소식은 영국 전역에 철도투자 붐을 일으켰다.

のマップに含まれる地名:

스코틀랜드

북아일랜드

리버플
맨체스터
워링턴

아일랜드 해

웨일스

북해

세인트 조지
해협

버밍엄

런던
★

브리스톨

브리스톨 해협

잉글랜드

켈트 해

사우샘프턴

영국 해협

프랑스

1842년에는 런던을 중심으로 한 사우샘프턴, 브리스톨, 버밍엄의 세 노선이 모두 완공되었다. 최초의 철도가 부설된 지 12년 만의 일이다. 거대한 민간 자본력이 있었기 때문에 가능한 일이었다. 그 뒤 얼마 안 되어 여기저기 추가된 철도 노선을 포함하여 영국 전체의 철도 연장 거리는 오늘날 우리 한국 철도의 영업 거리와 유사한 규모인 약 3200km에 달했다. 영국의 철도는 모두 민간회사들의 손으로 건설된 민영철도였다. 1842년만 해도 총 50개에 달하는 회사가 있었다. 이때부터 철도가 곧 경쟁력임을 세계만방이 알게 되었다.

철도, 자본주의 시스템을 세계로 확산하다

철도는 다비 가문의 천과 석탄의 결합으로 생겨났다. 목탄을 대체한 코크스의 개발로 무쇠가 제련되었다. 1830년 철도가 부설되면서 철에 대한 수요가 급증하기 시작했다. 그 뒤 영국은 철강산업을 수출 주력산업으로 키웠다. 국내 소비는 주로 저급품 철을 쓰고 기술 위주의 고부가가치 철들은 수출했다. 이렇듯 큰 이익을 가져오는 기술의 발전은 주로 대규모 수출 덕분이었다. 또 수출이 잘되니 기술 연구에 대한 투자가 늘었다. 기술 발전의 선순환 구조가 이루어졌다.

경제사에서 철도가 갖는 의미는 크다. 철도가 시간과 공간을 좁혀준 덕분에 무엇보다 물류비용이 크게 줄었다. 전문가들은 19세기 철도의 물류비용이 역마차의 약 5%밖에 되지 않았다고 분석했다. 싼 물류비는 거대한 시장의 탄생을 가능하게 했다. 한 나라 안에서 지역별로 쪼개져 있던 시장이 철도로 인해 하나로 통합된 것이다. 수요가 전국적으로 늘어나자 대장간 수준이었던 산업체가 대량생산 규모 체제로 바뀌었다. 철도 자체도 거대한 산업으로 바뀌었고, 레일·화차 제작과 석탄 채굴 등 철도 연관산업이 발진하면서 중공업이 태동했다.

산업혁명은 1776년 증기기관이 발명된 이래 50여 년이 지난 후 철도의 등장을 통해 진정한 변화가 시작되었다. 철도 건설은 경제적 파급효과가 큰 산업으로 산업혁명의 제2단계를 주도하여 자본주의 시스템을 세계로 확산시키는 역할을 했다.

철도 도입 전에는 감히 나설 생각을 못 했던 수백만 명의 사람들이 여행을 떠났다. 철도가 없었다면 신문 등 저렴한 인쇄물의 대량 유통도 불가능했을 것이다. 도시민의 식생활도 변했다. 철도로 인해 고기와 채소의 가격이 처음으로 도시인들이 구입할 수 있는 수준으로 떨어졌다. 철도는 수많은 일자리를 제공했다. 그리고 수출품을 항만까지 값싸게 수송함으로써 19세기 영국 무역을 선두로 이끌어냈다. 피터 드러커는 "철도의 발명이야말로 진실로 전례 없는 제품이었다. 이것은 영원히 경제와 사회, 정치를 변화시켰다"고 했다.

로스차일드가, 오스트리아와 프랑스의 철도사업을 주도하다

이때 영국에서 유대 자본들이 철도 건설에 많이 참여했지만 정작 영국에서 가장 영향력이 큰 유대 금융가 네이선 로스차일드Nathan Rothschild는 참여하지 않았다. 철도의 미래에 대해 자신이 없었기 때문이다. 그는 당시 유대 금융가 베어링 가문을 누르고 런던의 금융 황제에 등극한 지 이미 오래였다. 1815년 워털루 전투 패배로 막을 내린 나폴레옹 전쟁이 끝난 직후 로스차일드 일가의 전 자산은 약 1억 3600만 파운드에 이르렀다. 그 가운데 영국에 있던 네이선은 9000만 파운드를 소유하고 있었다. 당시 영국 최고의 부자로 알려진 왕가의 재산이 500만 파운드 정도였다.

그 뒤 수년간 영국이 영란은행을 통해 유럽 동맹국들에 제공한 자금 4200만 파운드의 절

❖ 네이선 로스차일드

∴ 1832년 생데피안–리옹 간의 최초의 여객 수송용 증기철도 기관차

반을 그가 조달할 정도로 금융계의 강력한 권력자가 되었다. 자그마치 영국 채권의 62%가 그의 수중에 있었다. 이때부터 영란은행의 화폐 발행과 금 가격을 포함한 중요한 결정권은 로스차일드 가문의 수중으로 들어갔다.

그러한 네이선도 그간의 고정관념에 붙잡혀 수송은 말이 끄는 마차면 충분하다고 생각했다. 그러나 영국 철도가 성공하는 것을 보자 생각이 바뀌었다. 그 자신은 정작 초기 철도사업에 참여하지 못했지만 유럽의 다른 나라에 있는 형제들에게는 철도사업을 남보다 먼저 시작하라고 강력히 권유했다.

그 결과 1832년 오스트리아와 프랑스의 로스차일드 가문 사람들이 유럽 대륙의 철도사업에 앞장섰다. 두 나라의 초기 철도망들은 모두 로스차일드 가문이 건설했다.

노예해방으로 산업인력이 공급되다

1787년 10월, 28세였던 영국의 젊은 하원의원 윌리엄 윌버포스 William Wilberforce 는 자신의 일기장에 이렇게 썼다. "전능하신 하느님께서는 내 앞에 두 가지의 큰 목표를 두셨다. 하나는 노예무역을 폐지하는 것이고, 다른 하나는 인습을 개혁하는 것이다."

∴ 윌리엄 윌버포스

그는 인간은 하느님 앞에 모두 평등하다는 신앙을 바탕으로 40여 년 동안 노예무역제도 폐지를 위해 평생을 바쳤던 그리스도인이었다. 왜소한 체구의 윌버포스는 150번이나 되는 의회 논쟁을 통해 영국이 진정으로 위대한 나라가 되고자 한다면 하느님의 법을 따라야 한다고 주장했다. 기독교 국가를 자처하는 영국이 황금에 눈이 멀어 노예제도를 고집하면 살아남지 못할 것이라고도 경고했다.

암살 위협과 갖은 중상모략, 비방에 시달리면서도 윌버포스는 자신의 소신을 굽히지 않았다. 시간이 흐르면서 영국의 수많은 뜻있는 사람들의 도움을 받으며 외롭고 기나긴 싸움을 버텨나갔다. 윌리엄 윌버포스가 그의 평생을 노예제도 폐지에 헌신하게 된 이유는 〈나 같은 죄인 살리신Amaging Grace〉이라는 노래를 작곡한 뉴턴 목사의 평생을 통한 참회로부터 시작되었다.

한때 노예무역상으로서 수많은 노예를 아프리카에서 사냥하여 대영제국의 경제력을 뒷받침했던 뉴턴은 그러한 죄악이 하느님 앞에 얼마나 무서운 죄인가를 깨달았다. 그리고 자신의 모든 재산을 노예를 사서 해방시키는 데 사용하고 평생 참회하는 마음으로 작은 교회를 청소하며 2만 명의 노예들의 원혼을 달래며 살았다. 마지막에는 눈이 멀고 영국과 프랑스 간의 전쟁으로 사람들의 뇌리에서 노예제도 폐지라는 이슈가 사라지자 자신의 끔찍한 과거를 책으로 내서 사람들에게 노예무역의 심각함을 일깨운다. 윌버포스를 만난 뉴턴 목사는 평생 두 가지만 기억하며 산다고 했다. 하나는 자신은 정말로 용서받을 수 없는 크나큰 죄인이라는 것, 또 다른 하나는 주 예수 그리스도는 그러한 죄인조차 구원하신다는 사실이다. 그는 자신이 사냥하여 팔아넘겼던 아프리카의 사람들을 꿀꿀이라고 불렀지만 실제로는 자신들이 짐승이었고 그들은 사람이었다고 고백한다.

그 뒤 20년 후인 1807년, 영국 의회에서 노예매매 폐지법이 통과되었다. 이어 1833년에는 노예해방 법령이 선포되어 노예제도는 종식되었다. 이때 약 80만 명의 노예들이 자유를 얻었다. 그 뒤 노예 인력을 대신하는 기계공업이 급속히 발전하여 산업혁명의 물결이 퍼져나가기 시작했다. 동시에 이들 노예인력이 산업인력이 되어 철도 건설 등 대규모 산업화가 진행될 수 있었다.

유대 자본, 산업혁명을 주도하다

18세기 중엽부터 시작된 산업혁명은 방직, 기계, 광산, 철도, 조선, 군수산업, 에너지 등 새로운 분야에서 거대한 자본을 필요로 했다. 그런데 이러한 거대 자본 수요가 기존의 대부업자나 은행가들로서는 감당할 수 없는 규모였다. 이러한 수요를 감당할 수 있는 대자본은 유럽 전역에 금융망을 갖고 있는 로스차일드 가문을 비롯한 유대 자본이 중심이 될 수밖에 없었다.

특히 철도 건설은 유리한 투자 대상으로 여겨져 주식시장을 통해 민간자본의 거액 투자가 이루어졌다. 한편 이렇게 인기를 끌지 못하는 그 밖의 산업들에 대한 투자는 런던 금융계를 장악한 로스차일드가가 그 선봉에 있었다. 특히 1815년 워털루 전투 이후 영국 증시와 채권시장은 물론 전 유럽을 상대로 한 대출시장에서 그들의 영향력은 독보적이었다. 그들의 자본 형성 과정에 문제가 없는 것은 아니지만 그들의 자본력이 산업혁명을 감당하고, 더 나아가 이를 세계에 전파한 공로는 자본주의 역사상 정당하게 평가받아야 할 대목이다. 이들이 근현대 금융산업의 흐름을 주도했다.

철도와 함께 발전한 철강산업

1840년대부터 1850년대까지 영국에서 철도 건설 러시가 일어났다. 영국의 철도 길이는 1845년 3277km에서 10년 후인 1855년에는 1만 3411km로 4배 이상 늘어나 전국적인 조밀한 철도망이 형성되었다. 모두 민간자본으로 건설되었다. 이후 철도는 저렴한 대량수송 수단으로 영국의 산업혁명과 경제에 크게 기여하였다.

철도와 함께 발전한 것이 철강산업이다. 영국은 1840년에 이미 선철 생산량이 세계 생산량의 절반을 넘어섰다. 그러다가 1856년에 미국의 윌리엄 켈리William Kelly와 영국의 헨리 베서머Henry Bessemer가 금속의 왕이라 일컬어지는 '강철'을 값싸고 대량으로 생산할 수 있는 방법을 개발했다. 이후 철도 레일과 고층 건축물, 그리고 긴 다리에는 선철 대신 강철이 쓰였다. 그 뒤 1870년대에 이루어진 성과 중에 가장 두드러진 것은 강철의 대량생산이었다.

1845년 영국을 달군 철도 광풍

철도 건설 같은 대형 프로젝트를 추진하기 위해서는 거대한 자본이 필요했다. 경제사에서 보면 대부분 이 과정에서 자본조달 창구인 주식시장은 투자자들의 환상과 아픔을 함께했다.

1844년 후반기의 영국 경제 상황은 나쁜 편이 아니었다. 이자율은 지난 100년 동안 가장 낮은 수준에 머물러 있었고 연이은 풍년으로 곡물값도 낮게 형성되었다. 따라서 철도 건설비용이 낮아져 철도회사의 당기순이익은 빠르게 상승했다. 당시 3대 철도회사는 통상 이자율의 거의 3배에 이르는 10%의 배당을 실시했다. 배당금이 높다 보니 철도 주식 붐이 불었고, 앞으로 다가올 철도혁명 미래에 대한 대중들의 관심은 나날이 증폭되고 있었다.

1845년 1월, 16개 노선의 철도 건설이 계획되어 자금조달에 들어갔다. 4월이 되자 50개의 새로운 철도회사가 등록되었으며 이들 기업의 사업설명서와 주식공모 광고가 신문을 도배했다. 이 광고에는 10% 이상의 배당수익을 약속하는 문구가 꼭 들어 있었다. 1845년 6월 말 무려 13만 km의 철도 건설 신청을 무역위원회가 심사하고

있었다. 이는 그때까지 건설된 기존 철도 길이보다 4배나 더 긴 것이었다. 영국 남북 길이의 20배였다. 7월에는 한 주 동안에만 12개의 철도 건설계획이 공표될 정도였다. 과열이었다. 신문은 10월 현재 5억 6000만 파운드 이상이 필요한 1200개의 노선이 계획 중이며 이미 철도회사에 납입된 자금조달은 6억 파운드가 넘었다

고 보도했다. 이는 당시 5억 5000만 파운드였던 영국 국민총생산을 넘어서는 것이었다.

대부분의 사람이 투기에 달려들었다. 너도나도 철도회사를 차리고 주식을 공모했다. 가난한 서민들까지 철도회사의 주식을 사들였다. 투기꾼들의 작전이 판을 쳤다. 유명인들은 주식을 싼값에 살 수 있는 옵션을 받고 회사 발기인 명단에 이름을 빌려줬다. '철도 광풍'이라 불리는 투기적 열풍이 전국을 거세게 휩쓸었다. 그 열기가 어느 정도였느냐 하면, 무역위원회의 심의를 통과해 영국 의회에 정식으로 제출되어 승인을 기다리고 있는 새로운 철도 건설사업의 총 거리만 3만 3600km였다. 결국 이 중 1만 3000km 정도만 승인을 받았다.

문제를 인식한 영국 의회는 1845년 2000만 파운드 이상의 철도 주식을 청약한 투기꾼 2만 명의 신분을 공개했다. 놀랍게도 국회의원 157명의 이름도 투기꾼 명단에 끼어 있었다. 철도회사의 주식을 소유한 정계 실력자들의 로비로 철도 건설이 무리하게 추진된 것이다.

과열의 후유증 금융공황, 돈의 홍수로 막아내다

1845년 늦여름, 철도 버블은 부풀어 오를 때까지 부풀어 올랐다. 투기 열풍은 해외 철도에도 번져 수많은 해외 건설계획이 수립되었다. 철도 건설이 본격화되자 철도회사들은 납입되지 않은 주식대금을 청구하기 시작했다. 당시 철도회사들은 의회 인가를 받기 전에 주식대금의 일부만 받고 주식을 매각했다. 1845년 10월 초, 주식대금 납입을 위해 투기꾼들이 보유 주식을 내다 팔기 시작하자 주가는 주저앉기 시작했다. 10월 말, 철도회사의 주가는 최고점을 기록한 8월에 비해 40% 이상 폭락했다.

과열의 후유증이 나타난 것은 1846년부터였다. 중복투자로 철도회사의 배당률이 하락하며 철도회사들이 도산하기 시작했다. 감옥은 대출을 받아 투자했던 사람들로 가득 찼다. 여기에 밀 작황에 대한 투기가 맞물려 시장은 더욱 혼란 속으로 빠져들었고 안전자산인 금 선호도가 높아졌다. 영란은행이 금 유출을 막기 위해 지급보증 업무를 일부 중단하자 공포의 일주일이 찾아왔다. 1847년 10월 17일, 주초인 이날 단기국채 금리가 4%에서 6%대로 뛰었다. 주말에 이르러서는 11%대까지 치솟았다. 일주일 사이에 금리가 3배 가까이 폭등한 것이다. 이 시기는 '공포의 일주일'이라는 이름으로 경제사에 남아 있다. 은행들이 파산하고 금과 외환보유액마저 줄어들었다. 금융공황이 들이닥친 것이다.

공포를 잠재운 것은 '돈의 홍수'였다. 영국 정부는 1844년 은행법에서 금지한 재할인을 다시 허용했다. 그리고 영란은행이 금 보유액과 관계없이 은행권을 발행할 수 있도록 허용한다는 정부 조치가 나오자 시장은 급속도로 안정을 되찾았다. 예나 제나 금융공황은 돈의 홍수로 막아내는 모양이다.

투기의 또 다른 얼굴: 철도, 세계를 하나로 만들다

그러나 투기에는 단점만 있는 것이 아니다. 영국 경제가 심각한 불황을 겪고 있던 1840년대에 철도 건설의 붐이 일자 50만 명의 노동자들이 철도 건설현장에서 돈을 벌어 생계를 유지했다. 이는 당시 다른 산업 전체의 고용창출 규모와 맞먹는 것이었다. 아일랜드가 흉작으로 가혹한 기근에 시달릴 때 철도 건설은 수만 명의 아일랜드인에게 먹을 것을 제공해주었다. 더 나아가 철도투기는 경제 발전에 밑거름이 되는 사회간접자본을 확충했다. 1855년 당시 영국에서 가동된 철도는 프랑스와 독일의 7배가 넘었고, 이때 건설된 철도가 빅토리아 여왕 시기 영국 경제에 엄청난 기여를 했다. 저렴한 대량수송수단으로 산업혁명에 기여한 것이다.

영국 내부에서는 철도를 따라 새 공장들이 산업 지역에 우후죽순처럼 생겨났다. 전 세계 식민지에서 영국의 항구로 수송되어 온 원자재들이 철도를 따라 공장 곳곳에 공급되었다. 철강산업이 발달하고 철도 연관산업도 발전했다. 기관차 등 각종 철도용품을 포함한 공산품을 전 세계에 팔 수 있었다. 제조업의 팽창은 끝이 없어 보였다. 자본가들은 낙관적이었다. 돈은 넘쳐났고 투자할 기회도 풍부했다. 이 자본력을 바탕으로 세계 철도 건설을 주도했으며 세계 금융시장을 석권했다. 무역은 전성기를 맞고 있었고, 국민들의 사기는 드높았다.

100년간 지속된 철도 건설 붐

영국에서 시작된 철도 건설은 곧바로 유럽 여러 나라와 미국에서 급속히 추진됐다. 그 뒤에는 인도, 중남미 등 후진 지역에서도 철도가 보급되어 철도는 그야말로 산업문명의 상징이 되었다. 그 뒤 빠르고 안전하며 한 번에 많은 물건과 사람을 실어 나를 수 있는 기차는 교통과 물류에 큰 변화를 가져왔다.

1850년대와 1860년대를 거치는 동안 세계 각국은 경쟁적으로 철도를 건설했다. 또한 철도 건설사업은 금속, 연료, 기계 등을 대량으로 요구했기 때문에 다른 산업 부문에도 엄청난 파급효과를 낳았다. 영국은 철도 레일 등에 쓰이는 철재를 대량으로 수출하여 제철 기계 공업이 급성장을 이루었다. 19세기 중엽에 철재 생산량의 40%가 수출되었다. 철도 건설과 운영에는 엄청난 자본과 체계적인 관리가 필요했다. 이를 뒷받침한 것이 유럽 주요국의 금융을 주도하고 미국의 모건 은행을 지원했던 로스차일드 가문의 자본력이었다.

한편 주식시장도 비약적으로 커졌다. 그 무렵 주식시장의 자본조달 방식이 질적으로 바뀌었다. 철도 건설에 투입되는 자금은 방대했다. 주식공모가 본격화했다. 그 때문에 철도를 매개로 근대적 대기업이 형성될 수 있었다. 이로써 서양 세계는 역사상 유례가 없는 철도 건설 붐에 휩싸였다. 이는 경제사에서 가장 거대한 폭발로 강조되는데, 건설 붐은 30년 동안 계속되었다. 그때 오늘날의 주요 철도 대부분이 건설되었다. 또 다른 30년 동안 미국에서 철도 건설 붐이 지속되었고 그 뒤 나른 지역, 곧 아르헨티나, 브라질, 러시아, 중국 등으로 확산되었다.

유대인이 놓은 시베리아 횡단철도

아편전쟁의 결과물인 난징조약으로 영국은 지금의 홍콩을, 그 뒤 베이징조약으로 러시아는 연해주를 얻었다. 이로써 시베리아 끝에 괜찮은 항구를 얻은 러시아는 1891년 시베리아 횡단철도 공사를 착공했다. 특히 러시아의 시베리아 횡단철도는 해로보다 유리한 새로운 가능성을 보여주었다. 러시아가 1891년 착공한 시베리아 철도가 만주를 가로지르는 동청철도와 연결되어 1903년 페테르부르크에서 블라디보스토크까지 여객 운송을 시작했을 때 운행시간이 열흘 안쪽이었다. 보통 북대서양에서 중국 해안까지 항해하는 데 반년이 걸렸고, 1869년 수에즈 운하가 개통되고 나서도 3개월이 걸렸다. 이러한 먼 길을 배로 돌아가야 하는 데 견주어보면 가히 혁명적인 변화였다.

러시아는 시베리아 철도에 15억 루브르를 투입했다. 당시까지 어느 유럽 국가도 하나의 사업에 이렇게 큰 투자를 한 일이 없었다. 유럽의 내륙국이던 러시아를 동아시아 진출의 선봉으로 만드는 사업이었다. 유럽과 극동 사이에 물자와 병력을 보름 내에 옮길 수 있다는 것은 다른 열강들과 비교할 수 없는 전략적 이점이었다. 중국에 관심을 가진 다른 유럽 열강, 특히 영국은 거대한 전략적 가치를 가진 시베리아 철도 부설에 긴장하지 않을 수 없었다. 1885년 영국의

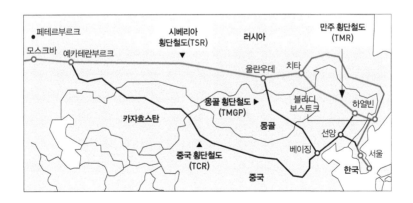

거문도 점령도 극동 지역에서 러시아 세력이 성장하는 것에 대한 영국의 경계심을 보여준 일이다. 당시 사무엘 폴리아코프라는 유대인은 러시아의 시베리아 횡단철도를 부설한 공로로 기사 작위를 받았다.

동아시아의 작은 나라 조선에도 철도가 놓였다. 우리나라 철도의 역사는 1899년 노량진과 제물포 간의 33.2km가 개통되면서 시작되었다. 스티븐슨이 최초의 철도를 부설한 지 69년 뒤에 경인선이 개통된 것이다. 사람들은 서울-인천이 하루 생활권에 놓이게 됐다고 신기해했다. 이렇게 철도 건설 붐은 스티븐슨의 증기기관차 발명 이래 거의 100년 동안 지속되었다.

02

산업혁명의 변화들

증기선, 대서양을 횡단하다

　1807년 로버트 풀턴Robert Fulton이 개발한 길이 30m의 목조 증기선 클러몬트호가 뉴욕에서 알바니까지 시속 8km로 62시간에 걸쳐 192km의 거리를 달렸다. 허드슨 강을 거슬러 올라가는 항해에 성공함으로써 범선이 아닌 동력을 이용하는 새로운 기선의 시대가 열리게 된다. 그러나 범선에서 기선으로의 발전이 쉽게 이루어진 것은 아니었다. 선주들은 '바람은 무료인데 무엇 때문에 추진력을 얻기 위해 돈을 지불해야 하느냐'는 의문을 가졌다. 화물을 적재해야 할 공간에 대형 엔진과 그것을 돌리기 위한 막대한 양의 석탄을 적재해야 하는 것도 문제라고 생각했다.

⚓ 클러몬트호

이후 증기선이 실용화되기까지는 시간이 오래 걸렸다. 그러나 그 뒤 증기선의 성능이 개선되면서 장점이 부각되어 범선이 설 자리는 좁아져 갔다. 무풍지대로 들어가면 며칠씩 거의 움직이지 못하는 범선과 달리 증기선은 운항이 확실하게 보장되었다. 또한 증기선은 바람이 부는 방향에 따라 지그재그로 움직이지 않고 목적지를 향해 직진할 수 있었다. 이후 해상에서도 운송혁명을 가져왔다.

1819년에 미국의 증기선 사반나호가 증기와 돛을 번갈아 이용하여 29일 만에 대서양을 횡단하였다. 사반나호의 당초 설계는 쾌속범선이었다. 건조하는 도중에 탈착이 가능한 90마력짜리 증기엔진 두 대를 배의 양쪽에 날개를 만들어 달았다. 1818년 8월 진수되어 연안과 하천의 시범 운항을 마친 사반나호는 먼로 대통령의 격려 속에 대서양 횡단을 기획했다.

그러나 처음부터 난관에 부딪혔다. 승객은 물론 선원조차 소음과 검은 석탄에서 나오는 그을음을 기피하였다. 결국 승객도 태우지 못한 채 출항한 사반나호는 29일 11시간 만에 대서양을 건너 목적지에 닿았다. 항해 중 증기엔진을 돌린 80시간 동안에는 근처를 지나던 범선들이 사반나호에 화재가 발생한 것으로 생각하고 구조하러 접근하는 촌극도 있었다. 실제로 증기선이 대서양 항로에 투입된 것은 1838년의 일이다. 1839년부터는 우편회사의 증기선이 대서양 항로에 정기적으로 운항하였다. 그 뒤에도 증기선의 본격적인 실용화는 1884년 패터슨즈의 터빈을 기다려야 했다.

증기선이 개발된 지 100년이 지나

✦ 사반나호 기념우표

자 범선은 거의 자취를 감추게 된다. 이러한 증기선의 보급으로 대서양 횡단 수송비는 1874년에서 1904년 사이에 약 10분의 1로 하락하였다. 대규모 해상무역의 기반이 마련된 것이다. 이후 증기선이 확산되면서 여행시간의 단축과 함께 안락한 여행이 가능해졌다. 거기에 힘입어 4400만 명의 유럽 인구가 신천지로 이주하게 된다.

유대인, 통신사업을 주도하다

이어 통신 부문에서도 큰 변화가 일어났다. 통신체계 역시 근대화되어 1840년에 싸고 빠른 우편제도인 페니 포스트penny post가 실시되었다. '1페니 우편제'란 뜻이다. 그리고 1850년 전신을 위한 해저 케이블이 영국 해협과 대서양에 각각 개설되었다. 당시로선 대단히 혁명적인 일이었다. 배를 타고 대서양을 건너지 않아도 서로 정보를 교환할 수 있게 된 것이다.

이듬해 1851년에 유대인 로이터Reuters는 런던증권거래소 부근에 로이터통신사를 열었다. 유대인들은 고대로부터 정보 교환의 중요성을 누구보다도 잘 알고 있는 민족이다. 이것이 근대 들어 통신과 결합하면서 새로운 수익 모델을 창출하였다. 그것이 통신사다. 로이터의 첫 직업은 은행원이었다. 은행 직원으로 근무하다가 세계적인 수학자 가우스Gauss를 알게 된다. 은행원 로이터는 금융정보를 필요로 하는 사람들이 많고, 또 그들에게 '시간 싸

⁂ 로이터. 그의 원래 이름은 이스라엘 비어 요사파트였다.

움'이 얼마나 중요한지를 잘 알고 있었다. 그러니 유선 전신기를 발명한 가우스와의 만남은 '전신'과 '금융정보'의 결합이라는, 그에게는 새로운 비즈니스 모델로 다가왔다. 그는 은행을 그만두고 파리로 건너가 AFP통신사를 창설한 아바스 밑에서 일을 배운다.

"정보에 대한 감성이 비즈니스를 좌우한다." 이것이 유대인의 생활신조라고 해도 과언은 아니다. 정보를 파는 것이야말로 돈이 된다는 것을 알고 뉴스 통신 서비스를 사업으로 시작한 기업이 바로 통신사의 원조인 AFP와 로이터이다. 두 통신사의 창업자는 모두 유대인이다. 유대인 아바스Havas가 1832년 파리에서 세계 최초로 아바스통신사를 만들었는데, 이것이 현재 전 세계에 약 500명의 특파원을 배치하고 있는 AFP의 시작이다.

또 그 아바스 밑에서 일하던 로이터가 독립하여 영국 런던에서 시작한 것이 로이터통신이다. 해저 전신망이 널리 보급되면서 로이터는 다른 대륙에까지 그의 사업을 확장할 수 있게 되었다. 영국의 해외 발전과 세계 제일을 자랑하는 해저 전신망 부설로 20세기 초에는 세계 최대의 통신사로 성장하였다. 그 뒤 로이터는 뉴욕으로도 진출한다. 한때 '영국의 해군보다도, 영국의 육군보다도 강대하고 위험하다'는 평가가 나왔을 정도로 세계를 지배했던 로이터통신. 그 출발점은 한 명의 유대인 은행원이었던 것이다. 그 뒤 1876년 미국의 벨Bell이 전화를 만들어 편지나 전신보다 빠르게 소식을 전할 수 있게 되었다. 이처럼 통신 분야의 발달로 인류의 생활은 빠르고 편리해졌다.

영국, 최초의 엑스포를 개최하다

영국은 이내 세계의 공장이자 최고의 부국으로 성장했다. 영국의 빅토리아 여왕은 이를 과시하기 위해 대규모 만국박람회를 기획한다. 여러 나라가 참가하는 국제박람회 가운데에서도 가장 큰 만국박람회를 '엑스포EXPO'라 한다. 엑스포 개최를 위해 세워진 런던의 하이든 파크 안의 수정궁Crystal Palace에서 1851년, 첫 엑스포가 열렸다. 이는 산업혁명이 낳은 번영과 혁신을 한껏 뽐내는 자리였다.

개막식에 참석한 빅토리아 여왕은 "영국 역사상 가장 성대하며, 아름답고 영예로운 날"이라고 일기에 적었다. 관람객만 600만 명이 넘었다. 당시로선 대단한 숫자였다. 런

던 만국박람회를 통해 선진 산업국가의 위용을 만방에 과시한 영국은 세계 공산품 시장의 반, 공업생산의 3분의 1을 점유했다. 런던 만국박람회 이후, 서양은 박람회의 시대로 돌입한다.

최초의 유대인 수상, 벤저민 디스레일리

18세기 영국의 국가체제는 왕실의 위엄과 귀족과 기사들이 기득권에 목매는 작고 부패한 봉건체제에 지나지 않았다. 이러한 국가의 성격이 근본적인 변화를 겪기 시작한 것은 19세기 전후의 일이었다. 곧 산업화와 더불어 사회문제를 비롯한 여러 난제가 누적되면서 국가 성격에 변화의 바람이 일기 시작했다. 정부의 역할이 사회의 여러 부문에서 증대되었고, 통치제도가 전문성을 띤 직제로 바뀌었다. 수상직, 각의, 하원 조사위원회, 왕립위원회와 같은 제도적 관행을 비롯하여 좀 더 전문적이고 효율적인 관료체제가 정비되기 시작했다. 이러한 변화를 선도한 세력은 종래의 귀족과 기사가 아니라 탁월한 재능과 교양을 지닌 부르주아 출신들이었다.

그 무렵 금융계와 산업계에 머물던 유대인들이 정치에 참여하기 시작했다. 그 배경에는 영국 사회가 유대인의 사회 공헌을 공식적으로 인정하기 시작한 것이 있다. 1855년에는 유대인 출신의 첫 런던 시장이 선출됐다. 그리고 유대인들의 의회 진출이 이뤄지기 시작했다. 마침내 벤저민 디스레일리가 1874년 유대인 가운데 처음으로 수상 자리에 올랐다. 유대인들은 영국 역사에서 처음으로 공식적인 영향력을 확대해나갔다. 디스레일리Benjamin Disraeli는 농민과 노동자에게 선거권을 주는 데 크게 일조하였다.

　그리고 로스차일드의 도움으로 수에즈 운하 주식을 사들여 동방 항로를 크게 단축함으로써 영국의 해상무역 증대에 크게 공헌했다. 특히 유대 자본은 정치적 우군이 생기자 이때부터 대규모 기업대출도 서슴지 않았다. 이로 인해 대규모 장치산업이 클 수 있는 계기가 되었으며 산업혁명이 성숙기로 접어들 수 있었다.

∴ 유대인으로 최초의 영국 수상이 된 벤저민 디스레일리

휘발유 자동차,
석탄가스로부터 시민을 구하다

마차가 기하급수적으로 늘어나면서 문제가 발생하다

산업혁명은 경제적 의미뿐만 아니라 사회·정치·문화에도 큰 영향을 끼쳤다. 산업혁명 이후는 도시화 시대였다. 농촌의 자급자족 시스템은 무너지고 대량 생산지이자 소비지인 도시를 중심으로 대규모의 복잡한 분업 시스템이 완성되기 시작했다. 철도와 배 등 새로운 운송수단이 그것을 뒷받침해주었다. 도시는 그 와중에 나타나는 여러 가지 불합리와 폐해를 야금야금 키우면서 새로운 도시 문제를 잉태하였다.

19세기 초에 들어와 유럽 도시에는 마차가 기하급수적으로 늘어나면서 문제가 발생했다. 말들이 도로 위에 싸놓은 똥과 오줌들이 많아지면서 거리가 지저분해졌을 뿐만 아니라 사고가 빈발했다. 치워도 치워도 끝이 없었다. 무엇보다도 문제가 되었던 것은 전염병 발생 가능성 등 위생 문제였다. 실제로 1830년대에 콜레라가 유행하였다. 위생 문제는 그 시대의 가장 중요한 현안으로 떠올랐다. 순식간에 전염되었던 흑사병의 공포를 겪었던 유럽인들로서는 보통 걱정스러운 일이 아니었다. 이로 인해 유럽에 다시 한 번 대재앙이 닥칠 것이라는 예언이 공공연히 유포될 정도였다.

자동차, 마차 문제를 해결하다

말과 마차에 의한 교통사고, 소음, 말똥에 시달려 '말이 없어도 생존할 수 없고 말과 함께도 살 수 없는' 지경에 몰렸다. 이 난국을 타개한 것이 자동차다. 유럽인들을 공포에서 구해낸 자동차에 대해 알아보자. 1803년 영국의 리처드 트레비식Richard Trevithick은 제임스 와트James Watt의 증기엔진과 머독Murdock이 만든 증기 자동차를 본 후 사람들이 타고 다닐 수 있는 증기 승용자

동차를 만들기로 결심한다. 4년의 연구 끝에 지름 3.3m의 거대한 구동바퀴를 갖춘 삼륜차를 완성하여 런던 시내에서 8명의 장정을 태우고 시속 13km의 속도로 주행하는 데 성공하였다. 세계 최초의 승용차였다.

이후 증기 승용차는 증기 버스로 진화되어 런던 시민이 애용하는 대중교통수단이 되었다. 그런데 증기 버스가 뿜어내는 석탄 유독가스가 문제였다.

석탄 매연으로 인한 스모그는 오랫동안 런던 주민을 괴롭혔다.

산업혁명기 공장지대 노동자의 평균수명 20세 이하

1800년대 들어 영국에서 도시인구의 비율은 급속도로 증가했다. 1801년 26%에서 1850년 45%로 증가했고, 1891년에는 68%에 이르렀다. 영국 도시인구는 19세기 동안에 15배나 늘었다. 결국 도시 슬럼화로 골치를 앓았고, 많은 배설물이 강을 오염시키고 공장 폐수가 흘러들어 급격하게 환경이 오염되었다.

그런 가운데 콜레라가 유행했다. 1832년에 런던에서 5300명이 죽었고 파리에서는 1만 8000명이 목숨을 잃었다. 당시 산업혁명기에 위생 조건이 나쁜 공장지대 노동자의 평균수명은 놀랍게도 20세 이하였다. 1840년께 공장지대 노동자 자녀의 60%가 전염병 때문에 5세 이전에 사망했다.

도시민의 목숨을 갉아먹는 석탄 유독가스

런던에서는 1850년에 콜레라가 다시 창궐하였고, 1858년 여름에는 폐기물과 오염된 물에 의해 템스 강의 악취가 심해 문제가 되었다. 게다가 빈민가에서 사용한 석탄 때문에 13세기부터 런던은 뿌연 연기로 뒤덮였다. 나무가 귀해진 17세기 후반부터는 부유한 사람들도 석탄을 연료로 사용할 수밖에 없었다. 도시의 매연이 이루 말할 수 없을 정도

였다. 영국뿐 아니라 유럽 대륙 전체
가 17세기부터는 숲의 황폐화 과정
을 밟았다.

1830년을 넘어서자 석탄 연기를
뿜어대는 영업용 증기 버스들이 영
국 거리를 누비고 다녔다. 차의 무게
가 적은 것은 8톤, 많이 나가는 것
은 30톤에 가까웠다. 사람을 많이
태우기 위해 엔진이나 차체, 바퀴를
전부 무쇠로 만들었기 때문이다.

✤ 뿌연 연기로 뒤덮인 런던 시내의 모습

빠른 속력을 내기 위해 증기압력을
지나치게 높임으로써 보일러가 터지는 등의 끔찍한 교통사고를 자
주 일으켰다. 그뿐만 아니라 석탄이 타면서 내뿜는 연기가 심해 시민
들이 호흡하기 곤란할 정도였다. 시민들의 항의가 거셌다. 버스들이

내뿜는 석탄 유독가스는 도시민들의 목숨을 갉아먹고 있었다.

이에 영국 의회는 1865년 '적기조례(붉은 깃발법Red Flag Act)'라는 자동차 교통법을 발표했다. 이것이 세계 최초의 자동차 법규다. 지금 보면 코미디 같지만, 주요 내용은 다음과 같았다. 한 대의 자동차는 운전사, 기관원, 그리고 낮에는 붉은 깃발, 밤에는 붉은 등을 가지고 55m 앞을 걸으면서 자동차가 온다는 것을 시민들에게 알리는 사람 등 세 명으로 운용되어야 한다. 그리고 자동차의 최고 속도를 시속 6.4km 이하로 하고, 시가지에서는 3.2km로 한다는 등의 내용이었다.

맹독성 석탄가스로부터 시민을 구해낸 가솔린 내연기관

프랑스의 르누아르Lenoir는 1860년에 최초의 내연기관을 발명했다. 그것은 가스와 공기의 혼합 기체가 전기 불꽃에 의해 점화되어 폭발하면서 동력을 냈다. 그러나 르누아르 엔진은 구조가 복잡하고 연료 소모가 많아서 상업적으로는 성공하지 못했다. 이후 1862년 자동차와 관련된 중요한 발명이 이루어졌는데, 바로 프랑스의 알퐁스 보 드 로샤Alphonse Beau de Rochas가 4행정 내연기관의 원리를 개발하여 특허를 획득한 것이다. 그러나 현물을 만드는 데까지는 이르지 못하였다.

그를 대신해 4사이클 가스엔진을 완성시킨 사람은 바로 독일의 니콜라우스 어거스트 오토Nikolaus August Otto였다. 그는 흡입, 압축, 폭발,

배기의 네 가지 행정으로 이루어진 오토 사이클이라는 개념을 정립하였다. 그는 피스톤 엔진에 대한 특허를 따내 이듬해 1867년 파리 박람회에 출품했다. 그 뒤 1890년까지 내연기관의 제조를 독점한 오토는 약 3만 5000대의 판매고를 올렸다. 자동차는 그 후 그의 이름을 따 오토(오토모빌)라 불린다. 르누아르 엔진과 오토 엔진은 모두 석탄가스를 원료로 사용하고 있어서 수송용으로는 적합하지 않았다.

이러한 한계를 1879년에 카를 벤츠Karl Benz가, 그리고 1883년에 고트리프 다임러Gottlieb Daimler가 각각 '가솔린'을 원료로 사용하는 내연기관을 개발함으로써 극복했다. 맹독성 석탄가스로부터 도시민들을 구해낸 것이다. 게다가 당시 석탄을 원료로 하는 무겁고 둔탁한 증기기관보다 훨씬 가볍고 효율적이었다. 이 첨단 엔진 기술은 훗날 기선, 전함을 비롯해 이후에 출현한 항공기에도 이용되었다.

유대인, 세계 최초로 휘발유 자동차를 발명하다

우리가 타고 다니는 휘발유 자동차의 최초 발명가는 엄격히 따지면, 독일의 카를 벤츠나 다임러가 아니라 유대인 지그프리드 말커스Siegfried Marcus였다. 말커스는 벤츠보다 12년이나 먼저 휘발유 자동차를 발명했다. 그러나 그 공적을 엉뚱한 사람들에게 빼앗긴 것은 유대인을 미워하던 게르만 민족과 히틀러의 질투 때문이었다.

말커스는 독일 북부 지방에서 태어나 독일 민족의 천대와 가난 속에서 살았다. 가난한 집안을 돕기 위해 12세부터 기계공장에 견습생으로 들어가 일하면서도 머리가 좋아 기계, 화학, 전기, 치과학을 차례로 공부하며 통달했다. 그는 17세 때 전기제품회사에 스카우트되어 전기용 릴레이(개폐기)를 최초로 발명하여 전기 발전에도 공적을 남겼다. 그 뒤 지멘스 전차공장에서 일했으나 20세 때 게르만 민족의 푸대접에 견디다 못해 이웃 오스트리아 비엔나로 망명했다.

　그곳에서 실력을 인정받아 황실과학연구소에서 일하면서 증기엔진 자동차에 깊은 흥미를 느끼기 시작했다. 이즈음 1863년에 프랑스 르누아르가 발명한 가스 자동차에 큰 자극을 받았다. 당시 봉건귀족들은 승용마차를 타고 다녔다. 승용마차는 신분을 상징하는 재산이기도 했다. 이처럼 귀족계급들의 취향에 맞춰 마차를 만들어주던 장인들을 이탈리아에선 카로체리아Carrozzeria라고 불렀다. 카로체리아로 시작된 승용마차는 19세기 증기기관이 발명되면서 말 대신 엔진을 탑재해 원시적 형태의 자동차로 발전하였다.

　말커스는 1864년에 키가 2m나 되는 1기통 2행정의 벤젠가스 엔진을 만들어 승용마차에 장착하였다. 최초의 자동차가 완성된 것이다. 그러나 돈이 없어 더 이상 이 자동차를 개량치 못하고 다른 발명에 몰두했다. 다행히 실력을 인정받아 황태자에게 화학을 가르치는 가정교사로 뽑혔고, 궁정 내에 최초로 전기식 초인종을 설치해주었다. 그 덕분에 황실화학연구소의 도움을 받아

❖ 배터리를 장착한 MW1호

❖ 지그프리드 말커스가 발명한 자동차

빈에 자신의 연구소를 세우고 일생의 꿈이었던 자동차 연구에 몰두할 수 있게 되었다.

그는 4년간의 연구 끝에 1874년 가을, 드디어 세계 최초의 내연기관 자동차를 발명했다. 말커스의 두 번째 차는 가스가 아니라 액체인 벤젠으로 가는 자동차였다. 당시 휘발유가 생겨나지 않을 때라 벤젠을 연료로 쓴 것이다. 0.75마력 4행정 사이클의 흡입밸브와 배기밸브를 갖춘 엔진을 장착한 이 차는 평균 시속이 6.4km였다. 후에 나오는 벤츠의 기계식 밸브보다 더 현대 엔진에 가까운 것이다. 거기에 스프링, 클러치, 브레이크까지 달았다. 오늘날의 자동차가 가지고 있는 기본 구동장치를 거의 모두 갖춘 자동차였다. 이 자동차를 네 대 만들어 그중 한 대를 다음 해에 비엔나 박람회에 출품했다.

비운의 발명가, 지그프리드 말커스

그런데 불행히도 배기 파이프와 소음기를 발명하지 못해 소음이 심했다. 말커스는 한밤중에만 이 차를 몰래 테스트하였으나 소리가 너무 커 수면을 방해한다는 주민들의 고발 때문에 경찰이 그의 발명을 영원히 중지시켜 버렸다. 이 일로 결국 빈곤과 좌절감 그리고 유대인이라는 신분 때문에 받은 푸대접에 못 이겨 방황하다 객지에서 병사하고 말았다. 당시 그가 만든 자동차 네 대 가운데 한 대가 오스트리아 국립박물관에 보존되어 있다. 지금도 시동이 걸려 움직인다. 그의 비극은 사후에도 계속되었다. 내연기관 자동차를 처음 만든 것은 엄밀히 말해 말커스였지만 유대인이라는 신분 때문에 역사에서 가려졌다. 오스트리아는 세계 최초의 자동차를 만든 말커스를 기려 1924년 그의 동상을 세우고 그의 전용 박물관을 만들었다.

그러나 말커스의 천재적인 발명을 알게 된 히틀러는 그의 공적을 역사에서 영원히 말살하기 위해 박물관에 있는 말커스와 관계있는 모든 증거물과 그에 관한 모든 자료를 없애려 했다. 이 정보를 입수한 오스트리아 사람들은 재빨리 그의 자동차를 박물관 벽 속에 감추고 시멘트로 밀봉하였다. 이리하여 나머지 자료는 모두 소각되고 문헌 에서도 이름은 사라졌지만 그의 자동차만은 후세에 전해질 수 있었 다. 나중에 복원할 때 꺼내어 시동을 건 결과 시속 8km로 거뜬히 굴 러 다녔다.✧

지하철, 피어슨이 두더지 구멍에서 힌트를 얻어 발명하다

기실 휘발유 자동차보다 먼저 실용화된 대중교통은 지하철이다. 증기 자동차가 지상을 누빌 무렵인 1863년 증기 방식의 지하철이 런 던에 등장하였다. 그 뒤 벤츠의 휘발유 자동차가 양산되기 이전인 1890년에 벌써 런던에서는 석탄 매연이 없는 '전기철도' 방식의 지 하철이 운행되었다. 휘발유 자동차보다 매연 없는 대중교통 수단으 로 먼저 앞서나간 것이 지하철이다.

서민의 발이 되어주고 있는 지하철도 자연을 모방하고자 하는 인 간의 뛰어난 모방력에서 비롯된 발명품이다. 새의 비행 능력, 박쥐의

✧ 자동차 문화연구소 등

레이더 능력, 거미의 공학적 능력 등 자연의 능력을 모방한 발명품들이 오늘날 인간에게 많은 문명의 혜택을 주고 있다. 수송 역사상 가장 기발하다고 평가되는 지하철에 대해 아이디어를 낸 사람은 영국인 찰스 피어슨Charles Pearson이었다. 찰스 피어슨은 당시 런던 시청에서 변호사로 일하고 있었다. 피어슨이 이 아이디어를 떠올릴 수 있었던 것은 두더지 구멍 때문이었다. '모든 동물은 거의 땅 위의 길로만 다니는데, 저 두더지는 왜 땅속으로 다닐까? 왜 저렇게 힘들게 땅굴을 파고 다니는 거지?' 이런 생각을 하던 피어슨에게 문득 머릿속에 스쳐 지나가는 것이 있었다. '런던은 길이 좁아서 늘 복잡한데, 런던의 복잡한 길 밑으로 두더지 굴처럼 길이 또 있다면 훨씬 한가해질 것을…'

런던은 중세 도시였기 때문에 시의 중심은 도로가 좁았다. 따라서 점점 많고 복잡해지는 도로의 교통량을 감당하기가 어려웠다. 두더지 구멍을 보고 장난스럽게 생각하고 있던 피어슨의 얼굴은 점점 상기되어 갔다. '그래, 그냥 웃어넘길 생각은 아닌 것 같아. 두더지처럼 사람도 땅속으로 다녀서 안 될 게 뭐야?'

1843년 피어슨은 오랜 시간 생각하고 연구한 결과를 들고 런던 시의회를 찾아갔다. 그리고 의원들 앞에서 세계 최초의 지하철도 시스템을 공개적으로 제안했다. "미친 사람이구먼. 지금 그걸 제정신으로 말하고 있는 거요?" 자신감에 넘쳐 당당히 시의회를 찾아간 피어슨에게 돌아오는 소리는 그것뿐만이 아니었다. "누구나 죽으면 싫어도 땅속으로 들어갈 텐데, 살아서부터 땅속으로 들어가긴 왜 들어갑니까?" 런던 시의회의 그 누구도 피어슨의 지하철도 시스템을 눈여겨보지 않았다.

그러나 피어슨은 자신의 의지를 굽히지 않았다. 기회가 있을 때마다 지하철도의 중요성을 인식시키기 위해 노력하고 또 노력했다. 그렇게 10년이란 시간이 흘렀다. 그동안 피어슨은 자신의 지하철도 시스템에 대한 연구를 거듭해 내용을 보강하는 한편, 지하철도의 중요성과 장점들을 알리는 노력도 끊임없이 계속했다. 교통체증 문제가 심각해진 1850년대가 되어서야 이러한 계획이 진지하게 검토되었고, 결국 런던 시의회는 피어슨의 제안을 받아들이기로 결정하였다. 마침내 1854년 런던 서부 간선역인 패딩턴 역에서 북쪽의 킹스크로스 역을 거쳐 파링던가까지 6km에 걸친 지하철 건설을 승인하는 의회 법안이 통과되었다. 우여곡절 끝에 1863년 1월 10일, 지하철도 개통식 행사가 성대하게 베풀어졌다. 이렇게 해서 지구 초유의 지하철이 탄생하게 된다. 슬프게도 피어슨은 이 지하철의 완공을 보지 못하고 죽었다.

당시에는 지하철도 증기기관으로 운행했다. 그래서 지하철의 편리함을 환영하고 경탄하는 소리도 있었지만 반대로 비난의 소리도 많았다. 어찌 됐든 시커먼 연기를 자욱하게 내뿜으면서 석탄연료 증기기관차가 달리게 되었고, 메트로폴리탄 디스트릭트 철도의 상업운전이 개시되기에 이르렀다. 튜브라고 불리기도 했던 이 지하철도가 건설되고 증기 기관차가 운행된 첫해에만도 950만 명이라는 많은 승객이 이용했다.

이어서 1890년에는 전기철도 방식이 탄생했다. 런던에서 처음으로 전기로 움직이는 지하철이 생기면서 런던 시의 어디에서나 지하철도를 이용할 수 있게 되었다. 전동기의 고안으로 모형전차가 발명되었고 계속해서 직류전동기, 소형전차의 탄생, 제3제조방식의 발명 등 전차는 발달을 거듭했다. 깨끗하고 간편하며, 지상 도로의 교통량

∴ 모스크바 지하철 역사

을 감소시킬 수 있다는 기대 등의 여러 가지 장점이 높이 평가되어 지하철도는 그 뒤 급속도로 보급되었다. 현재 런던 시의 지하철이 거미줄처럼 발달할 수 있었던 것은 결코 우연이 아니다.

유럽 대륙에서 최초의 지하철도는 1896년 헝가리의 부다페스트를 필두로 1898년 오스트리아의 빈, 1900년 프랑스의 파리, 1902년 독일의 베를린 순으로 개통되었다. 미국에서는 1901년 보스턴에 첫 지하철이 생겼고, 뉴욕에는 1904년에 건설되었다. 그리고 남미의 부에노스아이레스는 1913년에 개통되었다. 그 후 제1차 세계대전이 일어난 1914년에 전 세계의 여러 도시에서 지하철도 건설 붐이 일어났다. 이제 지하철은 도시인구의 폭발적인 증가 추세와 맞물려 세계 각국의 대도시에서 서민의 발로 그 뿌리를 내리고 있다. 한국 최초의 지하철은 서울시 지하철 1호선 서울역-청량리 7.8km 구간으로 1971년 4월 12일 착공하여 1974년 8월 15일 개통하였는데, 이는 세계 최초 지하철 개통 후 약 110년 만의 일이다. 특히 세계에서 가장 깨끗하고 우아한 모스크바 지하철역은 시원스럽게 넓고, 전체가 화강암으로 만들어져 있다. 또 가장 적중한 역은 뮌헨, 가장 체계적으로 설계된 역은 도쿄, 가장 난폭한 역은 뉴욕이라고 한다.

벤츠도 가솔린 자동차를 발명하다

카를 벤츠는 1871년 만하임에 공장을 세우고, 작은 형태의 고속 엔진을 연구하여 1878년에 2사이클 가솔린 엔진을 제작하였다. 그도 마침내 1885년 가솔린 자동차를 발명하였다. 이 차는 무게 250kg의 자전거 타입 삼륜차였다. 1기통 4엔진을 얹고 최고 시속 16km를 냈다. 첫해에 만든 두 대 가운데 한 대는 뮌헨 도이치 박물관에 아직도 달릴 수 있는 상태로 보관되어 있다. 만하임 공장은 후

∴ 최초의 벤츠 자동차들

✧ 왕연중, 《세계적 특허발명 이야기 1》, 세창미디어, 2009

에 경쟁업체였던 다임러 공장과 합병하여 다임러-벤츠가 되었다. 그후 동업자 딸의 이름인 메르세데스를 붙인 메르세데스-벤츠가 설립되었다.

벤츠 부인의 로드 테스트

벤츠의 자동차 발명에는 그의 부인에 얽힌 유명한 일화가 있다. 남편 카를 벤츠가 조심스럽고 우유부단한 성격을 가진 탓에 자동차를 발명한 뒤 특허까지 따내고도 2년 반 동안 개량과 시운전만 계속하자 부인이 모험에 나선 것이다. 1888년 8월 카를 벤츠가 독일 뮌헨에서 열린 산업박람회를 구경하기 위해 집을 비운 사이 최초의 로드 테스트가 이루어졌다. 포장도로는 물론 마찻길마저 변변치 않던 시절에 106km나 떨어진 포츠하임 친정집까지 아들 둘과 함께 시운전을 직접 한 것이다. 가는 여정에는 무수한 난관이 따랐다. 겨우 도달했을 때 벤츠 부인은 먼지와 기름으로 뒤범벅되었지만 기쁜 마음으로 남편에게 전보를 쳤다. '성공! 도착했음.'

밤새워 처가로 달려온 벤츠는 멀쩡히 굴러다니는 차를 보고 강한 자신감을 가졌다. '연약한 여자와 아이들의 장거리 운행이 가능하다면 얼마든지 통할 수 있다!' 사흘 후 네 사람이 집에 돌아왔을 때 벤츠 부인은 남편에게 '출력 향상, 브레이크 가죽 보강, 핸들 유연화'라는 개선사항까지 내밀었다. 당시 39세였던 벤츠 부인이 모험에 나섰던 1888년 8월 5일을 독일인들은 자랑스럽게 기억한다. 기념 조형물이 세워지고 120주년을 맞아 교명을 '베르타 벤츠 스쿨'로 바꾼 학교도 있다.

1889년 독일의 다임러와 빌헬름 마이바흐Wilhelm Maybach도 교통수단을 탄생시켰다. 이 자동차는 1.5마력의 4단 변속과 2기통 휘발유 엔진으로 시속 16km를 달릴 수 있었다. 카를 벤츠는 다임러와 거의 동시에 가솔린 자동차를 발명했다. 그러나 가솔린 엔진 제작에서 벤츠가 다임러보다 앞섰기 때문에 카를 벤츠의 삼륜 자동차를 최초의 휘발유 자동차로 보는 견해가 지배적이다.

훗날 1926년에 두 회사가 합병되어 두 사람의 이름을 딴 다임러-벤츠 자동차회사가 세워졌다. 그리고 본격적으로 자동차 생산에 돌입하여 유명한 고성능 자동차 메르세데스-벤츠를 본격적으로 생산하였다. 가솔린 엔진의 개발을 계기로 인류는 본격적으로 자동차와 석유에 의존하는 사회로 변모하기 시작하였다. 자동차 엔진에 가솔린이 쓰이기 시작하면서 석유 가치가 치솟았다. 경제사에 또 하나의 획이 그어진 것이다. 그에 따라 정치와 경제의 판도까지 바뀌었다. 그 뒤 이 회사는 1936년 세계 최초의 디젤 승용차를 생산하기 시작했다.✧

다임러-벤츠, 비행기 엔진과 전차도 생산

이후 자동차 엔진은 비행기 엔진으로 진화한다. 최초로 하늘을 난 사람은 1783년 프랑스의 로지에Rozier다. 그는 열기구로 하늘을 날

✧ 데니, 〈인류의 100대 과학사건〉

았다. 100년 후인 1891년에는 독일의 오토 릴리엔탈Otto Lilienthal이 글라이더라는 좀 더 진보된 기구로 하늘을 날았다. 최초의 비행기는 1903년 미국의 라이트 형제Wright brothers가 만든 플라이어호로, 12초 동안 36m를 날았다. 이 미미한 비행 기록이 현재 항공시대의 모태가 되었다. 제2차 세계대전 때에는 다임러-벤츠 자동차회사가 항공기 엔진과 전차를 생산했다.

자동차산업은 경제사에서 주목해야 할 산업군이다. 왜냐하면 산업계에 미치는 전후방 산업효과가 매우 크기 때문이다. 한마디로 자동차산업은 나라 전체의 산업구조를 재편성하였다. 전방효과로는 철강, 광산, 유리 제조, 석유산업, 전자산업 등의 발전을 불러왔으며, 후방효과로는 도로 건설, 은행, 무역업, 관광 레저 등에 활기를 띠게 만들었다. 이와 아울러 연속 조립공정 방식의 도입으로 노동의 새로운 국면도 초래하였다.

유대인 요제프 간츠가 만든 독일 국민차, 비틀

비엔나 박물관에 진열되어 있었던 말커스의 자동차를 보고 꿈을 갖게 된 젊은이가 있었다. 포르쉐 자동차를 탄생시킨 페르디난트 포르쉐Ferdinand Porsche. 그는 1875년에 체코슬로바키아에서 태어나 15세가 되던 해에는 보헤미아 지방에서 최초로 전등불을 만들어 주위를 놀라게 하기도 했다. 그 뒤 비엔나 공대 청강생으로 공부하던 중 비엔나 박물관에 보존되어 있던 말커스의 자동차를 보고 자동차 설계의 꿈을 키워나가기 시작했다.

이후 그는 1899년 전기자동차를 만들어 유명해진 '야콥로너'의 시험팀 매니저로 일하게 됐다. 여기에서 포르쉐 박사는 전기와 휘발유 겸용 하이브리드 자동차 개발에 참여했다. 1900년 파리에서 열린 만국박람회에서 전기자동차 '로나 포르쉐 1호'를 전시해 큰 찬사를 받았다. 포르쉐 박사는 단순히 설계자, 엔지니어의 자리에 그치지 않고 1909년에는 직접 차를 몰고 레이싱 대회에 출전하여 우승컵까지 거머쥐기도 하였다. 이후 포르쉐 박사는 메르세데스-벤츠와 폭스바겐을 거쳐 포르쉐 자동차를 설립했다.

그가 처음으로 맡게 된 프로젝트는 바로 국민을 위한 소형차 폭스바겐Volkswagen(국민차) 개발이었다. 히틀러는 포르쉐 박사에게 까다로운 개발 조건을 제시했다. 기름 7리터로 100km를 달릴 수 있어야 하고, 어른 2명과 아이들 3명을 태울 수 있는 실내, 정비도 쉽고 엔진도 얼지 않는, 게다가 가격까지 싸야 한다는 것이었다. 그로부터 3년 후 포르쉐 박사는 베를린 올림픽이 열리던 1936년에 이 모든 조건을 충족하는 국민차를 공개했다. 그것이 바로 딱정벌레차로 유명한 '비틀Beatle'이다. 비틀은 이후 30년 동안 동일한 모양으로 전 세계에 팔리며 역사적인 베스트셀러 차가 되었다.

이외에도 포르쉐 박사는 제2차 세계대전 중에 수많은 자동차와 기계 관련 기술을 개발하게 된다. 이 가운데 놀라운 것은 엔진으로 발전기를 돌려 전기를 충전하거나 전기모터로 작동하는 '하이브리드 구동 시스템'의 개발이었다. 현재 각광받고 있는 미래 기술인 하이브리드 엔진은 사실상 50년도 훨씬 이전에 포르쉐 박사에 의해 고안

되었다. 이 사실이 포르쉐 박사를 자동차 역사상 최고의 엔지니어로 추앙받게끔 하는 이유 중 하나이다.

그런데 원래 비틀은 유대인이 처음 만들어낸 차다. 당시 히틀러는 적은 연료로 오래갈 수 있는 국민차 생산을 선거공약으로 내걸었다. 이때 학생이었던 유대인 요제프 간츠Josef Ganz는 1929년부터 자동차 업체들을 접촉하여 1931년 5월 비틀의 원형이 된 국민차 시제품을 만들어냈다. 간츠는 원래 오토바이광이었으나 몇 차례 큰 사고를 당하고는 오토바이처럼 가격은 싸면서도 안전한, 대중적 자동차를 만들어야겠다고 생각했다. 그래서 국민차 설계에 몰입해 시제품까지 완성했던 것이다.

간츠가 두 번째로 만든 시제품이 1933년 베를린 모터쇼에 출품되어 그해에 정권을 잡은 히틀러의 눈을 사로잡았다. 히틀러는 공약으로 내걸었던 국민차 사업을 위해 국민차 모델을 물색하던 중이었다. 모터쇼에서 비틀 시제품을 본 히틀러는 이 자동차가 유대인에 의해 만들어졌다는 사실을 제외하면, 독일을 자동차 강국으로 만들겠다는 자신의 야심에 딱 들어맞는 차라고 판단했다.

이에 히틀러는 애초 시제품을 생산한 업체에 제작 지시를 하지 않고 아리안족의 자부심인 다임러-벤츠에 양산을 지시했다. 다임러-벤츠

∴ 1938년 6월 국민차 발표식

는 이를 다시 포르쉐에 넘겼다. 히틀러는 국민차 발대식을 대대적으로 하여 아리안족의 자부심과 긍지를 만천하에 공표하였다. 이렇게 비틀을 독일 국민차로 만든 히틀러는 원래 이 자동차를 유대인이 설계하였다는 사실을 국민들에게 알리고 싶지 않았다. 그는 간츠를 눈엣가시로 여겼다. 간츠는 비밀경찰에 체포되는 등 고초를 겪었고 두 차례 암살 위기를 넘겼다. 그 뒤 그는 스위스를 거쳐 호주로 피해 가 1967년 그곳에서 눈을 감았다. 간츠는 스위스에 거주할 때 비틀에 대한 지적재산권을 되찾고자 노력했으나 나치가 이미 간츠와 관련한 자료를 모두 폐기한 뒤여서 이러한 노력은 무위에 그쳤다. 엔지니어이자 언론인인 폴 스힐페루르트가 그의 저서《비틀의 진실》에서 이처럼 주장했다.❖

❖ 김영묵, 연합뉴스

글로벌 유대 자본, 산업혁명을 전파하다

산업혁명이 급격한 사회 변화를 주도하다

산업혁명 이후 세계 인구가 폭발적으로 증가하기 시작했다. 1세기 동안 유럽은 2배, 영국은 3배 이상 증가했다. 평균수명도 늘어났다. 이러한 배경은 농산물과 공산품의 생산이 대폭 늘어난 데 따른 것이다. 생산성의 증가도 엄청났다. 예를 들어 공업화 이전에는 1톤의 밀을 생산하는 데 1800시간 일을 했는데 1840년 미국에서는 86시간, 1900년에는 40시간, 1990년에는 2시간밖에 걸리지 않았다. 산업혁명 이전과 비교하면 노동생산성이 900배나 증가한 것이다. 철의 연간 생산은 200년 사이에 2000배나 늘었다.

생산량과 생산성의 증가로 사회도 많은 변화를 맞았다. 19세기 초만 하더라도 영국인들의 소비지출 가운데서 식비가 차지하는 비중은 90% 이상이었다. 생존 자체가 투쟁이었다. 이처럼 먹거리에 천착하던 생활에서 인류를 구한 것이 바로 산업혁명이다. 1825년 영국에서는 역사상 최초로 한 나라의 제조업 부가가치가 농업 부가가치를 추월하는 기록이 세워졌다. 뒤를 이어 프러시아가 1865년에, 미국이 1869년에, 프랑스가 1875년에 각각 제조업 비중이 농업보다 더 높아졌다.

이로써 동서양이 완전히 역전되었다. 산업혁명 이전까지만 해도 동양 문명은 매우 수준 높은 사회였다. 사상, 윤리, 예술은 물론 생산력 수준에서도 선두에 서 있었다. 폴 케네디의《강대국의 흥망》에 따르면 실제로 1800년에 중국이 세계 총생산의 3분의 1을 생산해냈고 인도가 20%를 차지했다. 그 때문에 유럽이나 아랍권 사람들에게 동양은 황금빛 찬란한 세계이자 두려움의 대상이기도 했다. 칭기즈 칸 출현 이래로 가끔씩 등장하는 서양인들의 황화론黃禍論은 이러한 과거의 잔영이다. 황화론은 '유럽 문명을 파괴하려는 아시아인들에 맞서 단결하자'는 것이 그 요지다. 그러나 19세기 이후에는 상황이 완전히 바뀌었다. 중국과 인도의 총생산은 1900년에 6.2%와 1.7%로 추락했다.

산업혁명 이전에는 인구의 대부분이 농업에 종사했다. 지금은 전 세계 인구의 5% 미만이 농업에 종사하여 인류를 먹여 살리고 있다. 앞으로 제조업이 가는 길도 마찬가지라고 한다. 중국, 인도를 중심으로 5% 미만의 인구가 제조업에 종사하여 전 세계 공산품을 모두 제공할 수 있다고 한다. 제조업 종사자가 갈수록 줄어드는 미래에 인류를 먹여 살릴 산업은 서비스산업이다.

유대 자본, 산업혁명을 규모의 경제로 성공시키다

산업혁명은 생산의 패러다임을 바꾸었을 뿐만 아니라 유대인에게 새로운 활동 분야를 제공했다. 대량생산은 아담 스미스의 이론대로 거대 자본이 필요해지기 시작한 것이다. 이에 따라 신용의 제공과 금융자본의 확보가 산업계의 흥망을 결정하는 중요한 요소가 되었다. 산업혁명의 진전은 곧 금융산업의 대형화를 부추겼다.

이 시기에 유대인들이 전기·기계·화학 산업 등 제조업에도 참여했지만, 영국에서 이룬 가장 큰 업적은 산업혁명을 규모의 경제로 성공시킨 금융산업을 발전시킨 것이었다. 1804년 런던 금융계에 입성한 세계 최초의 다국적 은행인 유대계 로스차일드가는 6년이 채 안되어 당시의 금융왕 베어링가를 제치고 단숨에 런던 금융가를 장악했다. 이러한 고속 성장은 런던 로스차일드 은행을 경영했던 삼남 네이선의 재능에 힘입은 바 컸다.

당시 다섯 형제를 유럽 주요 5개국에 주재시켜 유럽 금융계 전체를 장악했던 로스차일드 가문은 유럽인들의 예금과 투자금을 모아 영국의 철강업, 철도업, 조선업 등에 집중적으로 자금을 조달해주었다. 로스차일드에 이어서 한블로, 클라인워트, 슈로더라는 유대계 은행들이 연이어 런던 금융시장을 파고들었다. 이들 유대 자본 덕에 산업이 대규모 장치산업으로서의 경제규모를 갖게 되어 세계적인 경쟁력을 확보하게 되었다. 이를 통해 영국이 세계 산업의 선도국이 되었으며, 런던은 세계 금융의 중심지가 되었다.

산업혁명은 인류 역사에 중요한 전환점이 되었다. 1760년대에 시작한 방적기와 직조기의 '기술혁명'이 와트에 의한 증기기관의 개량으로 '동력혁명'을 불러왔으며, 이는 1800년대 초에 철도와 증기선의 발명으로 '교통혁명'을 가져왔다. 19세기에 공업화는 유대 자본 덕에 영국에서 다른 유럽 국가들로 신속히 퍼져나갔다.

흔히 1750년에서 1830년까지를 산업혁명 기간이라고 하는데, 사실 산업혁명의 급격한 변화는 19세기 말에 일어났다. 전통적으로 인식하고 있는 기술혁신은 산업혁명의 일부분만을 설명할 뿐이다. 이전에 있었던 과학 지식의 축적과 과학적 발명의 소유권을 보호해준 특허제도 등이 없었다면 기술혁신의 지속적 확대는 불가능했을 것이다.

그리고 더 중요한 것으로 이러한 기술을 산업에 접목시켜 규모의 경제로 산업화하여 대규모로 상품을 보급할 수 있게 만든 것은 '자본력'이었다. 1875년 이후부터 은행들이 거액의 기업대출을 본격화하여 규모의 경제를 실현시켰다. 또 자본력을 바탕으로 발달한 금융산업이 원자재 수입시장과 생산시장, 그리고 판매시장을 신속하고 원활하게 엮어내 물류와 유통을 혁신적으로 단축시켰다. 여기에 더해 주변국들에 대한 자본수출은 이러한 산업혁명의 성과물을 전 세계로 급속히 파급시켰다. 이 자본을 유대인들이 댄 것이다. 1893년에 영국 부의 15%가 해외로 투자되어 그 이자수입이 영국 경제를 지탱했다.

1880년대 초에 러시아 및 러시아령 폴란드에 거주하던 아슈케나지Ashkenazi 유대인들이 영국으로 몰려왔다. 이 시기에 동유럽 이민이 급증한 것은 1882년 '임시규제법' 이후 러시아 정부가 유대인을 의도적으로 추방하려는 정책을 폈기 때문이다. 동유럽 이민자들은 런던 동부 지역East End에서 집단을 이루며 거주하기 시작했다. 대부분

기성복 분야의 작업장에 고용되어 일하거나 자신이 작업장을 경영하기도 했다. 새로운 이민자들은 이전에 영국에 정착한 유대인들과는 문화도 달랐고 경제적으로 뒤떨어져 있었다. 19세기 말 영국의 유대인 사회는 네덜란드에서 건너온 유대인과 동유럽 이민자라는, 서로 이질적인 두 세계로 나뉘어 있었다.

산업혁명 파급의 일등공신, 글로벌 유대 자본

산업혁명의 영향으로 믿을 수 없을 만큼 많은 발명과 진보가 생산활동과 사람들의 일상적인 삶을 변화시켰다. 진보는 엄청난 투자를 필요로 했다. 철도와 전기시설에 대한 수요는 국가에서 국가로 퍼져나갔다. 엄청난 재정이 투입되었다. 그러나 이것만으로는 모자랐다. 각국 정부는 대규모 민간투자를 유도했다. 다행히 로스차일드 가문의 글로벌 은행 등 축적된 유대 자본이 유럽 각국에 포진하고 있던 시기였다.

1780년대에 영국에서 시작된 산업혁명은 1830년대에는 인접한 벨기에와 프랑스로 퍼져나갔다. 프랑스는 석탄이 풍부하지 않아 제철공업보다는 섬유공업에 주력했다. 1850년대에는 독일로 전파되었는데 독일은 풍부한 석탄과 정부의 강력한 지원으로 제철·기계·화학 공업이 크게 성장하여 20세기 초 유럽 최대의 공업국으로 성장하며 영국과 경쟁하였다.

공업화는 유럽을 완전히 바꾸어놓았다. 1860년대에는 남북전쟁을 끝낸 미국으로 확산되었다. 특히 미국은 자원이 풍부하여 면직·금속·기계 공업이 빨리 발달하여 남북전쟁 이후에 급속도로 자본주의를 확립하였다. 공업화의 진전과 함께 철도와 항구, 전차, 수도나 전기시설과 같은 공공 인프라와 서비스산업에 투자하기 위한 자본이 전 세계적으로 활발히 움직였다. 19세기 후반에 유럽의 주요 국가들이 모두 산업혁명의 길로 들어섰으며, 러시아·일본 등으로 확대되었다. 일본과 러시아가 뒤늦게 1890년대에 합세하며 점차 전 세계가 그 물결에 휩싸이게 되었다. 미국에서도 급속한 공업화가 일어났다.

이처럼 산업혁명이 유럽 대륙 및 세계로 급속히 전파되도록 도운 것도 유대계 금융자본이었다. 유럽 각국에 포진해 있었던 로스차일드 은행은 대규모 자본조달로 주재국 산업화의 후원자 노릇을 톡톡히 했다. 오스트리아와 프랑스의 로스차일드들이 유럽 대륙 최초의 철도를 깔았다. 이어 프랑스 로스차일드가 뒤를 이었다. 이 밖에도 이들은 주재국의 여타 산업 부흥에도 절대적인 역할을 하였다. 영국의 로스차일드는 말할 것도 없고, 독일과 이탈리아 로스차일드도 마찬가지였다. 로스차일드 일가가 유럽 대륙 전체의 산업화에 절대적인 공헌을 한 것이다. 19세기와 20세기 초에 걸쳐 전 세계에서 자기자본이 100만 파운드가 넘는 투자은행 가문은 모두 31개 있었는데 이 가운데 유대계가 24개로 전체의 80% 가까이를 차지했다. 그리고 성공회를 믿는 가문은 4개로 13% 정도 되었다. 유대인들이 인류의 진보에 공헌한 것 가운데 하나가 사회 발전과 번영을 위한 자본의 위력을 여실히 보여준 점이다.

인류 사회는 돈이 무엇을 위해 존재하는가 하는 문제를 푸는 데 기이할 정도로 많은 시간을 낭비하며 부정적인 태도를 취해왔다. 유대교에서는 경건과 번영을 서로 대립시키지 않는다.《근대 자본주의》를 저술한 좀바르트조차도 영국을 비롯한 유럽에서 3차산업이 강세를 보이는 이유를 "유대인이 산업화 과정에서 생산업으로 이행하지 않고 빼앗아 오는 직업에 여전히 종사하고 있기 때문"이라고 주장했다. 오늘날은 이런 부정적 시각에서 탈피하여 19세기 산업화 과정에서 유대인이 3차산업에서 행한 업적이 재평가되고 있다.

런던 금융시장의 뿌리, 유대인

런던은 오늘날 외환거래시장으로서는 세계 최대 규모를 자랑한다. 2010년 4월 기준, 일일 평균 약 4조 달러의 외환이 거래되는데 런던이 그 가운데 평균 37.2%를 차지하여 뉴욕의 2배 이상이다. 그 토대가 이때 자리를 잡았다. 런던은 18세기 초 국제무역의 중심지로 부각되면서 동시에 대규모 금융시장이 형성된다. 네덜란드에서 몰려온 유대 금융인들 덕이었다.

곧이어 실물거래에 따르는 자금 수요를 뒷받침하고 상품을 실어나르는 선박·해운의 위험을 담보하기 위해 금융수단과 보험수단이 발달했다. 상인들은 물품대금으로 받은 어음을 할인해 단기자금을 조달하게 되면서 오늘날 런던 금융시장의 근원이 되었다. 런던은 유대인들이 주도하는 금융과 교역, 보험과 주식, 외환거래 등 서비스산업 중심지로 빠르게 성장했다. 특히 로스차일드가 당시의 화폐 격인 금의 공급을 장악하여 금 시세를 좌우하게 되면서 금과 연계된 파운드화가 1세기 이상 세계 기축통화 역할을 하였다. 이를 기반으로 런던이 세계 외환시장으로 급성장하였다. 오늘날 런던 금융시장의 뿌리는 유대인들이다.

영국, 1819년 세계 최초의 금본위제를 실시하다

원래 중세부터 나폴레옹 전쟁 때까지 영국은 금은복본위제bi-metallism 국가였다. 영국의 화폐단위인 '파운드 스털링'은 원래 스털링 은의 무게를 재는 단위였다. 스털링 은이란 은 함유량 92.5%의 은을 말한다. 영국은 나폴레옹 전쟁을 거치면서 영란은행이 전비 조달에 전력하게 되었고, 우여곡절 끝에 금은복본위제가 폐지되고 금본위제가 선택되었다.

이 결정에 로스차일드의 영향력이 컸던 것으로 보인다. 그 무렵 영국이 영란은행을 통해 유럽 동맹국들에게 제공한 자금 4200만 파운드의 절반을 조달할 정도로 그는 금융계의 강력한 권력자였다. 게다가 당시 로스차일드가 세계 금시장을 장악하여 금을 공급할 때였다. 이로써 1819년부터 영국 파운드화는 공식적으로 금과 연계되었다. 세계 최초로 금본위제가 시행된 것이다.

파운드화, 세계 기축통화 되다

이때부터 파운드화는 세계 기축통화로서 1세기에 걸쳐 그 힘을 과시하였다. 그만큼 파운드화의 가치가 신뢰를 얻고 안정되었으며, 세계 기축통화의 구실을 할 정도로 런던 금융시장이 커져 있었기 때문이다. 이로써 19세기 영국은 가장 중요한 자본수출국이 되었다. 역사가 시작된 이후 2006년까지 전 세계적으로 생산된 금은 15만 8000톤이라 한다. 연간 6만~7만 톤이 생산되기는 하지만 생산량은 감소하는 추세에 있다. 따라서 금은 덩치가 커진 전 세계 경제의 모세혈관까지 흘러들어 가기에는 양이 부족했다. 화폐로 쓰기에는 적합하지 않아 자신을 대신할 강력한 대리인이 필요했다.

이때 영국의 파운드화가 가장 먼저 금을 대신하기 시작하였다. 영국이 금본위제를 채택하여 영란은행이 파운드를 금과 바꿔주는 제도를 실시함으로써 파운드화는 금에 맞먹는 지위를 갖게 되었다. 나폴레옹 전쟁 당시만 해도 지폐는 국제간 거래에 쓰이지 못하고 금과 은 등 귀금속만이 유효한 화폐 구실을 하였다.

이처럼 영국이 금본위제를 실시하게 된 뒤 1870년대 영국의 재정 지원을 받고자 하는 많은 나라가 금본위제로 이행을 서둘렀다. 독일 (1872년), 프랑스(1878년) 등이 영국의 뒤를 따라 금본위제를 채택하였다. 그리고 마침내 미국이 1879년 금본위제에 합류함으로써 세계 주요국들이 모두 금본위제를 채택하기에 이르렀다. 금본위제는 국제결제시스템의 효율성을 높임으로써 세계 경제 발전에 기여했다. 이때부터 제1차 세계대전의 발발로 국제통화시스템으로서의 금본위제가 해체된 1914년까지의 기간을 '고전적 금본위제의 시대'라고 부른다.

금을 기초로 하는 통화 중에서도 영국 파운드화는 세계 무역 가운데 60%를 장악했고, 런던 금융시장은 전 세계 투자의 절반을 소화했다. 다른 통화는 금을 대신할 자격이 없었고, 파운드화만 금을 대체할 유일한 수단이었다. 당시 최대 교역국으로서 주요 운송국이며 해외 자본수출국이던 영국의 화폐가 사실상 국제 지불수단으로 금보다 더 가치가 있었던 점이 배경에 깔려 있었다. 미국의 금본위제 채택 이후 캘리포니아와 호주의 골드러시로 전 세계 금 유통량이 비약적으로 증가하기 시작했다. 동시에 은 생산량도 대폭 늘어났다. 19세기 후반 금과 은 모두 생산이 늘었지만, 위상이 극과 극으로 달라진 배경에는 이처럼 영국의 힘이 있었다.

금본위제의 연원, 그레샴 법칙

원래 금본위제의 연원은 오래전으로 거슬러 올라간다. 18세기 영국은 금과 은을 모두 통화표준으로 사용하는 이른바 복본위제를 채택하고 있었다. 당시 영국은 중국으로부터 차茶 수입을 시작하면서 심각한 무역적자를 보고 있었다. 그런데 중국에 대한 무역적자가 문제가 된 것은 바로 중국이 전통적으로 은본위제를 채택하고 있었기 때문이다. 중국은 은으로 모든 무역결제를 요구했다. 이 때문에 영국은 심각한 은 유출을 겪었다. 따라서 영국 안에 있는 은의 규모가 점차 줄어들어 귀해지자 은 가격은 금보다 상대적으로 높아졌다. 그러자 은이 시중에서 장롱 속으로 자취를 감추었다. 이는 곧 은이 더는 화폐로서 유통되지 않게 되었음을 뜻한다. 영국의 통화체제는 이때부터 '사실상'의 금본위제였다. 여기에 적용되는 경제원리가 바로 그레샴의 법칙이다. 악화가 양화를 구축한 것이다.

그 뒤 영국은 1793년부터 프랑스와 전쟁에 돌입했다. 이 때문에 영국으로부터 금 유출이 발생하자 영국 정부는 1797년 금 태환을 정지시켰다. 1815년 나폴레옹의 패전으로 전쟁이 끝나자 영국 내에서는 금본위제의 부활을 둘러싼 여러 가지 논쟁이 진행되었고, 마침내 1819년 공식적으로 금본위제를 채택했다. 금은복본위제를 채택하는 경우, 그레샴의 법칙으로 통화의 안정적 운용이 어려워진다. 시장에서 금과 은의 수급에 따라 서로 간의 가치가 수시로 변하기 때문이다. 실제로 1840년대 말과 1850년대 초 미국의 캘리포니아와 호주 등에서 대량의 금광이 발견되면서 금 가격이 크게 떨어졌다가 1859년에는 미국의 네바다에서 대량의 은이 생산되면서 또다시 은 가격이 큰 폭으로 하락하는 상황이 발생했다. 이에 따라 국제적으로 금과 은의 흐름은 상당히 어지럽게 요동쳤고, 복본위제를 채택하고 있던 나라들은 통화체제를 안정적으로 운용하는 데 상당히 고심해야 했다.

영국 동인도회사, 역사 속으로 사라지다

영국 동인도회사는 서서히 독점무역과 부정부패로 얼룩졌고, 각종 횡포로 본국에서도 강력한 비난을 받았다. 결국 1813년에는 인도 무역권, 1833년에는 중국 무역 독점권을 폐지당했다. 이후 동인도회사는 1858년에 해산했다. 산업혁명이 진전되어 유럽 각국이 공업화되자 1855년 무렵부터 경쟁적으로 식민지 쟁탈전이 가속화되었고 보호주의가 등장하였다. 1857년부터 영국 군대는 동인도회사를 대신해서 직접 인도를 관리 감독했다. 동인도회사는 중상주의의 상징적 산물이었다. 동인도회사의 사멸과 더불어 중상주의도 역사 속으로 사라졌음을 의미한다.

영국의 세기가 저물다

유럽은 고대 로마 시대 이래로 중국과의 교역에서 심각한 무역적자에 시달렸다. 당시 유럽에는 중국의 비단 등 진기한 동방물품과 바꾸어 올 만한 그럴듯한 물건이 없었다. 기껏 칼이나 노예 정도였다. 적자 폭만큼의 은이 줄기차게 중국으로 흘러들어 갔다. 사정은 중세 이후에도 마찬가지였다. 신대륙에서 쏟아져 들어오는 스페인 제국의 은 40%가 중국으로 향했다. 제국주의 영국도 예외가 아니었다. 중국 상품에 밀려 무역적자가 날로 늘어났다. 부족한 만큼 은으로 메꿨는데 나중에는 은마저 모자랐다. 그들은 팔다 팔다 안 되니까 나중에는 아편까지 상품으로 만들어 팔았다. 1860년 영국 군대는 중국에 아편을 팔기 위해 전쟁을 일으켰다. 영국은 전쟁 승리의 대가로 홍콩 등 몇몇 조차지를 얻어냈다.

그 무렵 유럽은 1873년부터 6년 동안의 끔찍한 경기침체 이후 1890년대까지 장기간 불황이 계속되었다. 경기침체는 인류가 정착해서 산 이후 단기간으로는 최대의 인구이동을 유발시켰다. 공황 이후인 1880년부터 1914년 사이 35년 동안에만 1500만 명의 유럽인이 미국 이민길에 올랐다. 이는 유럽 대륙 인구의 5분의 1이었다. 이때 전 세계 저축액의 3분의 1 이상이 미국으로 이동하였다. 이 과정에서 생활고에 시달리는 서민들 사이에서 반유대주의가 극에 달했다. 유대인 박해가 심해지자 동유럽권을 포함한 유럽 내 유대인 약 260만 명이 미국으로 이주했다.

이 시기에 유럽 국가들이 경쟁적인 보호주의를 표방하다 보니 강력한 국가주의적 경향이 나타났다. 이의 부작용으로 발발한 것이

1914년의 제1차 세계대전이다. 인류 역사상 처음으로 35개국이 전쟁에 휘말려 들었다. 6540만 명의 전투병력이 동원되었고 840만 명의 사상자를 냈다. 국가주의가 부른 세기의 참화이자 광란이었다. 전쟁의 영향으로 1917년 러시아는 공산화되었고 금본위제도는 무너졌다. 1918년 제1차 세계대전이 끝나자 이미 영국의 세기는 끝나고 대세는 미국으로 넘어가 있었다. 유대인의 이주와 함께.

아담 스미스의 《국부론》부터 카를 마르크스의 《자본론》까지

아담 스미스Adam Smith는 경제학의 창시자다. 그는 《국부론》(1776년)을 저술하여 처음으로 경제학을 이론화했다. 이후 경제학이 실제 정책에 반영되어 체계적으로 과학화되었다. 아담 스미스로 대표되는 초기의 고전파 경제학자는 경제성장과 분배에 관심을 가졌다. 중상주의는 중금주의와 국가통제로 요약할 수 있다. 중금주의는 '부의 원천은 당시의 화폐인 금·은 등 귀금속에 있다'고 인식하고, 부를 늘리는 길은 이러한 귀금속 화폐를 거두어들이는 상업에 있다고 보았다. 그러나 오늘날 부의 근원은 생산에 있다고 보고 있다. 그래서 국민총생산의 규모를 가지고 측정하는 것이 일반적이다. 이렇게 부의 원천은 생산에 있다고 처음 주장한 사람이 바로 아담 스미스다.

《국부론》은 이렇게 부의 근원이 어디에 있는가를 밝힌 책이다. 이 책에서 아담 스미스는 '국부란 금·은만이 아니라 모든 생산물'이라고 규정했다. 스미스는 그전까지 금·은 화폐를 축적하는 것이 부富라고 생각한 중상주의를 배격하면서 부의 원천은 노동에 의한 생산이고, 부의 증진은 노동생산성의 개선으로 이뤄지며, 노동생산성은 분업을 통해 향상된다고 했다. 《국부론》의 예에 따르면 "숙련되지 않은 사람은 하루에 핀 1개를 제작할 수 있고, 숙련된 사람은 하루에 20개를 제작할 수 있다. 그러나 핀 제작 과정을 몇 단계의 작업으로 분화시킨 공장에서는 분업과 협업을 통해 노동자 10명이 하루 4만 8000개의 핀을 생산해낸다." 곧 국부란 금·은 이외에도 국민들이 누리는 상

⁂ 아담 스미스

품과 서비스의 양과 질의 총합이고, 이것을 높이는 것은 분업이라고 보았다. 그리고 분업을 통한 국부의 증진을 위해서는 경제적 자유를 보장하는 것이 핵심이라고 주장했다. 이러한 주장은 신흥 자본가의 입장을 대변하는 것으로 정치권력에 의한 과도한 개입이 경제활동을 억압하던 당시로서는 진보적인 이론이었다.

아담 스미스는 《국부론》을 통해 수입 규제, 수출 장려, 독점적 무역회사의 허가, 식민지 건설정책 등 국가 중심의 중상주의적 경제활동을 비판하고, 모든 경제활동을 경제인의 손에 맡길 것을 주장했다. 그의 중상주의에 대한 비판은 당시 영국의 자유 통상정책으로 구체화되었다. 그는 《국부론》에 국민의 일상적인 노동과 분업의 중요성을 적어놓고 있다. 분업이 중요하기 때문에 페니키아, 카르타고에서는 옛날부터 지중해 연안의 국민들 사이에 생산물의 교환, 즉 무역이 행해졌고, 그것이 세계 전체에 널리 퍼져갔다고 했다. 이렇듯 그는 국내 분업뿐만 아니라 국제 분업으로서 무역의 중요성도 함께 언급했다.

또한 그는 사람의 이기심을 경제행위의 동기로 보고, 이에 따른 경제행위는 '보이지 않는 손'에 의해 종국적으로는 공공복지에 기여하게 된다고 보았다. 아담 스미스의 주장에 따르면, 시장에 참여한 사람들이 의식주를 비롯한 경제문제를 해결할 수 있는 이유는 사람들이 다른 사람에게 베푸는 자선행위 때문이 아니다. 모두가 자신의 이익을 위해 이기적으로 열심히 살아가기 때문이다. 따라서 그는 이기심을 긍정적으로 받아들여야 한다고 보았다. 원래 아담 스미스는 처음부터 경제학을 공부한 사람이 아니었다. 여러 학문을 거쳐 그 학문적 기반을 토대로 시대 상황에 따라 경제학이란 학문을 처음으로 만들어낸 사람이다. 그래서 '경제학의 아버지'로 불린다.

아담이 인류의 선조이듯, 아담 스미스는 경제학의 선조가 되다

1723년 6월 5일, 아담 스미스는 스코틀랜드에서 세관관리의 유복자로 태어났다. 그보다 160년 뒤의 케인스와 출생 월일이 똑같다. 스미스는 세 살 때 길가에서 놀다가 부랑하는 집시 무리에게 유괴되었지만, 외삼촌이 끝까지 추적해서 구출해낸 적도 있다. 그는 유대인 어머니 편모슬하에서 자랐는데, 그의 어머니가 진짜 유대인이었는지 여부는 확인되지 않는다. 다만 이름으로 추정컨대 기독교계 사람들은 신약성경에 나오는 이름을 선호하는 반면 구약성경에 나오는 이름을 딴 사람은 유대인일 가능성이 높다. 일생을 독신으로 보낸 그는 아담이 인류의 선조이듯, 경제학의 선조가 되었다.

그는 25세가 되던 해인 1748년부터 에든버러대학에서 수사학과 순수문학에 관해 공개강의를 했다. 이것이 큰 호평을 받아 글래스고대학의 논리학 교수로 임명되었고 그 뒤 도덕철학 교수로 자리를 옮겼다. 사실 아담 스미스는 한 번도 자신을 경제학자라고 생각한 적이 없었다. 그의 주된 관심은 도덕철학, 곧 윤리학이었고, 일생 동안 윤리학을 가르쳤지, 별도로 경제학을 가르친 적은 없다. 경제학은 훗날 1903년 케임브리지대학에서 윤리학으로부터 떨어져 나온다.

그를 유명인사로 만들어준 것은 《도덕감정론》이란 책이었다. 철학이 홀대받는 요즘으로서는 상상하기 어렵지만, 18세기 당시에는 철학이 모든 학문의 상위였다. 루소, 볼테르 등 수많은 철학자가 위대한 족적을 남긴 시대가 바로 아담 스미스가 살던 18세기였다. 이 책은 '이기적 본성을 가지고 있는 인간들이 모인 사회가 어떻게 유지될 수 있는가' 하는 의문을 제기하고 나름의 답을 제시하고 있다. 《도덕감정론》에 나오는 3개의 키워드가 스미스의 인간관을 집약한다. '공감sympathy', '양심conscience', 그리고 '자기이익self-interest'이 그것이다. 정상적인 사람이면 누구든지 타인에게 공감할 줄 알고 자신의 내면에 양심을 간직하고 있지만, 동시에 자기이익을 먼저 챙길 줄도 아는 존재라는 것이다.

1764년 그는 돌연 교수직을 버리고 귀족 자제의 개인교수로 프랑스 등 유럽 대륙을 여행하면서 중농학가 등 그 시대의 인사들과 교류하며 세상을 보는 안목을 넓혔다. 《국부론》은 코스모폴리탄적 색채가 뚜렷하며 영국의 한계를 훨씬 넘어서는데, 여러 해에 걸친 이러한 여행이 기여한 바가 크다. 스미스는 《국부론》을 프랑스에서 쓰기 시작하였다. 귀국 후 고향 스코틀랜드에 10년 동안 머물면서 인간의 본성과 사회성에 대한 깊이 있는 연구를 한 후, 이제 사회와 국가가 어떻게 행복해질 수 있고, 부유해질 수 있는가 하는 문제에 초점을 맞추어 1776년에 《국부론》을 발표했다. 책 발간과 더불어 당시 최고의 사상가로 존경받았으며, 평생을 각계각층의 인사들과 교류했다. 1787년에는 글래스고대학의 총장이 되었다.

《국부론》

1776년에 발간된 《국부론》은 원래 제목 '국가의 부의 성질과 원인에 관한 고찰'(5편)의 약칭이다. 스미스는 부의 원천은 노동이며, 부의 증진은 노동생산력의 개선으로 이루어진다고 주장하고, 생산의 기초를 '분업'에 두었다. 분업의 효율성을 강조한 아담 스미스의 핀 공장 이론은 사실 바빌로니아 탈무드에 있는 내용이라 한다.

아담 스미스는 분업과 기계 사용을 위해서는 자본의 축적이 필요하며, 자유경쟁에 의해 자본 축적을 꾀하는 것이 국부 증진의 정도라고 역설하였다. 이로써 현대 경제학의 역사는 아담 스미스와 함께 큰 걸음을 내디뎠다.

18세기 중엽의 영국은 중상주의 정책의 한계를 드러내고 있었다. 신흥 산업도시 글래스고에서 산업혁명의 태동을 감지한 스미스는 당시 국가 중심의 중상주의 정책을 비판하고 자유방임 사상에 대한 이론적 기초 확립을 자신의 학문적 과제로 삼았다. 스미스는《국부론》에서 경제사회에서의 조화로운 자연 질서를 객관적으로 논증하려고 했다. 곧 자신의 이익 추구에만 여념이 없는 경제인의 행동이 '보이지 않는 손'에 이끌려 국부의 증진과 생산력 향상이라는 각자가 의도하지 않은 사회적 결과를 가져오게 된다는 것을 밝히려고 한 것이다.

이 저서의 의의는, 첫째로 자본주의 체제가 가격의 기능을 통해 시장 질서를 형성하고 있음을 설명함으로써 경제학을 처음으로 성립시켰다는 점이다. 둘째로는 자연법적 예정조화의 사상에 의해 고전파 경제학의 출발점이 되었다는 점이다. 셋째로는 산업혁명 초기에 중상주의나 중농주의에 대한 영국 산업자본의 입장을 대표하는 경제이론을 수립하였다는 점이다. 넷째로는 산업자본이 요구하는 자유경쟁이 '보이지 않는 손'에 인도되어 사회의 이익을 증진시킨다고 설명하여 경제적 자유주의를 주장한 점이다.

경제학이라는 학문 자체가 지적 호기심이 많은 유대인에 의해 형성되었다. 리카도, 카를 마르크스, 새뮤얼슨, 프리드먼과 최근의 폴 크루그먼,

루비니 등 유대인에 의해 그 흐름이 반박되거나 수정 보완되면서 발전하고 있다. 경제학 분야를 유대인들이 주도하고 있는 것이다. 노벨 경제학상 수상자의 41%가 유대인이고, 경제학 분야의 노벨상이라 불리는 미국의 존 베이츠 클라크 메달 수상자의 65%가 유대인이라 한다.

중상주의에 반대해 나타난 것이 자유주의 사상

중상주의에 반대해 나타난 것이 자유주의 사상이다. 원래 힘 있고 앞서나가는 나라는 국가 간 장벽이 없는 자유주의를 바라고 한창 발전 중인 개발도상국들은 국내산업 보호를 위해 중상주의와 같은 보호주의를 원한다. 19세기 초부터 1870년대까지 영국에서는 이러한 자유주의가 대중적 지지를 얻었다. 특히 아담 스미스는 자유주의 사상을 경제에 적용하여 자유방임에 기초한 자본주의 기틀을 세웠다. 이 이념에 의해 정부의 규제도 철폐하고 각 개인들의 자유로운 의사결정에 모든 걸 맡길 것을 주장했다. 개인의 이익 추구가 공익과 상충되지 않는다고 보았다. 그리하여 자유방임의 물결을 일으켰다.

자유로운 교역 위해 자유방임 사상이 필요했던 영국

1800년부터 1855년 사이에 당시 수출품의 반 이상이었던 영국 면직물의 원가는 5분의 1로 감소한 반면 생산량은 50배로 증가했다. 산업혁명으로 유럽은 대규모 생산으로 상품경쟁력을 확보했지만 동시에 엄청난 양의 원자재가 필요했다. 영국은 앞장서서 원자재를 공급할 식민지를 개척하기 시작했다. 식민지는 또한 대량 상품의 수출시장이기도 하였다. 넘치는 공급물을 해외시장에 내다 팔아야 했기 때문에 대량생산은 식민지가 절대적으로 필요했다. 결과론적으로 식민지 개척을 통해 세계는 무역거래의 증대를 도모하였다.

세계 최초로 산업혁명을 이룩했던 영국은 공업생산물을 수출하기 위해 자유무역이 필요했다. 따라서 자유주의 이념은 국익과도 일치해 영국 정부의 지지를 받았다. 아담 스미스의 이론을 지지하고 나선 엘리트들의 압력으로 1846년 5월 영국 의회는 자본주의의 역사뿐 아니라 정치사에 한 획을 긋는 결정을 내렸다. 곡물법을 철폐하면서 자유무역으로 돌입한 것이다. 이것이 세계에 소개된 자유무역의 시작이었다. 곡물법이란 그간 외국산 농산물의 수입을 금지한 법이었다. 이후 곡물법 폐지에 이어 1848년 항해법도 철폐했다. 1850년대 이후 자유무역체제가 확산되었는데, 1860년에는 자유무역을 기초로 하는 예산안을 완성하여 관세수입도 철폐했다. 다른 유럽 나라들도 1850년대에 들어서면서 자유무역으로 전환했다. 19세기 중엽부터 약 30년간 세계경제는 자유무역주의의 확대로 특징지을 수 있다.

장기불황, 각국을 보호주의로 회귀시키다

그러나 자유주의는 그리 오래가지 못했다. 자유무역의 분위기는 1870년대를 지나면서 보호무역주의로 방향을 바꾸었다. 독일과 이탈리아를 중심으로 민족주의 정서가 불타오르고, 각국의 공업화 경쟁이 격화되었기 때문이다. 그리고 곡물법 철폐로 미국 및 러시아로부터 저렴한 곡물이 대량 유입되어 농가가 피폐해졌고 특히 1873년부터 시작된 유럽의 장기불황이 각국을 보호주의로 돌아서게 만들었다.

이러한 보호주의 사조는 각국으로 하여금 교역의 문을 걸어 닫게 했고, 자국의 공업제품 판매시장과 원료공급원 확보를 위한 식민지 쟁탈전에 나서게 만들었다. 많은 국가들이 대량 곡물로 인해 자국 농업에 위협을 느꼈다. 1880년부터 1913년에 영국, 네덜란드, 덴마크를 제외한 모든 나라가 보호무역주의를 채택했다.

유대인 경제학자 데이비드 리카도, 기독교도 되다

아담 스미스 사후, 세 사람의 위대한 인물이 나타나서 스미스의 업적을 수정하고 확충했다. 그들은 바로 세이, 맬서스, 리카도였다. 그 가운데 '비교우위론'을 내세워 무역이론의 근거를 제공한 경제학자가 데이비드 리카도David Ricardo(1772~1823년)다. 천재 경제학자 중 한 명이었던 그는 비록 대학 문턱에도 못 가봤지만 경제이론을 깊게 파고들어 학계의 내로라하던 거물들에 맞서 판판이 승리한다. 그의 노동가치설은 마르크스 경제학이, 비교우위설은 오늘날 국제경제학이 계승한다.

그는 1772년 주식 브로커를 하는 유대인의 셋째 아들로 런던에서 태어났다. 그의 선조들도 당시 유대인들의 전형적인 이동 경로인 스페인, 포르투갈을 거쳐 네덜란드에서 살다 영국으로 건너온 사람들이었다. 리카도는 후에 네덜란드로 건너가 암스테르담의 백부에게서 상거래 관습을 배우고 귀국한 후에는 아버지가 경영하는 증권중개업에 종사했다. 14세부터 증권시장에서 실무를 익혀 25세에 이미 거부가 되었다. 그 뒤 퀘이커교도와 결혼한 것 때문에 아버지로부

♣ 데이비드 리카도

터 독립하여 가족과 인연을 끊고 그 자신이 퀘이커교로 개종했다. 퀘이커교는 17세기에 조지 폭스가 창시한 기독교의 한 교파다. 그리고 증권 중개업으로 더 많은 재산을 모았다. 나폴레옹 전쟁 때 공채를 인수하여 큰돈을 번 후 은퇴해 저술활동에 전념했으며 뒤에 국회의원까지 지냈다.

그는 1799년 아담 스미스의 《국부론》을 읽고 나서부터 경제학에 관심을 갖고 배우게 되었다. 리카도는 자신의 저서 《정치경제학과 조세의 원리》(1815년)에서 자본가·노동자·지주라는 자본주의의 3대 계급 간의 분배 문제에 초점을 맞췄다. 그는 무역이론에서 생산비 비교우위설을 주장하며 곡물법을 폐지하고 자유무역을 해야 한다고 역설했다. 아담 스미스는 경험적이고 귀납적이었으며 자신의 관찰을 바탕으로 결론을 이끌어내는 반면, 리카도는 이론적이고 연역적이었으며 자신의 명백한 명제를 기초로 논리적인 결론에 도달하였다. 리카도의 방법론은 그 뒤 경제학자들에게 큰 인기를 끌었다.

엔클로저의 산물 구빈법, 걸리면 귀를 자르다

중세의 빈민구제는 교회와 수도원 등 종교단체나 장원, 길드 등에서 주로 담당하였다. 그러나 16세기 엔클로저법과 물가 앙등의 영향으로 농민들이 농토를 잃고 떼거지가 되어 부랑자가 늘어났다. 또 성공회의 출현으로 그간 부랑자들을 돌보던 수도원이 해산되었기 때문에 이들은 갈 곳이 없어졌다. 그래서 모이면 떼강도로 변해 먹을 것이 없는 사람들이 지나가는 마을은 초토화됐다.

상황이 심각해지자 영국 왕까지 나섰다. 그리하여 교구가 구빈사업을 책임지게 되었다. 정부의 지원을 받은 종교단체들이 이들을 수용하는

'구빈원'을 곳곳에 세웠다. 직업이 없는 빈민, 노인과 병자들을 받아들이고 건강한 사람에게는 일거리를 알선해줬다. 제도적으로는 구빈세가 과해지고 구빈위원회도 설치되었다. 이들 제도가 엘리자베스 여왕 시절인 1601년 구빈법(빈민구제법)으로 통합되었다. 그러나 문제점도 많았다. 부랑자들을 심하게 단속해 적발되면 귀를 잘랐다. 다시 적발되면 죽었다. 부랑을 금지하는 대신, 어떻게든 직업을 찾아서 일하라고 강제했다. 그러다 보니 노동계급, 곧 노동자와 부녀자 그리고 어린아이들은 마치 노예처럼 취급당했다.

산업혁명 당시의 열악한 노동환경

상황이 이렇다 보니 산업혁명 당시, 사회적 약자인 노동자를 보호하는 사회적 장치가 없었다. 산업혁명 직후 노동자들의 삶은 비참했다. 공장은 조명이나 환기 장치가 충분치 않았고 위생이나 안전이 무시되었다. 작업 중에 일어나는 사고는 노동자 본인의 부주의로 간주되어 당장 쫓겨나기 일쑤였다. 공장에서 일하다 다친 노동자가 해고되는 것은 '당연한 일'로 여겨졌다. 효용이 없는 상품에 가격을 지불할 수 없다는 논리다. 그래서 노동자들은 부상을 입어도 이를 숨기고 일했다. 공장 밖에 굶주림이 있다는 공포가 노동자를 상품으로 만들었다. 노동자들은 열악한 환경, 장시간 노동, 생계유지가 어려울 정도의 저임금에 시달렸다. 이러한 환경에서 보통 남자 근로자들은 하루 16~18시간, 여자들(임신부도 포함)은 14~15시간, 아동들조차 12시간 정도 일했다. 그들은 시끄럽고 냄새나며 비위생적인 환경에서 단순작업을 반복했다.

도시에 슬럼가가 생기고, 하루 16시간의 노동을 강요당하는 노동자들

이 술에 빠져 지내는 등 사회문제가 심각했다. 가장 비참한 것은 어린이 노동자였다. 어린아이들도 생활전선에 내몰려 자본가의 착취 대상이 되었다.

10세 미만의 아이들도 밤새도록 일하곤 했다. 심지어 겨우 걸을 수 있는 네 살배기 어린 것들이 머리가 멍해지고 눈이 충혈되었다. 대부분의 성장기 아동들은 척추나 무릎 등이 휘어졌다. 약한 애들은 허리가 굽어 기형아가 될 정도로 그 작은 손가락으로 소모기에 철사를 끼워 넣는 단순 작업을 여러 시간 계속했다. 양털의 긴 섬유만 골라 가지런하게 다듬는 기계인 소모기梳毛機는 말 그대로 아동착취에 소모消耗되는 기계였다. 게다가 걸핏하면 폭행에 시달리는 것도 문제였다. 하지만 무엇보다 큰 문제는 어린이들이 교육을 받지 못하는 것이었다. 믿어지지 않겠지만 당시 근로자의 평균수명이 20세가 안 되었다. 특히 노동자 어린이 평균수명은 17세였다. 한마디로 그 무렵 노동환경은 지옥이었다. 그리고 바로 공장 근처에 자리 잡은 도시의 위생상태는 그야말로 최악이었다.

주류경제학에 반기를 든 유대인 경제학자, 카를 마르크스

이런 환경에 울분을 느끼는 사람들이 있었다. 그들은 자본주의의 사회 원리에 의문을 품고 새로운 사회 시스템이 필요하다고 느꼈다. 그들은 비참한 노동자들을 구제하고 싶어 했다. 인간을 상품으로 보는 자유경쟁에 규제를 가해 생산시설을 공유하여 평등한 사회를 구현할 방법을 모색했다. 초기 운동의 사상적 특징은 휴머니즘 정신이었으나 이상과 현실에 대한 사고가 뒤섞여 있었다. 아담 스미스와 리카도 등으로 대표되는 주류경제학에 가장 큰 반기를 든 것은 같은 유대인 카를 마르크스Karl Marx였다.

∴ 카를 마르크스

그는 배움을 숭상하는 유대인답게 영국의 대영도서관을 가장 많이 이용한 공부벌레였다. 그의 《자본론》은 당시 지옥 같은 노동환경 속에서 태어난 자본주의 사회에 대한 비판서로 '사회주의의 바이블'로 평가된다. 지난 반세기 동안 인류를 냉전의 세계에 몰아놓은 책이기도 하다.

카를 마르크스는 유대인 가정의 7남매 가운데 셋째 아들로 독일에서 태어났다. 그의 할아버지는 유대교의 유명한 랍비였다. 그런데 변호사였던 아버지는 유대인이라는 이유로 개업을 할 수 없었기 때문에 기독교로 개종했다. 그만큼 자유사상을 지닌 인물이었다. 마르크스가 여섯 살 때 아버지는 기독교 세례를 받게 했지만, 그는 종교에 큰 흥미를 느끼지 못했다. 유대인 혈통의 마르크스는 유대교와 기독교 사이에서 정체성의 혼돈을 겪으며 차차 종교를 혐오하게 되었다.

카를 마르크스의 저서 중 집필의 궤적을 알 수 있는 최초의 글은 고등학교 시절 쓴 세 편의 소논문이다. 그중 세 번째 것인 〈어느 젊은이의 직업 선택에 관한 고찰〉은 그의 인생이 어떤 방향을 취하게 될지를 드러내고 있다. 마르크스는 직업 선택을 앞둔 젊은이라면 의무, 자기희생, 인류의 안녕, 완성에 대한 숙고에 입각해야 한다고 말했다. 그는 인류의 진보에 대한 믿음을 자신의 미래와 연결시켰다. 마르크스는 17세 때부터 이상적인 결정과 인간 생활의 실제적인 결정들 사이에는 갈등이 존재한다고 보았다.

헤겔에 심취하다

마르크스는 가족의 바람대로 1835년 본대학에서 법률을 공부하였다. 아들이 자신처럼 변호사가 되기를 바란 아버지의 바람과 달리, 학창 시절 마르크스는 괴테, 셰익스피어, 뒤마의 문학과 베토벤을 좋아한 낭만주의자였다. 본 법대를 다니긴 했지만 문학, 역사, 철학에 관심이 더 많았다. 특히 마르크스의 장인이 될 시의원 베스트팔렌 남작의 영향이 컸다. 마르크스의 열정적인 문장력은 이 시기 낭만주의 문학으로부터 기인했다. 마르크스의 아버지는 아들이 더욱 성공하도록 이듬해 1836년에 베를린대학 법학과로 진학시킨다.

❖ 청년 시절의 마르크스

마르크스는 사회 변화의 근원적인 원동력에 대한 답을 찾아 지적 탐구를 시작하였다. 사회의 외형적 변화보다는 그 변화를 이루어내는 본질에 파고들었다. 그러나 그가 전공하는 법은 사회의 급격한 변화에 대해 아무런 설명도 해주지 못했다. 그러던 중에 마르크스는 청년 헤겔주의자들을 만나 헤겔을 공부하기 시작했다. 그는 당대 독일 최고의 철학자 프리드리히 헤겔의 변증법과 철학 혁명론에 심취했다.

마르크스가 반한 헤겔 철학

헤겔Hegel은 칸트 철학을 계승한 독일 관념론의 대가로서 18세기 합리주의적 계몽사상의 한계를 통찰하고 '역사'가 지니는 의미에 눈을 돌렸다. 계몽사상이 일반적으로 역사를 고려하지 않고 머리에서 생각한 이상을 현실로 실현할 수 있다고 생각한 데 반해 헤겔은 현실이란 그처럼 인간이 마음대로 바꿀 수 있는 것이 아니라 오히려 역사의 과정은 그 자신의 법칙에 의해 필연적으로 정해졌다고 생각하였다.

따라서 우리가 아무리 이상을 실현하려고 애써도 그 이상이 역사의 흐름에 부합되지 않는 한 그 노력은 결코 이루어질 수 없다는 것이다. 그런데 이 역사를 지배하는 법칙에 대해 헤겔은 관념론적·형이상학적인 견해를 가졌다. 역사는 절대자가 점차로 자기를 실현해가는 과정이라 생각하였다. 그에 의하면 절대자는 이성이고 그 본질은 자유이다. 따라서 역사는 자유가 그 속에서 전개해나가는 과정으로, 단 한 사람 전제군주만이 자유였던 고대로부터 소수의 사람이 자유이던 시대를 거쳐 모든 사람이 자유가 되는 시대로 옮아간다는 것이다. 그리하여 현대는 바로 이 마지막 단계가 실현되어야 할 시대라고 보았다.

헤겔은 이러한 근본사상을 바탕으로 장대한 철학체계를 수립했는데 그 체계는 논리학·자연철학·정신철학의 3부로 되었으며, 이 전 체계를 일관하는 방법이 모든 사물의 전개를 정正·반反·합合의 3단계로 나누는 변증법이었다. 헤겔에 의하면 정신이야말로 절

♣ 헤겔

대자이며 자연은 절대자가 자기를 외화外化한 것에 불과하다는 것이다.

마르크스는 청년 헤겔파에 참여했다. 당시 철학계에서 강한 영향력을 가지고 있던 헤겔의 철학은 헤겔 좌파와 헤겔 우파 등의 조류를 낳으면서 대학생 지식인들을 사로잡고 있었다. 그래서 마르크스의 초기 사상은 '인간 소외'를 중심으로 한 다소 철학적인 면이 있었다.

마르크스의 초기를 흔히 자유주의 시기라고 한다. 마르크스가 처음부터 사회주의자나 공산주의자였던 것은 아니다. 처음에는 주변의 다른 지식인들과 마찬가지로 전제적이었던 독일의 정치체제를 기본적인 권리가 신장되고 민주적인 제도들이 정착되는 사회로 변혁시키기를 원했다. 그 시절에 관계를 맺었던, 비슷한 정치적 지향을 가지고 있던 사람들이 소위 '청년 헤겔파'이다. 헤겔의 청년 시기 초기 사상을 핵심으로 보고 계승하고자 했기 때문에 그런 이름으로 불렸다. 청년 헤겔파는 급진적 정치철학자로서의 헤겔을 부각시키려고 하였다. 그 그룹의 일원으로서 마르크스가 지적 활동을 시작한 것이다.

마르크스와 헤겔의 차이

다만 마르크스는 헤겔 철학의 관념적 측면을 물질적 조건을 강조하는 유물론으로 발전시키고자 했다는 점에서 결정적인 차이점을 가지고 있다. 여기에는 포이어바흐의 영향이 컸다. 포이어바흐는 "신이 인간을 창조한 것이 아니라 인간이 신을 창조했으며, 종교는 인간 소외의 표현"이라는, 당시로선 매우 급진적인 주장을 펼쳤다.

마르크스는 포이어바흐의 종교 비판을 발전시켜 헤겔이 절대정신의 구현자로서 국가와 국가를 운영하는 관료집단을 보편적 계급으로 찬양

했던 것을 비판했다. 마르크스는 오히려 국가는 지배계급의 도구라는 생각을 발전시켰으며, 관료집단이 아닌 프롤레타리아, 즉 노동자 계급이 보편적 계급으로서 해방의 주인공이 될 수 있다고 주장했다. 이때부터 마르크스는 급진적인 사회주의적 지향을 가지게 된다.

이러한 마르크스의 주장은 "노동계급은 다른 신분들을 해방시키지 않고는 스스로 해방될 수 없는 신분"이라는 말에 잘 드러난다. 즉 노동계급은 현대 자본주의 사회의 모순을 응축하고 있으므로 노동계급이 자신의 모순을 해결하면 사회 전체의 모순도 연이어서 해결할 수 있다는 이야기다.

이러한 마르크스의 생각은, 초기 미완성 저작인 《경제학-철학 수고》의 '노동 소외'를 다루는 논의에 기초하고 있다. 헤겔의 정신의 소외 논의를 탐구하면서, 마르크스는 자본주의 사회에서 발생하는 노동 소외를 발견하게 된다.

인류 역사의 원동력은 인간의 노동을 통한 생산활동이므로 노동은 생산활동을 가능케 하는 인간의 자기창조 도구이다. 하지만 자본주의 사회에서 노동자들은 자신이 생산한 생산물로부터 소외되고, 생산활동 자체로부터도 소외된다. 이들은 나아가 노동자 및 다른 인간들로부터도 소외되며, 결국 인간이라는 본질 자체도 박탈당한다. 이러한 노동자의 소외를 탐구하기 위해 이후 마르크스는 철학적 작업을 뛰어넘어 역사적·경제학적 탐구를 시도했다. 그 결과가 마르크스의 후기 대표 저작인 《자본론》에 드러난다.

마르크스, 헤겔을 뒤집다

헤겔은 역사의 추동력을 변증법적 '이성'에서 찾았다. 그리고 19세기 당대 유럽의 놀라운 진보는 모두 이성의 힘이라고 보았다. 그러나 마르크스는 현실 세계에서 비밀경찰의 힘으로 유지되는 절대왕정을 도저히 이성적이라고 할 수 없었다. 그는 헤겔의 논리를 뒤집는다. 절대이성이 현실을 만들어낸 것이 아니라 현실 사회의 생산력이 새로운 관계를 만들어내고 있다고 본 것이다. 철학을 통해 현실을 이해해서는 안 되고, 현실을 통해 철학이 새롭게 정립되어야 한다고 생각했다. 마르크스가 보기에 철학은 지금까지 세계를 설명하고 해석하기만 해왔다. 하지만 이제 철학은 현실 속에서 현실을 변화시킬 수 있는 무기가 되어야 한다고 믿었다.

헤겔 좌파에 속한 그는 헤겔의 관념론에 대해 해석을 달리했다. 정신적 상황이 물질을 결정한다는 헤겔의 학설을 물질이 정신적 상황을 결정한다고 반대로 생각했다. 유물론의 태동이었다. 이 시기부터 마르크스는 종교를 "민중이 현세에 겪는 고통을 내세의 환상으로 도피시키려는 민중의 아편"으로 폄하했다. 그때부터 헤겔의 종교관에 반대하여 무신론적 급진 자유주의자가 된다.

교수의 꿈을 접고 신문사 편집장이 되다

마르크스는 에나대학에서 철학 박사학위를 받고 본으로 갔다. 그때까지만 해도 마르크스는 교수가 되는 것이 자신의 소박한 꿈이었다. 그러나 청년 헤겔파를 이끄는 바우어가 대학에서 해직되는 것을 보고 교수의 꿈을 접었다. 마르크스는 급진적 반정부 신문에 기고를 시작하여 이를 계기로 그해 10월에 쾰른으로 이주하
여 그 신문사의 편집장이 되었다. 혁명적
민주주의 입장에서 프로이센의 절대주의
를 비판하였다.

그가 처음으로 계급, 개인소유, 국가의
문제에 관심을 갖게 된 계기는 1842년 〈라
인신문〉 편집장 시절 '농민들의 목재 절도
사건'이다. 이때 그는 공산주의에 대해서
도, 정치경제학에 대해서도 잘 몰랐기 때
문에 보수적인 귀족이 쓴 글에 대해 재치

있는 답변을 했을 뿐이었다. 이 사건을 통해 마르크스는 현실을 변혁하
기 위해서는 현실을 더 치밀하게 '과학적으로' 분석하고 사유하지 않으
면 안 된다는 자기반성에 이른다. 신문사 편집장으로서 여러 현실 문제
를 다루는 과정에서 경제학 공부의 필요성을 절감하였다.

그러는 사이 그는 당국에 요주의 인물로 찍혔다. 그러던 차에 마르크
스가 포도 재배업자의 비참한 삶에 대한 비판적인 원고를 싣는 바람에
〈라인신문〉은 폐간되고 말았다. 당시 마르크스는 언론의 자유를 침해하
는 프로이센에 '프로이센 정부에 의해 편집장직을 사임합니다'라는 광고
문구와 프로메테우스(마르크스)가 독수리(프로이센)에게 괴롭힘당하는
그림으로 저항했다.

파리로 가서 경제학을 공부하다

이듬해 23세에 아버지 친구의 딸 예니와 결혼하여 좀 더 자유로운 파

리로 옮겨 가 경제학을 공부하면서 프랑스의 사회주의를 연구했다. 이때 마르크스는 프랑스 혁명과 영국의 고전 경제학자들에 대해 공부하였다. 철학에 경도되었던 마르크스가 점점 현실의 역사와 정치경제에 관심을 기울이기 시작한 것이다. 그 무렵 프랑스 급진 사회주의의 태두인 오귀스트 블랑키와 어울렸다.

마르크스는 자신이 연구한 내용을 연달아 발표하기 시작했다. 1844년 《경제학-철학 초고》와 《헤겔 법철학 비판서설》을 필두로 1845년 엥겔스Engels와 공동으로 《신성가족》과 《독일 이데올로기》를 썼다. 《독일 이데올로기》에서 유물사관의 주장을 처음으로 정립했다. 1847년에는 프루동의 《빈곤의 철학》을 비판한 《철학의 빈곤》을 발표했다.

평생지기 엥겔스를 만나다

혁명가로 변신한 마르크스는 파리의 한 카페에서 훗날 평생지기가 된 프리드리히 엥겔스를 만났다. 이 무렵 엥겔스는 유물론자, 혁명주의자였으며 노동계급만이 자신의 해방을 위해 일어서게 되는 계급이라 생각했다. 이때 마르크스와 의기투합한 엥겔스는 부유한 공장주로서 평생 마르크스의 어려운 재정 형편을 뒷받침함으로써 마르크스 사상이 세상의 빛을 보는 데 지대한 기여를 했다.

마르크스는 파리 시절 엥겔스와 함께 오귀스트 블랑키가 큰 영향을 미치고 있던 의인동맹義人同盟, Bund der Gerechten에 가입하는데, 이곳은 행동주의적·급진적·혁명적 성격을 강하게 지니고 있던 비밀 결사단체였다.

엥겔스는 독일 라인 주 바르멘 시(오늘의 부페르탈)에서 방직 공장주의 아들로 태어났다. 아들을 자신 같은 자본가로 키우려는 아버지의 뜻에 의해 엥겔스는 김나지움을 중퇴하고 브레멘 상사에서 일했다. 이 시기에 그는 자본가이지만 노동자들의 고통을 보며 울분을 느꼈다.

그는 노동자들이 자본가들의 착취와 법과 결탁한 계급투쟁 탄압으로 고통받는 현실을 보고 〈도이칠란트 통신〉에 지배계급을 비판하는 수많은 글을 썼다. 그리고 1841년에 지원병으로 포병연대에 들어가 복무하면서 베를린대학에서 철학 강의를 청강하며 헤겔 좌파가 되었다.

⁂ 평생을 공부하고 투쟁하느라 독신으로 보낸 엥겔스

군 복무를 끝마친 그는 영국의 맨체스터로 건너가 영국 노동계급의 비참한 삶을 깊이 연구하였다. 그리고 차티스트 운동 관련자들과 연계를 맺고 영국의 출판물에 대해 글을 쓰기 시작하였다. 엥겔스의 이러한 현실 비평은 마르크스가 이상적 사회주의를 비롯한 현실에 맞지 않는 사회주의 조류들을 극복하고 과학적 사회주의라는 고유의 사상을 형성하는 데 큰 도움이 된다. 1844년 9월 독일로 가던 엥겔스는 파리에서 마르크스와 만났다.

두 사람의 우연한 조우가 역사적 필연이 되었다. 프리드리히 엥겔스는 평생을 마르크스와 함께하며 그를 물심양면으로 돕는다. 마르크스 사후에는 국제 공산주의 운동을 이끌며 마르크스의 유작들을 정리하여 《자본론》 2, 3권을 출간하기도 한다.

〈공산당 선언〉을 발표하다

마르크스가 활동하던 시대적 상황의 특징은 크게 세 가지로 요약할 수 있다. 먼저 산업혁명 시대, 그리고 자본주의 시대, 마지막으로 제국주의 시대이다. 산업혁명의 영향으로 인류는 편리하고 풍요로운 삶을 누릴 수 있게 되었다. 하지만 삶의 편리함과 풍요로움 뒤에는 살인적인 장시간 노동과 저임금으로 고통받는 노동자들이 있었다. 이와는 대조적으로 대량생산된 상품을 바탕으로 소수의 자본가는 엄청난 이윤을 차지하였다. 마르크스와 엥겔스는 이처럼 소수에게만 부가 집중되는 자본주의의 모순을 프롤레타리아 혁명을 통해 해결할 수 있다고 생각했다. 그들은 혁명을 통한 프롤레타리아트의 승리와 함께 자본주의 사회의 붕괴를 예견했다.

1847년 런던에서 공산주의자 동맹이 결성되자 엥겔스와 함께 가입하여 동맹의 강령인 〈공산당 선언〉을 공동 집필했다. 1848년 2월에 발표된 〈공산당 선언〉은 마르크스의 문헌들 가운데 가장 널리 알려지고 읽힌 고전이다. 불과 30페이지로 공표된 이 문헌이 오늘날에도 전혀 퇴색하지 않고 여전히 마르크스주의의 귀중한 역사적·이론적 문헌이 되고 있는 이유는, 이것이 최초로 공산주의를 공개선언하고 그 근본 원리를 밝혔다는 점도 있지만 〈공산당 선언〉 전체를 관통하는 저자들의 탁월한 문장력과 문학작품을 능가하는 표현과 수사 때문이기도 하다.

A spectre is haunting Europe - the spectre of communism. All the powers of old Europe have entered into a holy alliance to exorcise this spectre: Pope and Tsar, Metternich and Guizot, French Radicals and German police-spies.

시대상을 압축적으로 표현한, 너무도 시적이고 상징적인 문장이다.

"유럽에 유령이 출몰하였다. 공산주의라는 유령이. 구 유럽의 모든 세력, 즉 교황과 짜르, 메테르니히와 기조, 프랑스의 급진파와 독일의 경찰이 이 유령을 쫓아내려고 신성동맹을 맺었다."

이렇게 시작해서 "지배계급들로 하여금 공산주의 혁명 앞에 전율케 하라. 프롤레타리아들은 공산주의 혁명 속에서 족쇄 이외에 아무것도 잃을 것이 없다. 그들에게는 얻어야 할 세계가 있다. 만국의 노동자여, 단결하라"로 끝나는데, 유명한 문구들로 가득 차 있다.

〈공산당 선언〉의 배경

산업혁명 이후 많은 농민이 농촌을 떠나 도시로 유입되면서 임금 노동자들로 급속히 변해갔다. 도시의 인구는 급증했다. 하지만 도시 노동자

들의 생활은 비참 그 자체였다. 더 비참한 것은 직업조차 구하지 못한 대다수의 쫓겨난 농민들이었다. 그들은 악명 높은 엔클로저 운동으로 인해 하루아침에 농토를 잃고 거리를 헤매는 빈민이 되었다. 엔클로저 운동이란 양모 가격이 치솟자 지주들이 경작지를 양을 기르는 목초지로 만든 운동이다.

마르크스, 혁명에 뛰어들다

〈공산당 선언〉 발표 이듬해 2월 파리에서 시작된 혁명이 이탈리아, 오스트리아 등에 파급되자 마르크스는 브뤼셀, 파리, 쾰른 등지로 가서 혁명에 참가했다. 각국의 혁명은 좌절되고 그에게는 잇달아 추방령이 내려졌다.

1849년 여름, 마르크스는 도버 해협을 건너 영국으로 망명했다. 1848년 반란과 유혈 사태를 선동하고 조종했다는 혐의 때문에 유럽 대륙에서는 안전하게 살 수 없었기 때문이다. 그는 조국 독일뿐만 아니라 불온한 공산주의 혁명을 두려워한 거의 모든 나라의 비밀경찰에 의해 요시찰 인물 1호로 지목되었다. 마르크스는 미국으로 건너갈 생각도 했지만 여비를 구하지 못해 가까운 영국으로 발길을 돌렸다. 당시 그의 나이는 이제 겨우 31세에 불과했다.◆

그는 런던에서 몇 년 동안 고립생활을 했다. 대영박물관 도서관에 다니면서 경제학을 연구하는 한편, 1859년 경제학 이론에 대한 최초의 저서 《경제학 비판》을 출간했다. 이 책의 서문에 유명한 유물사관 공식이

◆ 유시민 지음, 《부자의 경제학 빈민의 경제학》, 푸른나무, 2004

실려 있다. 1850년부터 1864년까지 15년 동안 마르크스는 정신적 고통과 함께 물질적 빈궁 속에서 지냈다. 예니가 마르크스와 결혼할 때 그녀의 가족들은 마르크스가 가족을 제대로 부양하지 못할 것이라며 결혼을 반대했다. 그런 예상은 적중했다. 그의 가족은 극심한 빈곤 속에서 생활했으며 6명의 자녀 가운데 셋이 많이 굶어 병약한 탓에 죽었다. 식량과 약조차 제대로 구하지 못해 자식 셋을 잃는 곤궁한 생활 조건을 견뎌내야만 했다.

제1차 인터내셔널, 노동운동을 주도하다

1864년 런던에서 제1차 인터내셔널이 창설되자 마르크스는 이에 참여했다. 제1차 인터내셔널의 정식 명칭은 '국제노동자협회'이다. 이를 이론적으로 뒷받침한 것은 마르크스와 엥겔스였다. 마르크스는 총평의회의 서기로서 노동자 계급운동의 기본 전술을 정립했다. 그는 엥겔스와 더불어 협회의 활동을 통해 노동자에 의한 혁명당을 각국에 창립하려고 도모했다.

마르크스가 천착한 것은 우선 노동시간의 단축이었다. 하루 16시간의 노동시간을 반으로 줄이는 운동을 전개했다. 그리고 정당하게 사람 대접받는 노동자들을 만들기 위해 선거권 획득에 주력했다. 훗날 노동시간이 단축되고 노동자들도 선거권을 확보하게 된 것은 마르크스가 주도한 노동운동 덕분이었다. 협회의 활동을 통해 마르크스주의가 각국에 보급되었다. 그 결과 1869년 이후 유럽과 미국에는 사회주의 정당이 출현했다.

《자본론》 출판

한편 마르크스는 1862년부터 구상해오던 《자본론》을 1867년에 출판했다. 마르크스 자신의 손으로 간행한 것은 제1권뿐이다. 그의 사후 엥겔스에 의해 유고가 정리되어 1885년에 제2권, 1894년에 제3권이 출간되었다. 현재 《자본론》으로 불리는 것은 이상의 3권이다. 처음에 제4권으로 구상되었던 부분은 카우츠키가 《잉여가치 학설사》라는 이름의 독립된 형태로 출판했다. 그는 사회주의자로서 억압받는 노동계급의 해방을 위해 평생 학문적·실천적 노력을 쏟았다. 그래서 그의 사상에서는 인류애적인 요소가 매우 강하게 나타난다. 《자본론》에서 비록 시장과 경쟁의 효율성과 생명력을 그냥 지나친 일면이 있지만 뜨거운 가슴의 소유자였다.

마르크스는 《자본론》을 통해 자본주의의 본질을 규명하려고 했다. 당시 그는 노동자들의 비참한 생활을 직접 보았고, 혁명과 반혁명에 휘말린 처참한 유럽 사회를 체험했다. 그리하여 자본주의란 모든 것을 상품화하여 인간이 인간을 착취하고 소외시키는 몹쓸 제도라고 생각했다. 일찍이 그는 자본주의는 부르주아에게만 유리한 사회일 뿐 노동자에게 주어지는 건 굶주림밖에 없다고 보았다.

그는 특히 자본주의의 약점을 네 가지로 요약했다. 하나는 '권력의 분배'요, 둘은 '불평등한 소득분배', 셋은 '공황과 실업에 빠지기 쉬운 경제체제', 넷은 '독점'이었다. 마르크스의 견해는 국가라는 것은 자본가에 의한 노동자 착취의 기구이고 장래에는 계급투쟁에 의해 사멸하며 미래의 세계는 국가가 아니라 만국 노동자의 단결에 의해 형성된다고 보았다.

어찌 보면 마르크스는 그간 박해받아 왔던 유대인과 이들을 약탈했던 기독교도에 빗대어 세상의 흐름을 노예와 약탈자의 관점에서 해석하려고 했던 것 같다. 그럼에도 마르크스의 가치는 당시 자본주의의 문제점과 약점을 직시한 데 있다. 그는 자본주의적인 질서를 사회주의적인 질서로 바꾸면 새로운 사회가 탄생할 것이라 생각했다. 현실은 거기에 크게 못 미쳤지만 오늘날 자본주의가 수정 자본주의의 길로 가고 있는 이면에는 뜨거운 가슴과 차가운 머리를 가진 마르크스가 있기도 하다.

상당 기간 존속된 '유대인=공산주의'

마르크스가 유대인이라는 사실 하나만으로도 공산주의는 상당 기간 유대인과 동일시되었다. 한때 "공산주의는 세계 지배를 위한 유대인의 음모"라는 말까지 나돌았다. 특히 1917년 러시아 공산주의 혁명의 핵심 지도자 가운데 한 사람인 레온 트로츠키가 유대인이라는 게 알려지면서 '공산주의=유대인' 커넥션은 다시 한 번 세상을 들끓게 만들었다. 하지만 공산주의는 유대인들에게 더없이 큰 피해를 주었다. 먼저 마르크스 자신이 유대인을 좋게 생각하지 않았다. 그는 첫 번째 주요 에세이인 〈유대인 문제에 관하여〉에서 유대인과 유대주의를 증오에 가득 찬 눈으로 바라봤다. 유대인 대학살의 주인공인 히틀러는 나중에 자신의 반유대인 감정의 일부가 바로 이 에세이를 읽고 생겨났다고 주장했을 정도였다.

러시아의 볼셰비키 공산혁명 세력도 사회 불만을 유대인에게 돌리며 대학살을 자행했다. 모스크바의 랍비들이 공산혁명 주역의 한 사람인 트로츠키를 찾아가 "유대인 학살을 중지해달라"고 요청했으나 트로츠키는 "나는 유대인이기에 앞서 사회민주주의자"라며 거절했다는 유명한 일화가 있다. 유대인 학살에 앞장선 트로츠키는 러시아 혁명정부의 2인자였지만 1인자인 레닌이 죽자 곧바로 권력 핵심에서 밀려났다. 아이러니하게도 유대인이라는 이유에서다. 레닌의 뒤를 이은 스탈린은 트로츠키를 멕시코로 추방했고 얼마 후 자객을 보내 살해했다.

폴 존슨, "마르크스 이론도 유대 사상의 변주다"

19세기 게토ghetto에서의 해방 이후 유대인들은 끊임없이 지성의 거인들을 쏟아냈다. 마르크스가 그러했고, 프로이트와 아인슈타인이 그러했다. 인간을 바라보는 인류의 시각을 전복시켰던 마르크스와 프로이트의 이론들도 사실은 천재들의 독창적인 사유라기보다는 유대적 전통에 기인한 바가 크다고 《유대인의 역사》를 쓴 폴 존슨은 말한다. 가령 마르크스의 경우 진보에 관한 그의 개념은 헤겔의 영향을 받은 것이지만, 그의 역사관은 기본적으로 유대적인 것이었다. 그가 주장했던 공산주의의 천년왕국론은 유대인의 종말론과 메시아주의의 변주였다. 또 그가 말한 통치 개념 또한 유대 사회의 교권통치체제와 다를 게 없었다고 한다.

세계 금융의 절대강자, 런던 금융시장

런던 시티, 곧 '더 시티 오브 런던'이란 곳은 런던 시내 동북쪽 한복판 약 1제곱마일(약 80만 평) 정도의 작은 면적에 금융기관이 밀집되어 있는 지역이다. 영국에서 거래되는 외환, 증권과 선물거래 대부분이 이루어지는 곳이기도 하다. 세계적인 금융기관들이 밀집해 있는 이곳에는 금융 관련 인력이 30만 명이나 몰려 있다. 영국의 수도 런던 시와 혼돈하기 쉬운 이 도시는 '런던 시 속의 런던 특별시'인 셈이다.

'더 시티 오브 런던'은 독자적인 자치권을 누리는 자치법권 지역이다. 더 시티가 런던 당국과 별도로 관리되는 지역이기 때문에, 면세 지역이자 경찰도 광역경찰청이 아닌 '더 시티 오브 런던 경찰'이라고 하는 별개 조직이 치안을 담당하고 있다. 영국 군주도 더 시티를 방문하기 위해서는 사전에 이곳의 길드장에게 허락을 받아야 방문이 가능하다.

런던 시티에는 영국 중앙은행인 영란은행과 증권-외환거래소를 비롯해 세계적인 금융기관들이 밀집해 있다. 더 시티가 런던 금융의 전통이

❖ 센트럴 런던 뱅크 지역의 새로운 모습(출처: 한국문화관광연구원 편, 《너울》 2008년 5월호)

라면 템즈 강변과 도심에서 하류로 조금만 내려가면 나오는 카나리 워프 Canary Wharf는 런던 금융의 미래라 할 수 있다. 30년 전 허허벌판이었던 런던 부둣가는 50층짜리 카나리 워프그룹 빌딩과 시티, HSBC, 모건스탠리, 골드만삭스 등 내로라하는 금융회사들이 들어선 30여 개 빌딩으로 가득 차 있다.

영국 런던은 18세기 초 국제무역의 중심지로 부각되면서 금융시장의 모태를 형성하게 된다. 실물거래에 따르는 자금 수요를 뒷받침하고 상품을 실어 나르는 선박·해운의 위험을 담보하기 위해 금융수단과 보험수단이 탄생했다. 그리고 상인들이 물품 대전으로 받은 어음 Bill of Exchange을 할인해 장사에 필요한 단기 자금을 조달하게 되면서 오늘날 런던 금융시장의 근원이 됐다.

런던은 시련을 딛고 다시 일어선 케이스다. 1, 2차 세계대전 이후 뉴욕이 국제금융의 중심지로 부상함에 따라 시장이 위축되었다. 게다가 한때 오일쇼크 이후 기초경제 여건이 급격히 악화되면서 외환위기에 봉착하여 국제통화기금IMF의 구제금융을 받기에 이르렀다. 이는 런던 금융가에 커다란 굴욕과 상처를 안겨주게 된다. 그러나 이를 전화위복의 기회로 삼아 대처 정부는 과감한 개혁 조치로 위기를 돌파한다. 런던이 글로벌 금융허브로 새롭게 도약하는 결정적 계기가 된 것이다. 영국 개혁의 전도사인 대처 전 수상은 집권하자마자 야당의 반대에도 불구하고 1979년 전면적인 '외환 자유화 조치'를 취했다. 이어 1986년에는 '빅뱅'이라 불리는 증권사 경쟁력을 높이기 위한 '증권시장 자유화 조치' 개혁을 단행했다. 금융 부문에 대한 규제를 풀면서 외국계의 진입을 용이하게 하여 구조조정을 촉진한 것이다.

하루아침에 규제가 해제되자 미국의 상업은행 등 외국계 금융기관들이 몰려들었다. 나스닥이 런던에서 거래되는가 하면, 런던을 거치지 않고 컴퓨터로 뉴욕이나 도쿄와 직접 거래할 수도 있게 되었다. 이로써 런던 국제금융시장은 다시 세계 금융시장의 중심에 섰다. 인력, 상품, 자본 가운데 가장 쉽게 국경을 넘어 움직이는 것은 자본이다. 자본에는 국경이 없다. 가장 자유롭고 유리한 곳에 많이 몰릴 수밖에 없는 것이 돈이다. '더 시티'가 바로 그런 곳이다.

특히 외환자유화 조치로 외국계 금융회사의 진출이 확대됐고, 이 과정에서 해외 증권투자 중개업무의 대부분을 미국계 증권회사들이 차지하게 됐다. 그러자 대처 정부는 증권 부문의 분업주의를 포기하고 은행의 증권업 진출을 허용해 겸업화를 유도했다. 한편 증권 중개수수료 등에 대한 규제를 폐지하는 등을 골자로 한 증권시장 자유화 조치는 외국 자본에 의한 증권회사의 인수합병M&A 바람을 불러왔다. 결국 외환과 증시 자유화 조치로 영국은 금융시장의 주도권을 미국을 비롯한 외국 자본에 대거 내줬지만 선진 금융 중심지로서 런던의 위상을 되찾는 결정적 계기를 마련했다.

세계 최대 외환거래시장, 런던

오늘날 런던 금융시장은 뉴욕과 더불어 세계 금융시장을 양분하고 있다. 2010년 4월 기준 세계 일일 평균 외환거래액은 약 4조 달러에 이른다. 이 가운데 런던 시장의 일평균 외환거래 규모는 1조 4680억 달러로 전 세계 외환거래의 36.7%를 차지하여 세계 1위다. 이는 미국(17.9%), 일본(6.2%), 싱가포르(5.3%)를 합한 것보다 높은 수준이다. 뉴욕의 2배 이상에 이르는 세계 최대의 외환시장이다. 런던의 외환거래 비중은 날로 커지고 있다. 2014년 기준, 전 세계 외환 거래에서 영국은 41%를 차지해 미국(19%)을 제치고 압도적인 1위다. 유로만 해도 영국은 유로를 쓰지 않지만 전 세계에서 유로 표시 금융상품이 가장 많이 거래되는 곳은 런던이다. 런던은 세계 주식거래와 파생상품거래의 각각 43%가 이루어지는 시장이다. 규제가 심한 뉴욕을 제치고 외환거래뿐 아니라 기업공개시장과 주식시장도 강세를 나타내고 있다. 런던은 세계에서 가장 많은 돈이 흘러다니는 명실상부한 금융허브다.

2015년 11월 기준, 런던에는 HSBC, 버클레이 등 외국 은행 250여 개, 외국 금융회사 580여 개가 진출해 있다. 이 가운데 우리 은행들도 10여 개 포함되어 있다. 영국의 금융산업은 유럽 전체 은행의 절반 이상이 몰려 있는 유럽 금융의 절대강자다. 런던은 또한 세계 최대의 채권시장이다.

영국 채권시장의 전체 거래규모는 유로본드 거래에 힘입어 10년 사이에 3배 성장하였다. 7조 달러의 자산규모를 자랑하는 증권거래소에는 1800여 개 회사가 상장되어 있고, 이 가운데에는 세계 54개국으로부터 550개의 해외 기업들이 상장되어 있다. 외국 기업 상장이 제일 많아 글로벌하게 거래되는 해외 증권시장으로서는 가장 큰 규모다. 해외 증권의 45% 안팎이 런던에서 거래되고 있다. 한마디로 외국 기업에 가장 인기 있는 증권시장인 것이다.

게다가 2002년 미국이 회계개혁법인 '사베인스-옥슬리법'을 도입하여 뉴욕 증시 상장기업에 대한 규제를 강화한 덕분에 반사이익을 얻고 있다. 뉴욕에 상장되어 있던 기업들이 런던으로 대거 이전하여 규제 최소화 원칙을 고수한 런던 증시는 세계 1위 증권거래소로 발돋움했다. 국가 간 은행대출, 외환거래, 장외파생상품거래, 국제채권거래도 미국을 추월했다. 헤지펀드의 21%가 런던에서 운용되고 있으며, 세계 유동자금의 30%가 런던을 거쳐 간다는 게 더 시티 관계자들의 분석이다. 영국 경제에서 금융산업은 중요한 비중을 차지하고 있다. 국내총생산GDP에서 금융 부문이 차지하는 비중이 6.8%이고, 금융 부문과 직접 연관된 회계, 법률 서비스, 투자자문 등 관련 산업을 포함할 경우 9.2%에 이른다. 금융산업에 종사하고 있는 인원만도 105만 명이다. 다만 2016년 7월의 브렉시트가 더 시티 금융시장에 어떤 영향을 끼칠지 주목된다.

II

영원한 금융 황제,
로스차일드

JEWISH ECONOMIC HISTORY

"자식은 야훼의 선물이요, 태중의 소생은 그가 주신 상급이다. 젊어서 낳은 자식은 용사가 손에 든 화살과 같으니, 복되어라, 전동에 그런 화살을 채워 가진 자, 성문에서 원수들과 담판할 때에 높은 데서 이야기하리라." (시편 127:3–5)

유대인 이야기의 클라이맥스는 사실상 로스차일드가에서부터 시작한다. 이전까지는 스페인계 세파르디 유대인들이 주도해왔다면, 로스차일드가 이후로는 독일계 아슈케나지가 유대인 사회를 주도하게 된다. 유럽에서 처음으로 국제적인 대규모 금융산업을 일으킨 로스차일드 가문을 알지 못하고는 오늘날 세계 금융시장의 뿌리를 이해할 수 없다.

로스차일드 가문의 탄생

독일 프랑크푸르트 게토 출신의 마이어 암셸 로스차일드_{Mayer}
Amschel Rothschild(1744~1812년)가 본격적으로 국제 금융업에 뛰어든 것
은 19세기 초였다. 산업혁명이 진행되면서 국내적으로 대자본이 필
요해졌을 뿐만 아니라, 국제적으로는 무역 증가에 따른 대금결제 필
요성이 증대되던 시기였다. 게다가 유럽이 나폴레옹 전쟁에 휩쓸려
있었다. 특히 전시에 유대인의 창의성은 부를 쓸어 모으는 데 탁월한
재능을 발휘하였다. 창의성이란 원래 평화로운 시기보다는 비상시에
더 빛을 발하는 법이다. 그는 갓 10대를 벗어난 다섯 아들을 유럽 각
국의 5대 도시 프랑크푸르트, 빈, 런던, 나폴리, 파리에 보내어 어음
결제은행을 세웠다. 은행 이름은 '로스차일드 상사'였다. 이것이 메
디치가 이후 최대의 민간 다국적 은행이다.

✤ 로스차일드 5형제

로스차일드 가문의 탄생

　마이어 암셸 로스차일드의 할아버지는 동유럽에서 금세공 및 대
부업을 하며 살다 마이어가 태어나던 해에 프랑크푸르트의 유대인
집단 거주지인 게토에 정착하여 고물상을 운영하
며 살았다. 당시 유대인 집단 거주지인 게토에는
다른 독일인 지역 같으면 150여 명 정도 살았을
면적에 자그마치 3000명이 넘는 유대인들이 옹기
종기 모여 살았다. 이렇게 빈민촌에 몰려 산 것은
강제적인 외부 공권력의 탓도 있지만, 그들 스스
로가 장사가 잘되는 대도시로 몰려들었고, 게다

✤ 마이어 암셸 로스차일드

가 죽은 후 게토 인근의 유대인 무덤에 묻혀야 조상들이 있는 천국에 갈 수 있다고 믿었기 때문이다.

마이어 로스차일드의 아버지도 골동품상을 운영하면서 한편으로는 금세공과 대부업을 겸했다. 그 가게에는 붉은 바탕에 사자와 유니콘이 그려진 방패 모양의 간판이 달려 있었다. 가게 이름도 '붉은 방패'를 뜻하는 'Rot Schild'였다. 당시 유대인은 성姓이 없었다. 로스차일드Rothschild라는 성은 나중에 집 대문에 그려진 '붉은rot 방패schild'에서 따온 것이다.

직업상 골동품과 고물 수집 및 판매를 위해 외부 행상도 자주 나갔다. 유대인들은 낮에만 게토 밖으로 나갈 수 있었는데, 그것도 유대인임을 나타내는 전통적인 모자와 의복을 입고 노란색의 유대인 표지를 달고 다녀야 했다. 다른 지역을 지나갈 때는 통행세를 내야 했다. 외딴길에서 사람을 만나면 자기보다 어리더라도 모자를 벗고 인사를 해야 했다. 나가 돌아다니다 보면 구타를 당하거나 강탈당하기 일쑤였다.

로스차일드, 랍비 교육을 받다

마이어 로스차일드는 어려서부터 명석했다. 그래서 그의 아버지는 로스차일드를 랍비 양성학교에 보내서 유명한 랍비로 키우고 싶어 했다. 마이어 로스차일드 자신도 어릴 적 꿈은 모든 유대인이 그렇듯이 랍비가 되는 것이었다. 아버지의 지원으로 열 살 때 랍비 양성학교, 곧 유대교 신학교에 들어갔다. 유대인 사회에서 랍비는 가장 존경받는 직업이었다. 그러나 부모가 천연두에 걸려 일찍 사망하는 바람에 열세 살 때 학업을 중단할 수밖에 없었다. 하지만 그때 신학교에서 받은 교육, 특히 탈무드 교육은 그를 훗날 세계의 금융업자로 우뚝 서게 하는 지식과 지혜의 창고 역할을 하였다.

그 후 그는 친척들의 도움으로 하노버에서 '오펜하이머'란 유대계 은행에서 일하게 되었다. 이곳에서 도제로 일하면서 은행업을 탈무드의 시각으로 조망하고 종합하며 금융업의 본질을 파악하는 데 주력했다. 금융업의 웬만한 수단을 다 습득한 그는 일을 잘하여 어린 나이임에도 주니어 파트너로 승진했다. 300년 번영을 자랑하는 로스차일드 가문이 금융을 장악하는 시작점이 바로 이곳이었다.

로스차일드, 고물상 물려받아 환전소를 개업하다

"너희 하느님 야훼께서 약속하신 대로 너희에게 복을 내려주실 것이다. 그리하여 많은 민족이 너희에게 돈을 꾸겠지만, 너희가 남에게서 돈을 꾸는 일은 없을 것이다. …"(신명기 15:6)라는 말씀을 읽을 때마다 야훼의 축복을 믿는 경건한 마이어 로스차일드의 가슴은 뛰었다. 마이어는 7년간 다양한 유형의 금융업을 체득한 뒤 여기서 안주하지 않고 1764년 고향으로 돌아온다.

그리고 아버지가 하던 고물상 겸 골동품상을 물려받았다. 여기에 대부업을 추가하는 한편 동전을 수집하는 부유층을 상대로 옛날 동전古錢 거래를 시작했다. 장사는 부자를 상대로 해야만 많이 남는다는 기본적인 유대인의 상술을 따른 것이었다. 마이어는 옛날 동전의 목록과 카탈로그를 정성껏 만들어 흥미 있음직한 사람들에게 보냈다. 그리고 흥미 없는 이들로부터는 옛날 돈을 사들였다. 공짜나 다름없이 사서 비싸게 팔았다. 부유한 귀족들에게 이 돈을 팔러 다니다가 빌헬름 왕자와 직접 거래하게 된다. 유대인 박해가 심한 시기에 프랑크푸르트에서 한낱 장사꾼이 왕족이나 귀족들과 친하게 지낸다는 것은 그리 쉬운 일이 아니었다.

마이어 로스차일드는 한 걸음 더 나아가 독일 내 왕국이나 공국들이 서로 다른 화폐를 쓰는 것에 착안하여 게토 안에 환전소를 열었다. 독일 안에서 통용되는 다양한 화폐를 교환하는 일종의 초보적인 형태의 은행업을 시작한 것이다. 그는 환전에서 얻은 이익금으로 좀 더 진귀한 동전과 골동품 수집에 투자하면서 일류 갑부들을 그의 고객으로 만들어나갔다.

로스차일드와 빌헬름의 만남

로스차일드는 유럽에서 가장 부자 귀족인 헷센 카젤 공국의 빌헬름 왕자에게 남들이 구하기 어려운 진귀한 동전과 골동품들을 대주기 시작했다. 가장 좋은 상품을 경쟁자들보다 훨씬 저렴하게 팔아 신용을 얻었다. 빌헬름은 당시 프로이센 제국 황제의 조카였기 때문에 권력이 상당했다.

빌헬름에게는 카를 부데루스라는 아주 총명한 젊은 재무관이 있었다. 그는 궁전의 재산뿐 아니라 빌헬름의 개인 재산 관리를 잘하여 총애를 받았다. 더구나 빌헬름은 덴마크 공주였던 부인과의 사이에 3명의 아이 외에도 23명이나 되는 사생아들이 있는데 부데루스는 이 아이들을 잘 챙겨주어 빌헬름으로부터 각별한 신임을 얻고 있었다.

⚜ 빌헬름

부데루스는 각종 진기한 물건들을 들고 찾아오는 마이어에게 관심을 보였다. 그는 유대인을 좋아했을 뿐 아니라 마이어가 공휴일마다 건네는 선물인 진기한 동전 또한 좋아했다. 하나우에는 연중 공휴일이 많았다. 부데루스는 마이어를 통해 빌헬름의 런던 채권을 할인하기도 했다. 로스차일드가 마침내 궁전의 금융 업무에 파고든 것이다. 당시 빌헬름은 자신의 채권을 가능한 여러 사람을 통해 할인받고자 했다. 한 사람에게 맡기면 환율이 떨어질지도 모르기 때문이었다.

빌헬름과 그의 재무관인 부데루스가 로스차일드의 능력을 인정해주면서 서로의 관계가 긴밀해졌다. 이후 빌헬름 왕자로부터 1769년 '어용상인'으로 지정받았다. 이것은 단지 명예에 지나지 않았으나 궁전과 거래한다는 것을 공개적으로 인정해주는 것이었다. 건물주는 건물의 일부를 마이어에게 팔기로 결정했다. 마이어의 오랜 숙원이 해결되었다. 그리고 편리해진 것이 하나 있었다. 여권 문제였다. 어용상인은 궁전의 심부름을 하기에 어디든 쉽게 여행할 수 있게 된 것이다. 아니, 또 하나 더 있었다. 그간 탐탁지 않게 생각했던 예비 장인이 어용상인이 된 그에게 딸과의 결혼을 허락한 것이다. 어용상인 직함은 그에게 많은 것을 갖다 주었다. 그 뒤 로스차일드는 특별

허가를 얻어 자기 가게에서 세금을 걷는 대행업을 하는 동시에 소규
모 금융사업도 할 수 있게 되었다.

20명의 아이를 낳은 마이어 로스차일드

이후 마이어 로스차일드는 17세의 신부 구텔레를 아내로 얻어
20명의 아이를 낳았다. 그 가운데 10명은 병으로 일찍 죽었다. 결국

∴ 가운데 건물의 왼쪽 부분이 로스차일드의 집

슬하에 5명의 아들과 5명의 딸을 두
었다. 자라나는 아이들을 위해 단칸
방에서 침실이 2개 있는 집으로 옮
겼다. 녹색 방패 간판이 달린 집이었
다. 당시 게토는 3000여 명의 유대인
이 200채의 집에 옹기종기 모여 살았
기 때문에 한 집에 평균 15명 정도가
살았던 셈이다. 평수가 좀 늘어난 가
게에는 포목점을 추가로 열고 담배와
와인도 팔기 시작했다. 가게가 조금
더 고급스러워진 셈이다.

로스차일드의 자녀교육

평소 마이어 로스차일드는 아들들에게 유대인의 역사와 정신, 그

리고 장사를 가르쳤다. 그는 유대인이 돈을 벌 수 있는 이유는 두 가지라고 했다. 첫 번째는 5000년의 역사요, 두 번째는 머리라는 것이다. 5000년의 역사는 수많은 지혜의 축적을 의미한다. 하지만 이러한 5000년 영광의 역사보다 더욱 중요한 것은 조그마한 머리라고 했다.

"우리에게는 농사지을 땅도 사냥터도 없다. 5000년의 역사와 머리가 있을 뿐이다. 장사는 유대인의 천직이 될 수밖에 없다. 양모, 비단, 무명, 뭐라도 좋아. 사들인 천을 두 조각으로 잘라 조금이라도 더 비싸게 파는 거야. 그것으로 더 큰 천을 사서 이번에는 세 조각으로 잘라 같은 방식으로 팔지. 벌어들인 돈으로 살 수 있는 데까지 계속 천을 사. 매번 더 많은 조각으로 잘라 팔아. 그렇게 몇백 번이고 되풀이하는 사이에 돈이 불어나고, 스스로 5000년을 이어 내려온 장사꾼 핏줄이란 걸 알게 돼. 장사는 우리 유대인의 본능이야. 어때, 간단하지?"

그러나 마이어가 이러한 장사수단보다 더 중요하게 가르친 것이 있었다. 아무리 개개인이 총명하더라도 일을 성취하기 위해서는 집단의 힘인 단결력이 필요하다는 것을 누누이 강조했다.

그리고 아들들에게 부족했던 온화함을 가르쳤다. 그는 협상 능력보다 '상대방을 즐겁게 하는' 능력이 더 중요하다는 사실을 알려주기 위해 항상 먼저 스스로 미소를 지었다. 마이어는 사람을 편하게 해주는 능력이 있었다. 이것이 사람을 끌어당기는 매력이었다.

마이어는 아이들에게 좋은 아빠였다. 유대인들은 공원에 갈 수 없었기 때문에 평소 뒷마당에서 아이들과 함께 놀아주었다. 그리고 평일에도 아이들을 불러 앉히고 탈무드를 펼쳐놓고 히브리어로 즐겁게 낭송했다. 평소에 아이들에게 자연스럽게 종교교육이 되도록 세

심한 배려를 했다.

마이어는 토요일 저녁 예배가 끝나면 종종 랍비를 초대했다. 그 자신도 어렸을 적에는 랍비가 되기 위해 공부했던 사람이었다. 가족들과의 담소가 끝난 후에도 둘은 밤새도록 포도주를 마시며 이야기를 나누었다.

로스차일드, 국제간 어음결제 거래를 시작하다

그 무렵 헷센 카젤 공국은 용병 장사로 이룬 유럽 최고의 부자였다. 로마 시대 이후 용병 하면 스위스 용병을 최고로 치지만, 스위스 용병의 몸값이 치솟자 대체재 상품이 나타났는데 그중 위력을 발휘한 것이 헷센 카젤 공국 용병이었다. 이들은 남부 독일인들이었는데 스위스 용병과 달리 경작할 땅이 없어 고향으로 돌아갈 수 없었다. 따라서 이들은 전쟁이 계속 일어나지 않으면 실업자 신세가 될 수밖에 없었다.

또한 빌헬름은 당시 벌써 영국의 어음과 유가증권을 취급하고 있었다. 빌헬름의 재무관이었던 부데루스가 담당이었는데, 마이어 로스차일드가 어음과 증권에 눈을 뜨게 된 것이 그의 덕분이었다. 그 무렵 대부업, 어음, 유가증권 등을 다루는 이들이 대부분 유대인이라는 점에서 부데루스 역시 궁중 유대인일 확률이 크다.

빌헬름은 1775년 미국에서 독립전쟁이 발발하자 휘하의 군대를 300만 달러를 받기로 하고 영국 측 용병으로 파견했다. 이때 마이어 로스차일드에게 기회가 왔다. 그는 빌헬름이 용병 파견 대가로 수취한 영국은행 어음을 맨체스터 섬유업체에게 결제해야 할 금액과 연계시킨 것이다. 즉 맨체스터 섬유업체가 독일 로스차일드 은행으로부터 지불받을 돈을 영국은행이 발행한 어음으로 대체토록 하였다. 이로써 빌헬름과 마이어가 부담해야 할 환전 수수료를 서로 아낄 수 있었다. 이 같은 방법으로 미국의 독립전쟁 때 마이어는 국제간 어음 결제를 시작하여 큰 재미를 보았다. 훗날 로스차일드가 국제간 어음 결제 금융거래를 본격적으로 하게 되는 계기가 되었다.

로스차일드, 빌헬름의 오른팔이 되다

마침내 1785년 빌헬름이 프르드리히 대왕의 뒤를 이어 빌헬름 9세로 독일 헤센 왕국의 왕위를 승계했을 때, 그는 하나우를 떠나 카셀에 자리한 빌헬름쉐헤 대궁전으로 옮겨 갔다. 당시 돈 4000만 달러라는 엄청난 유산도 함께 상속받았다. 이 금액은 당대 최대 규모의 유산이었다.

그간 신임을 쌓은 마이어는 대궁전의 '최고' 궁전상인이 될 수 있었다. 그는 포도주, 커피, 담배, 영국의 직물 등 귀족들이 애호하는 고급 명품 거래로 부를 축적해나갔다. 그는 가족의 사업기반 조성과 더불어 정치적 실세들과의 교분을 쌓으려고 20년 이상 빌헬름 조정을 위해 일하며 인맥을 구축했다. 그가 관리해야 할 귀족 고객들에게는 동전과 골동품을 남보다 싸게 팔았다.

이렇게 마이어의 신용이 쌓이자 1789년에는 빌헬름이 돈을 빌려주고 받은 비교적 큰 금액 채권의 할인업무도 할 수 있게 되었다. 그 뒤 로스차일드가는 빌헬름 9세의 크고 작은 심부름을 자처하고 나섰다. 특히 빌헬름의 대부업을 도왔다. 빌헬름 자신이나 측근들이 나설 수 없는 일들을 도맡아 처리했다. 마이어 로스차일드의 다섯 아들은 빌헬름을 위해 프랑크푸르트의 은행들과 빌헬름을 은밀히 연결하는 메신저 역할을 하며 양쪽에서 수수료를 받았다. 또 유럽 전역에 산재한 빌헬름의 채권 심부름을 마다치 않고 성실히 관리하였다.

삼남 네이선을 영국으로 보내다

가격 때문에 영국의 섬유 도매상과 매일 싸우던 로스차일드는 1797년 삼남 네이선에게 2만 파운드를 주며 맨체스터로 보냈다. 중간 도매상을 제쳐놓고 직거래를 시도한 것이다. 네이선은 프랑스 대혁명으로 수출길이 막혀 값이 떨어진 면포를 싸게 사서 게토의 상점으로 직접 보내기 시작했다. 그의 나이 스무 살 때였다. 머지않아 대혁명이 끝나자 면포 가격은 천정부지로 치솟았다. 일가가 국제적인 네트워크를 형성하게 된 계기는 이렇게 우연스럽게 시작되었다. 그리고 그 뒤 마이어는 국제적 금융사업에 다섯 아들을 최대한 활용하였다.

네이선의 활약, 제조업보다 벌이가 더 좋은 금융업

영국은 1793년 2월 프랑스에 전쟁을 선포하였다. 그러나 그의 동맹국들이 프랑스와 제각기 조약을 체결하자 영국은 혼자 남게 되었다. 영국 정부는 전비조달을 전적으로 영란은행에 의존하였다. 금이 영국에서 대륙으로 유출되고, 겁먹은 사람들은 은행에서 금을 회수하기 시작했다. 영국은행에서 유출되는 금의 양이 너무 많아지자 1797년 2월 영란은행 총재는 금태환을 정지해버렸다. 이것은 1821년까지 계속되었다. 시중에 금이 귀해지자 금값은 계속 올랐다.

형제 중 가장 두뇌가 비상했던 사람은 셋째인 네이선이었다. 스무 살의 젊은 나이로 겨우 2만 파운드를 들고 영국으로 건너온 네이선은 당시 초기 산업혁명의 시발지이자 목화산업의 중심지인 맨체스터에서 사업을 시작했다. 처음에는 면직물을 구입해 독일 게토에 보내는 게 주 업무였다. 그 뒤 면화, 양모, 담배, 설탕 등을 사 보내며 로스차일드 상사는 많은 돈을 벌었다. 그리고 점차 사업 반경을 넓혀갔다. 그곳에서 그는 생지를 사 소규모 방직공들에게 날염을 맡긴 후, 이를 유럽의 구매자들에게 직접 판매했다. 부가가치를 높인 것이다. 네이선의 직물 직거래 방식은 3개월 신용거래로 이루어졌는데, 이는 제조업 유통에 금융거래가 도입되었다는 뜻이다.

그는 점점 경쟁이 치열해짐에 따라 제조업보다는 이를 지원하는 금융업이 더 많고 안정적인 이윤과 폭넓은 기회를 제공한다는 사실을 알았다. 100만 파운드짜리 직물 대형 오더를 수주해 1년 동안 수백 명의 기술자가 땀 흘려 수출하면 5만에서 6만 파운드 정도 남는 데 비해 런던의 금융기관은 직조자금 100만 파운드를 석 달간 빌려주고 단번에 엇비슷한 금액을 벌어 가는 것을 보고 크게 깨달은 바 있었던 것이다.

✦ 네이선 로스차일드

네이선, 런던으로 진출하다

네이선은 영국에서 금융업을 시작하기로 마음먹고 우선 1803년 안정적이고 이윤이 큰 영국 정부의 전시 공채사업에 참여하기 위해 맨체스터와 런던을 오갔다. 나폴레옹 전쟁이 확대됨에 따라 당시 영국 정부는 전쟁자금을 마련하기 위해 2000만 파운드의 국채를 팔아야 했다. 이미 직물업계의 환어음 거래에서 좋은 평판을 얻고 있었던 그는 신용이 생명인 국제 환어음 인수 가문으로 활동할 수 있었다. 이듬해부터는 아예 주 무대를 런던으로 옮겼다. 그리고 본격적으로 금융업을 시작했다. 금융업 가운데서도 채권, 금, 주식 거래가 그의 전공이었다.

특히 18세기부터 19세기까지 정치적 혼란기와 나폴레옹 전쟁 시기에 그의 재산은 눈덩이처럼 불어났다. 그가 세계 제일의 재벌로 성장한 동기는 빌헬름 9세의 돈을 관리하면서부터였다. 빌헬름의 재무관인 부데루스는 이미 로스차일드 상사의 가장 강력한 후견인이 되어 있었다. 일정 지분을 소유한 드러나지 않는 파트너가 되어 있었던 것이다. 이후 로스차일드가가 눈에 보이지 않는 빌헬름 9세의 주거래 은행이 되었다.

로스차일드, 빌헬름 9세의 돈놀이를 대신 관리하다

로스차일드가는 외부 노출을 꺼리는 빌헬름 9세의 대부와 대출금 회수 등의 일들을 도맡아 처리했다. 1795년부터 바짝 크기 시작하더니 1800년에 이르러 로스차일드 가문은 프랑크푸르트에서 제일가는 유대인 갑부가 되어 있었다. 마이어는 그해에 신성 로마 제국 황제가 수여하는 '황실 대리인' 칭호를 부여받았다. 이 칭호 덕분에 그는 제국의 각 지역을 자유롭게 통행할 수 있었다. 그의 회사 직원들은 무기를 소지할 수도 있었다.

1804년 덴마크 왕실에 로스차일드 상사로부터 큰돈이 대출되었다. 다름 아닌 빌헬름 9세의 돈이었다. 빌헬름 9세의 재산이 외부에 노출되지 않고 또 원금을 떼이지 않기 위한 마이어의 아이디어였다. 빌헬름이 로스차일드를 내세워 처가 쪽에 돈놀이를 한 것이다. 곧이어 덴마크 왕실에서 신청한 6건의 대출이 마이어를 통해 성사되었다. 이를 계기로 로스차일드는 유럽 금융계에서 삽시간에 유명해졌다.

03

로스차일드, 빌헬름 9세의 재산을 지키다

나폴레옹이 전 유럽을 휩쓸기 시작하면서 1806년에는 친영국 성향의 빌헬름 9세의 작은 공화국 헤센도 마침내 점령당했다. 빌헬름 9세는 처가인 덴마크로 피신하면서 자신의 재산을 부데루스 재무관에게 맡겼다. 재무관은 다시 필요로 할 때마다 돌려받는다는 조건으로 마이어 로스차일드에게 그 돈을 맡겼다. 당시로선 거액인 300만 탈레르였다. 참고로 이 '탈레르_{thaler}'로부터 달러의 명칭이 유래되었다. 오랜 세월 음운변화를 거쳐 달러로 바뀐 것이다.

여기에 유명한 일화가 있다. 마이어는 이 재물을 그의 정원 한구석에 파묻고 나서 4만 탈레르쯤 되는 자신의 상품과 재물은 숨기지 않았다. 만약 자신의 재산까지 다 숨겼다면 엄격한 수색으로 발각되었을 것이고 끝내는 빌헬름 9세의 재물도 빼앗겼을 것이다. 그는 자기의 전 재산과 목숨을 걸고 빌헬름의 재물과 대외 차관 장부를 지켜

⁂ 나폴레옹

낸다. 자신의 재산을 다 뺏기면서까지 말이다.

그리고 마이어 로스차일드의 아이들은 그 누구도 하기 어려운 일을 해낸다. 점령기간 동안 나폴레옹군은 빌헬름의 숨은 재산과 채권들을 찾아내려고 혈안이 되었다. 로스차일드가의 아이들은 위험을 무릅쓰고 마차를 몰고 유럽 전역을 사방팔방으로 돌아다니면서 점령군 모르게 그간 빌려주었던 빌헬름 9세의 채권을 모두 회수했다. 그 뒤 회수금은 피난 가 있는 빌헬름 9세에게 안전하게 전달되었다. 이것이 로스차일드 가문과 빌헬름 9세의 관계를 돈에 관한 한 한 가족처럼 믿고 맡기는 사이로 만들었다.

마이어는 점령군에게 생활 보급품과 군수품을 대며 돈을 벌었다. 이것은 기실 유대인의 오랜 장기로 전쟁통에 돈 버는 것이 유대인의 특기였다. 전선을 따라 옮겨 가며 위험을 무릅쓰고 군납해온 것은 유대인들뿐이었다. 당시 독일 지역에서 전비와 군수품 조달로 거대한 부를 쌓은 유대인 가문으로는 로스차일드가 외에도 오펜하임가와 하이네가, 멘델스존가가 있었다. 이들은 훗날 로스차일드가의 금융 제휴 파트너가 된다.

로스차일드, 유럽 거부 금융가로 떠오르다

1806년에 빌헬름 9세의 재산을 맡은 마이어 로스차일드는 삼남 네이선에게 돈을 보내 영국 유가증권에 대한 투자를 일임했다. 이후 네이선은 시장을 꿰뚫는 직관으로 큰 재미를 보았다. 그러자 네이선은 전쟁기간 중인 1809년에 빌헬름 9세에게 만기가 없는 영구 공채인 콘솔채에 투자할 것을 권했다. 전시라 수익이 높을 뿐 아니라 만기가 없어 번거로운 자금 이동을 자주 할 필요도 없었다. 빌헬름처럼 큰 자금을 굴리는 사람에게는 안성맞춤이었다. 빌헬름은 영국에 있는 네이선에게 55만 파운드의 자금을 보내 콘솔채를 사기로 했다. 현재의 시세로 500만 달러가 넘는 큰돈이었다.

네이선은 콘솔채를 평균 72파운드에 구매하기로 위탁받았다. 하지만 네이선은 그 금액에 사지 않았다. 더 떨어질 것이라고 예상해 이 돈을 활용하여 다른 종목에 단기로 신속하고 과감하게 투자하여 원금의 몇십 배 수익을 올려 막대한 부를 거머쥐었다. 단기수익이 종목에 따라 무려 20배에서 150배에 달했다. 그 뒤 수익의 일부로 콘솔채를 빌헬름이 요청한 금액보다 10파운드나 더 싼 62파운드에 사주었다. 액면가 100파운드에 연 5%짜리 채권을 이렇게 싸게 사주었으니 실질 연 수익률은 8%가 넘었다. 게다가 영구적이었다. 더구나 전쟁이 끝나면 채권 가격 자체가 올라 대박이 담보된 채권이었다. 이를 통해 네이선은 빌헬름 9세에게 큰 이익을 안겨주었을 뿐 아니라, 자신도 큰 부를 축적할 수 있었다.

이후 네이선은 금괴시장에 뛰어들었다. 그는 시장의 흐름을 정확히 읽고 치고 빠지는 데 능숙했다. 한 번도 손해 보지 않았고 베팅 타이밍조차도 너무 늦거나 빠르지 않았다. 그가 이렇게 할 수 있었던 것은 그 자신의 감각과 재능도 있었지만, 랍비를 비롯한 주변의 유대금 전문가들이 유대 커뮤니티 간의 정보를 수집해 분석하고 흐름을 전망하여 조언해주었기 때문이다. 이러한 정보의 교환은 유대인의 오랜 관습이기도 했다.

전쟁이 끝난 후 빌헬름 9세가 돌아왔을 때, 마이어가 그의 재산에

이자를 더해 돌려주려고 하자 빌헬름은 이렇게 말했다고 한다. "그대가 정직하게 얹어주는 이자도, 아니 원금도 지금은 되돌려받을 생각이 없다. 내 돈은 앞으로 20년 동안 2% 이하의 이자로 그대에게 맡기겠다." 게다가 빌헬름은 그에게 유럽 각국에서 수금할 수 있는 권리를 두둑한 커미션과 함께 주었다. 이것이 로스차일드 가문이 금융업을 성공으로 이끌게 된 계기로, 유대인답게 약속을 철저히 지킨 결과였다. 이렇게 해서 마이어 로스차일드는 당시 유럽 최대의 사유재산이라 할 수 있는 약 4000만 달러를 관리하게 된다. 이때부터 그는 세계의 거부 금융가로 행세했다.

다섯 발의 화살을 쏘다:
세계 최대 다국적 은행의 탄생

로스차일드는 빌헬름 9세의 재산을 관리하게 되자마자 아들들을 활용하여 전 유럽을 상대로 하는 다국적 금융업을 운영하기로 마음먹었다. 그간 그의 다섯 아들이 빌헬름의 대부업을 관리하느라 유럽 대륙 곳곳을 마차로 휘젓고 다녔던 터라 그리 어려운 일도 아니었다. 그는 다섯 아들에게 자신을 대리해 유럽 각국에 상주하면서 대부하고 수금하는 일과 어음결제를 맡긴다.

로스차일드는 다섯 아들을 마치 다섯 발의 화살처럼 유럽의 심장이나 다름없는 중요한 다섯 도시에 단계적으로 파견했다. 첫째 아들 암셸Amschel Rothschild은 자기 사업을 이어받게 하기 위해 프랑크푸르트에 남겨두고 둘째 아들 솔로몬Salomon Rothschild을 빌헬름 왕의 재정자문관으로 조정에 집어넣었다. 그리고 그 자신 역시 빌헬름 왕의 채권 담보물 관리에 전념하였다. 셋째 아들 네이선Nathan Rothschild은 이미 섬유 비즈니스를 위해 영국의 맨체스터로 보내져 있었다. 그 뒤 국가 간 어음교환 업무를 주력으로 삼게 되자 빌헬름 왕의 재정자문관이었던 차남을 빈으로 보내고, 삼남을 맨체스터에서 런던으로 이동케 하였다. 그리고 넷째 아들 카를Calmann Rothschild을 나폴리로, 다섯째 아들 제임스James Rothschild를 파리로 보내 각각의 거점지역에 어음인수 은행을 개설토록 하였다. 한마디로 유럽 전역에 다국적 금융 네트워크를 만든 것이다. 마이어와 그의 다섯 아들 덕분에 근대 최초의 거대한 국제 결제소가 만들어졌다.

프랑크푸르트 : 암셀 로스차일드(1773~1855년)

빈　　　　 : 솔로몬(잘로몬) 로스차일드(1774~1855년)

런던　　　 : 네이선(나단) 마이어 로스차일드(1777~1836년)

나폴리 : 카를(칼만) 로스차일드(1788~1855년)

파리　 : 제임스(야콥) 마이어 로스차일드(1792~1868년)

이것이 우리가 알고 있는 유럽 금융의 큰손인 로스차일드 가문의 시작이다. 덕분에 그의 아들들은 유럽의 지리와 정보를 훤히 꿰뚫게 됐다. 이 일은 로스차일드 가문이 다국적 금융기업으로 탄생할 수 있었던 밑거름이다. 이렇게 로스차일드 가문의 기본 재산이 형성되어 그 후 국제금융업으로 거대한 재산을 증식해나갔다.

한편 큰아들 암셀은 나중에 통일 독일의 초대 재무장관이 되었다. 1822년 오스트리아 황제에 의해 남작에 봉해졌으며 프랑크푸르트 로스차일드 은행은 독일 금융의 중심이 되었다. 둘째 솔로몬은 비엔나에서 최고의 직위에 올랐다. 셋째 네이선은 영국에서 가장 영향력이 큰 금융인이 되었다. 넷째 카를은 이탈리아 반도를 장악했고 막내 제임스는 프랑스에서 공화정과 왕정에 걸쳐 군림했다.

로스차일드 문장, 5개의 화살

그는 자식들에게 항상 형제간의 우애와 결속력을 강조했다. 로스차일드 가문의 문장에는 한 손에 질끈 묶여 있는 '5개의 화살'이 있다. 이 화살들은 전 유럽으로 흩어져 집안의 부를 팽창시켰던 마이어의 다섯 아들을 뜻한다. 화살처럼 빠르되, 하나로 묶여 있어 어느 누구도 부러뜨릴 수 없는 강한 힘을 지닌 형제애를 의미한다.

마이어 로스차일드가 평소에 아들들에게 자주 이야기했고 유언으로 남겼던 한 일화가 있다. 다섯 명의 아들을 둔 스키타이의 한 왕이 죽기 직전에 다섯 아들을 불러놓고 화살을 한 대씩 주면서 꺾으라고 하자 모두 쉽게 부러뜨렸다. 이번에는 다섯 대를 한꺼번에 꺾으라고 주자 부러뜨리지 못했다는 일화이다. 그는 자식들에게 동기간의 우애를 지켜 서로 도와주고 협력하며 살아가기를 당부한 것이다.❖

❖ 로스차일드 가문의 문장. 라틴어로 '협력·완전·재능'이라는 글귀가 적혀 있다.

❖ 프레더릭 모턴 지음, 이은종 옮김,《250년 금융재벌 로스차일드 가문》, 주영사, 2008

형제들, 정보 및 수송 네트워크를 구축하다

형제들은 유럽 전체를 커버하는 '통신과 마차 수송 네트워크'를 만들었다. 통신은 주로 비둘기를 사용했는데, 날씨가 나빠 비둘기를 날리기 어려울 때는 배를 띄웠다. 당시 로스차일드 집안은 영국과 프랑스를 가로막는 도버 해협에 자가용 쾌속선을 여러 척 대기시켰다. 네이선은 악천후 속에 바다로 나갈 용감한 선장이 급히 필요할 때면 늘 수고비를 듬뿍 주었다. 이들은 몇 세대에 걸쳐 로스차일드가에 봉사하며 대대로 충성심을 이어갔다. 네이선을 위해서라면 태풍과의 싸움도 불사했다. 비바람이 몰아치는 날에도 반드시 출항해 도버 해협을 넘나들었다.

또한 유럽 대륙을 종횡무진으로 내달릴 수 있는 마차 수송 네트워크도 갖고 있었다. 이 로스차일드 집안 전용 파발마는 어느 파발마보다 빨리 달리면서 전 유럽을 누비고 다니는 독자적인 정보망을 구축했다. 그들은 남이 잘 때 마부를 바꾸어 밤새워 달렸다. 남들이 닷새 걸릴 길도 그들에게는 나흘이면 충분했다. 이 하루 차이의 정보가 금융 세계에서는 잔혹하게 승패를 갈라놓았다. 또한 그들은 보안을 유지하기 위해 정보를 전달하는 편지에도 이디시어와 암호를 조합한 문자를 사용했다. 이미 300년 전부터 로스차일드 집안은 정보가 돈을 낳는다는 사실을 알고 있었던 것이다.

이렇게 해서 맨체스터와 런던, 파리, 프랑크푸르트 등 대륙의 수많은 상업 중심지를 잇는 강한 끈(정보망)이 만들어졌다. 로스차일드의 형제들은 이른바 '네트워크 경영'을 비즈니스에 도입해 실천했던 것이다. 형제들은 도끼로도 끊을 수 없는 끈끈한 결속력으로 서로를 도왔다. '정보의 힘'이 얼마나 중요한지를 알고 있었기 때문이다.

실제 이 네트워크를 이용한 빠른 정보는 엄청난 이득으로 연결되었다. 가문의 정보원들은 로스차일드의 다섯 은행을 오가며 정부와 금융계의 동향을 다른 은행에 비해 30시간 정도 먼저 알렸다. 예를 들면 1805년 12월 나폴레옹이 아우스터리츠 전투에서 오스트리아군에 대승했다는 소식을 먼저 안 형제들은 각국에서 채권과 주식을 내다 팔았다. 그리고 패전 소식이 전해져 가격이 폭락하면 다시 사들였다. 이러한 정보전에 맛들인 형제들은 공매도도 서슴지 않았다. 주식 가격이 떨어질 것을 미리 알고 주식을 빌려다 판 다음 가격이 떨어진 이후 싼 주식을 사서 되갚는 방식이다. 이런 식으로 다섯 형제는 한 몸처럼 움직였고 그 결과 유럽의 돈줄을 움켜쥘 수 있었다.

형제 중 하나가 손해를 봐도 다른 형제가 이를 만회할 수 있었다. 영국 철도사업에서 재미를 못 보면 오스트리아와 프랑스 철도 건설을 추진하는 식이었다. 프랑스에서 민간은행 때문에 손해를 봤을 때는 오스트리아에 그와 똑같은 민간은행을 세우기도 했다. 그들에겐 실패도 유용한 정보이자 재산이 되었다. 당시의 '정보 및 수송 네트워크'는 오늘날 인터넷에 의한 네트워크만큼이나 획기적인 시스템이었다. 그 뒤 남보다 한발 빠른 정보를 이용하여 런던의 네이선은 금과 통화 투기로 대박을 터뜨렸다. 이것은 형제들끼리만 가능한 제휴 플레이였다.

그들의 최대 무기는 무엇보다도 뛰어난 정보 분석력이다. 로스차일드 집안이 융자를 제공할 때는 사전에 당시 유럽의 정치 정세를 분석한 정보를 토대로 엄밀히 독자적으로 치밀하게 조사하여 변제 능력을 철저하게 검증했다. 특히 전쟁이 끊이지 않았던 격동의 유럽에서는 정치 정세의 분석이 생존의 관건이었다. 다른 은행들이 격변하는 시대의 물결 속으로 사라져가는 가운데 로스차일드 집안은 다섯 아들이 서로의 정보망을 이중으로 검증하고 분석하는 로스차일드 시스템을 탄생시켰다. 로스차일드 가문의 재산은 엄청나게 늘어났다.

당시 군소 유대 금융가문들은 이러한 로스차일드 가문의 정보 네트워크의 일원이 되는 게 꿈이었다. 로스차일드 가문과 정보만 공유할 수 있으면 금융시장의 강자가 되는 것은 시간문제였기 때문이다. 적어도 정보 부재로 실수하는 일은 없을 것이다. 로스차일드가의 시조 마이어가 죽을 때 남긴 유산은 그의 유언 때문에 밝혀지지 않았지만 엄청난 재산이었다고 한다. 금전적인 면에서 로스차일드 일가는 왕조를 이룬 것이다.

지폐와 수표의 본격적인 등장

당시만 해도 화폐는 대부분 금이나 은 등으로 주조된 금속 주화였다. 어디 쌓아둘 곳도 마땅치 않았다. 전쟁이 나서 피난이라도 가야 한다면 그 무거운 금은보화를 모두 들고 다닐 수도 없었다. 로스차일드 상사는 많은 사람으로부터 경화를 맡아 보관할 만한 신뢰와 훌륭한 금고를 가지고 있었다. 그래서 금화, 은화, 동화 등 귀금속을 소유한 사람들은 전쟁이 나서 피난 가게 될 경우에 로스차일드 상사에 재산을 맡기고 보관증을 받아 갔다. 특히 당시 영주들로부터 큰 신임을 받았다.

'로스차일드 상사'라고 쓰인 보관증은 금화와 똑같은 가치를 가지고 있었다. 금화처럼 무겁지 않았으나 이 가벼운 종이는 충분히 교환가치가 있었다. 로스차일드는 이 보관증에 대한 신뢰를 저버리지 않고 반드시 고객에게 돌려주었는데, 세월이 흐를수록 엄청난 신뢰가 쌓여 유럽의 부호들은 너나없이 로스차일드를 찾게 되었다.

세월이 흘러도 로스차일드의 사인이 있는 귀금속 보관증은 그대로 금화와 바꿀 수 있는 가치로 인정되어 획기적인 부의 저장수단이 되었다. 따라서 이 보관증은 우리가 현재 쓰고 있는 지폐나 마찬가지였다. 영국에 영란은행이 설립된 시기는 로스차일드가가 대두하기 1세기 전쯤이므로 지폐를 고안한 것이 로스차일드 일가는 아니지만, 이 보증서의 유통 메커니즘은 금본위제에서 지폐의 원형이라할 수 있다.

어음과 수표를 창안한 유대인들

유대인들 스스로도 지폐를 애용하였다. 언제 박해가 시작되어 도망가야 할지 몰랐기 때문에 무거운 동전보다는 가벼우면서도 고액인 지폐가 편리했다. 그리고 이것은 근대 경제를 발전시킨 최대의 공적이다. 어음이나 수표 등을 처음 만든 것도 유대인들이다. 유대인 사회는 유럽에서 중동에 이르는 넓은 지역에 수많은 점처럼 분포해 있으면서도 같은 민족이라는 의식을 가지고 국경을 초월하여 장사와 금융 분야에서 서로 도왔다. 그래서 그들끼리는 현금 없이 신용장이나 수표로 거래하는 일이 가능했다. 지참인에게 지불하는 수표도 고안해냈다. 이러한 신용거래는 유대인의 계약에 대한 철저함과 상호 신뢰가 만들어낸 작품이었다. 자본주의를 발전시킨 훌륭한 제도였다.

유럽보다 800년 앞선 동양의 지폐

유럽에서 지폐는 18세기 말에나 본격 사용되기 시작했으나, 중국에서는 훨씬 이전인 송나라 때부터 사용되었다. 세계 최초의 지폐는 10세기 말 중국 남송 상인들 사이에 사용된 예탁증서 형태의 교자交子로 알려져 있다. 그 후 원나라 쿠빌라이 칸 때에는 금화, 은화, 동전의 경화 유통을 금지하고 법령에 의해 유일한 교환 수단으로 지폐만 사용하도록 함으로써 지폐의 유통이 활발하게 이루어졌다. 지폐 통화가 정착된 것이다.

동양을 탐험한 마르코 폴로가 1295년 이탈리아에 돌아와서 중국의 지폐에 대해 설명했지만, 유럽인들은 종이가 특별한 가치를 갖는 것에 대해 전혀 이해할 수가 없었다. 그 뒤 400년이 지나서야 유럽은 지폐를 사용하기 시작했다.

대륙봉쇄령 때 밀수로 떼돈을 벌다

로스차일드 가문의 정보 및 수송 네트워크가 다시 한 번 진가를 발휘하는 사건이 발생했다. 1806년 나폴레옹이 대륙봉쇄령을 내린 것이다. 그러자 유럽의 공산품 가격이 폭등했다. 싸고 품질 좋은 영국산 제품을 사용할 수 없었기 때문이다. 그러다 보니 영국 상품이 유럽 대륙에서 비싸게 팔렸다. 로스차일드 상사의 맨체스터 지점은 이 기회를 놓치지 않았다. 값싼 옷을 대량 구입하여 로스차일드 정보원들이 개척한 밀수 루트를 통해 프랑크푸르트로 긴급 공수하였다.

그는 종래의 면포뿐 아니라 식료품과 나폴레옹의 해상봉쇄 때문에 유럽에서 살 수 없는 모든 물품을 사서 보냈다.

이 물건들은 로스차일드 가문의 비밀 수송 네트워크를 통해 바다를 건너 독일뿐 아니라 유럽 대륙으로 뿌려졌다. 담배, 커피, 설탕, 염료 등이 비싼 값에 팔려나갔다. 상품뿐 아니라 화폐의 밀수도 서슴지 않았다. 예를 들어 영국에서 스페인으로 돈을 보내야 할 경우, 영국 화폐가 프랑스로 반입되어 스페인 수표로 교환된 후 스페인에 이 수표를 안전하게 전달하는 방식이다. 전시에 통화는 금괴이거나 현지 통화여야 하기 때문이다. 영국 상품과 화폐의 밀수사업에 뛰어들어 이들은 돈방석에 앉게 되었다.

그러자 로스차일드 가문은 유럽 대륙에서 상품과 자금을 안전하고 빠르게 수송하는 것으로 알게 모르게 유명해졌다. 네이선은 영국 군대의 군자금 수송까지 도맡았다. 나폴레옹의 대륙봉쇄령 기간 동안 위험을 무릅쓰고 대륙으로 금 밀수를 해본 사람은 네이선 말고 없기 때문이었다. 그는 아무리 어려운 환경에서도 기필코 임무를 완수했다. 사실 이는 영국에서 금이 유출되면 영국의 힘이 약해진다고 중상주의적으로 사고한 프랑스 당국의 초기의 암묵적인 모른 체도 한몫했다. 나중에 로스차일드 가문은 영국과 영국 동맹국들에 생명줄이 된다. 그들은 영국과 협력하고 있는 신성 동맹국들에도 영국이 지원하는 군자금을 수송하며 정치적 연결망을 구축했다. 또 이렇게 번 돈의 절반을 금에 투자했다. 전쟁으로 금값이 치솟자 정부에 비싼 값에 팔아 큰 차익을 남긴다.

나폴레옹을 부추긴 네이션, 스페인 금을 획득하다

미국의 토마스 제퍼슨 대통령은 1803년 나폴레옹과 세기의 흥정을 벌였다. 나폴레옹에게서 당시 1500만 달러에 해당하는 금을 주고 지금의 루이지애나 주를 사들인 것이다. 당시 신흥 국가였던 미국의 국제 신용도는 그리 높지 않았다. 제퍼슨이 나폴레옹으로부터 루이지애나 주를 매입할 때 프랑스가 미국 국채를 결제수단으로 인정하지 않아 미국은 현찰, 곧 금으로 대금을 지불해야 했다.

나폴레옹은 루이지애나 주를 판 돈으로 군대를 강화했다. 그리고 유럽 정복의 여정을 시작했다. 하지만 뜻대로 되지 않았다. 러시아 정벌 실패로 그의 힘은 크게 쇠약해지고, 급기야 엘바 섬에 유배되는 포로의 몸이 되었다가 탈출에 성공하여 다시 최후의 전투를 준비하게 된다. 일이 이렇게 되자 영국 정부 주도로 영란은행은 나폴레옹과 맞서는 나라에 전력을 다해 군자금을 빌려주었다. 그리하여 영국 영란은행은 프러시아, 오스트리아, 러시아 등 나폴레옹이 전진했던 길목에 있는 나라들에 막대한 돈을 빌려주었다.

영국이 프랑스와 전쟁을 하던 기간 중 경제 문제와 관련해 가장 큰 사건은 다름 아닌 금태환을 정지시킨 것이다. 나폴레옹 전쟁 이전에 금은복본위제를 실시했던 영국은 1793년 프랑스와 전쟁을 시작한 뒤 상당한 금 유출 현상을 겪게 된다. 이는 영국의 통화체제를 위협하게 되고, 견디다 못한 영국은 마침내 1797년 금태환을 정지시켰다. 이로써 금 가격은 올라가고 파운드화 가치는 떨어지는 현상이 일어났다.

한편 영란은행의 대주주였던 네이선은 나폴레옹과 맞서는 국가에 대규모로 돈을 빌려주는 한편, 나폴레옹에게도 접근하였다. 1807년 불과 서른 살의 네이선은 가문을 대표하여 나폴레옹을 만나 비밀협약을 맺었다. 나폴레옹에게 스페인 침공자금을 대주는 조건으로 스페인의 금을 갖는다는 협약이었다. 당시 적대국은 물론 전운이 감도는 국가들 사이에는 상대국의 은행권이 통용되지 않았다. 전쟁 시에는 금만이 유일한 국제 화폐였다. 네이선은 여러 악조건 속에서도 금괴를 신속하고도 안전하게 전장의 군부대로 옮기는 전통적인 유대인의 기술로 두각을 나타냈다. 나폴레옹은 이베리아 반도에서 영국·스페인·포르투갈 연합군을 지휘한 영국의 웰링턴 장군과 처음 접전을 벌였다. 1808년 나폴레옹의 스페인 침공 시 네이선은 직접 진두지휘하여 파리로 스페인의 금을 반출하였다. 이로써 영국 최고의 거부 반열에 올랐다.

18세기까지만 해도 유럽의 대표적인 은행은 기독교도가 운영하였다. 런던의 베어링가, 암스테르담의 호프가, 프랑크푸르트의 베스만가가 가장 유명하였다. 이러한 판세를 뒤엎은 사람이 바로 네이선 로스차일드였다. 그는 1810년에 런던 증권거래소에서 금융왕 베어링을 제치고 일인자 자리에 올랐다. 세계의 금융왕이 된 것이다. 런던 금융계 입성 후 6년도 채 안 되는 단기간에 유럽 금융계를 장악한 것이다. 놀라운 사업수완이었다.

마이어 로스차일드의 유언,
집안 재산을 일절 공표하지 마라

1811년에는 막내 제임스가 파리에 정착하였고, 이듬해 부친 마이어 로스차일드가 68세로 사망하였다. 재벌의 시조로 추앙받던 그는 "우리 집의 자산을 일절 공표하지 마라", "돈이야말로 유대인을 구원하는 단 하나의 무기라는 것을 늘 명심하라"라고 유언하였다. 마이어 로스차일드가 세상을 떠나면서 남긴 엄격한 유언은 다음과 같았다.

① 가문 은행의 요직은 반드시 가문 내부에서 맡아야 한다. 남자만이 상업활동을 할 수 있다. ② 사촌끼리 결혼함으로써 재산의 외부 유출을 막아라. ③ 재산 상황을 절대 외부에 공개하지 마라. ④ 재산 상속 시에 변호사를 개입시키지 마라. 집안의 모든 장자가 우두머리다. 가족이 만장일치로 동의할 경우에만 차남을 후계자로 할 수 있다. 유서 내용 위반자는 재산 상속권 일체를 박탈한다.

"나는 나의 자녀들에게 그 어떤 경우든 법원이나 다른 기관이 나의 재산을 조사하는 것을 절대로 허락하지 않음을 분명히 밝힌다. 동시에 유산의 평가에 관한 어떤 법적 조치나 공표도 금지한다. … 누구든 이 명령을 따르지 않고 가족 간 분쟁을 야기하는 어떤 종류의 행동을 취하는 자는 나의 유언에 대항하는 것으로 간주될 것이며, 그 행동에 대한 처벌을 받을 것이다." 이 유언장 문구는 이후에도 로스차일드 가문 후손들의 유언장에 예외 없이 반복되곤 하였다.

이 때문에 오늘날까지도 로스차일드 일가의 자산은 비밀에 싸여 있다. 당시 상황은 이해할 만하다. 그들은 수없이 많은 유력한 개인 및 몇몇 정부들과 은밀한 거래를 하였다. 이러한 비밀을 지키기 위해서는 꼭 필요한 서류 이외에는 보존하지 않았으며, 이마저도 일정 기간이 지나면 조직적으로 파기하곤 했다. 이는 반유대주의를 촉진시킬 만한 어떠한 사소한 증거도 남겨두려 하지 않았기 때문이다. 아울러 가문의 금전적 흐름과 상황을 외부에 노출시키는 것도 철저히 금지시켰다. 마이어 로스차일드는 1810년부터 자신이 사망할 때까지, 다른 일반 사업에서 손을 떼고 금융업에만 전념하였다. 금융업이의 수익이 그만큼 월등하였다. 그의 다섯 아들도 유럽 5개국의 수도에서 은행업으로 뿌리를 내렸다.

나폴레옹의 귀환 덕분에 로스차일드 큰돈 벌다

네이선 로스차일드는 전쟁 기간 중 당시의 국제통화 격인 금의 유통을 장악한다. 그 첫 행보로 1810년에 동인도회사로부터 금 80만 파운드를 사 영국 정부에 고가로 팔았다. 당시 스페인에 주둔하고 있었던 웰링턴 장군의 부대는 군비가 모자라자 금이 절실하게 필요했다. 영국 정부는 금값이 너무 비싸 가격이 내리기를 기다리며 이를 사들이는 데 주저하고 있었다. 상황을 지켜보던 네이선은 큰돈을 벌 기회라고 판단했다. 그는 동인도회사가 경매에 붙인 금괴 전부를 사들였다. 그러자 금값이 순식간에 치솟았다. 이를 영국 정부에 큰 이득을 붙여 팔았다.

1814년 1월 11일 편지 한 장이 영국 재무장관으로부터 영국군 총사령관인 웰링턴 공작에게 보내졌다. 이 편지는 네이선을 영국 정부의 대리인으로 임명했다고 통보하는 것이었다. 네이선이 몇 해 전부터 영국 정부를 대신해 웰링턴 장군의 부대에 군자금을 송금하긴 했으나 이로써 명실상부한 영국 정부의 유일한 법정대리인이 된 것이다. 이듬해 3월 1일, 유럽의 군주들이 대경실색한 사건이 벌어졌다. 나폴레옹이 유배지 엘바 섬을 탈출해 파리로 돌아오고 있다는 것이었다.

　네이선의 임무는 유럽 대륙에서 금과 은을 최대한 많이 모아 프랑스 남부로 진격 중인 웰링턴 공작에게 전달하는 것이었다. 영국 정부는 채권 판매로 엄청난 양의 현금을 보유하고 있었다. 하지만 웰링턴 공작에게 현금은 쓸모가 없었다. 군인들에게 급여를 주고 동맹군들에게 사례금을 주려면 언제 어디서나 지불 가능한 통화가 필요했다. 결국 네이선은 채권시장에서 빌린 돈을 금으로 바꿔 웰링턴 공작에게 전달했다. 네이선이 제공한 금은 상자 884개와 커다란 포도주 통 55개를 가득 채운 양이었다. 200만 파운드가 넘었다. 네이선은 유럽 전역에 뻗어 있던 로스차일드 가문의 신용 네트워크를 이용해서 금을 모은 뒤 수송작전을 성공적으로 수행했다.

　이 가문은 이제 영국 정부에서 없어서는 안 될 만큼 중요한 존재로 부상했다. 영국군 총사령관은 이런 말을 남겼다. "네이선 로스차일드는 자신의 임무를 존경스러울 만큼 훌륭하게 수행했다. 그가 유대인임에도 불구하고 우리는 그를 믿는다." 전쟁 중에 많은 양의 금을 운반하려면 그만큼 위험부담이 컸다. 하지만 로스차일드 가문은 위험한 일을 마다치 않았다. 그 무렵 네이선은 유럽 대륙 군사 동맹국에 보낼 군사자금 운반도 제안하여 총액이 약 1000만 파운드에 육박하는 금액을 거래했다. 이 모든 사업의 수수료는 위험 정도에 따라 2~6%였다. 나폴레옹의 귀환 덕분에 네이선 로스차일드는 또 큰돈을 벌 수 있었다.

로스차일드, 동인도회사 인수로 금 유통을 장악하다

1814년 동인도회사의 인도 무역 독점권이 폐지되자 그는 이 회사의 주식을 대부분 사들여 흡수하였다. 이후 동인도회사를 통해 금을 대량으로 사들였다. 한마디로 금을 싹쓸이하다시피 한 것이다. 이에 더하여 네이선은 당시 전비조달을 위해 영국 해협을 통해 유럽 대륙에서 막대한 양의 금을 사들여 1811~1815년까지 6년간 4250만 파운드의 금괴를 스페인에 있던 영국군에게 보냈다.

이로써 그 무렵 유럽의 금 유통은 대부분 로스차일드 가문의 영향력 아래에 놓이게 되었다. 예를 들어 파리의 금값이 런던보다 비쌀 때는 파리의 막내 제임스가 금을 팔아 환어음을 받은 뒤 이를 런던에 보내면 런던에 있는 네이선이 이 환어음으로 더 많은 금을 사는 식이었다. 한마디로 무위험 차익거래를 하는 것이다. 로스차일드 가문은 이런 식으로 환차익 수익을 거두었다. 이것이 지역별 가격 차이에 대한 대응이라면 시기적 대응도 있다. 금과 은의 시세가 평소보다 많이 떨어져 있으면 모든 지점망을 동원하여 금괴와 은괴를 사 모으기 시작한다. 그러면 시중의 품귀 현상이 발생하여 금·은 값이 치솟았다.

이를 계기로 세계의 금값까지도 로스차일드의 영향력 아래 놓이게 되었다. 독과점 체제가 이루어지자 아예 로스차일드가 금값을 결정하였다. 얼마 전까지만 해도 세계의 금값 결정은 영국의 로스차일드 은행이 절대적인 영향력을 행사했었다. 네이선은 금 유통을 통해 벌어들인 자금으로 영국 정부 국채를 무한정 사들여 영국이 전쟁을 계속할 수 있도록 도왔다. 다른 한편으로는 나폴레옹에게도 막대한 군비를 빌려주었다.

전쟁 양 당사국에 군자금 대주고 큰돈을 벌다

로스차일드 가문 이전부터 유대인들은 전쟁에서 돈 버는 방법을 터득하였다. 전쟁 양 당사국에 군자금을 빌려주고 그 돈은 다시 군수품과 보급품을 팔아 회수하여 큰 이익을 올렸다. 비상시에는 부르는 게 값인 경우도 많아 전쟁이 장기화될수록 이익이 커졌다. 예를 들어 1694년 영란은행이 창설된 후부터 1815년 나폴레옹과의 워털루 전투까지 121년 사이에 무려 56년간이나 전쟁이 계속되었다. 그리고 그 나머지 기간에는 전쟁 준비를 했다. 물론 영국 정부가 이때 지출한 돈은 금융가들의 주머니에서 나왔다.

그뿐만 아니라 전쟁이 끝나면 패전국은 대출해준 돈의 이자보다 훨씬 많은 금액을 전쟁 보상금이라는 명목으로 승전국에 지불하게 된다. 만약 패전국이 돈이 없으면 국민들의 세금을 거둬서라도 지불하곤 했다. 이때 채권단의 일원으로 대출금을 두둑한 이자와 함께 회수하는 것이다. 전쟁은 가장 안전하게 큰돈을 벌 수 있는 방편이었다.

로스차일드는 바로 이러한 방법을 먼저 깨닫고 실행했던 것이다. 예를 들어 제1차 세계대전 때에는 영국, 독일, 프랑스 등 각국의 로스차일드 상사가 해당 정부에 각각 돈을 대주었다. 더욱이 이것은 개인을 상대로 하는 사업보다 훨씬 안전할 뿐 아니라 이익도 많았다. 해당 국민의 세금으로 안전성이 보장되었기 때문이다.

과거에는 군주가 국민들을 쥐어짜 세금을 거두어 필요한 자금을 충당할 수 있었다. 하지만 이것은 시간이 필요했다. 전쟁 등 급박한 상황에서 이를 기대할 수 없었다. 게다가 1789년 프랑스 혁명과 민주주의의 확산으로 시민들을 함부로 착취하는 것은 위험천만한 일이 되었다. 또한 의회의 감시도 만만치 않았다. 유일한 대안은 프라이빗 뱅크에서 공개적인 감시를 피하면서 돈을 빌리는 것이었다. 이러한 정치경제적 상황에서 로스차일드가와 베어링가 같은 금융가문들은 전쟁으로 재정이 바닥난 정부에 돈줄을 대주거나, 군대에 말과 군복과 다른 보급품을 팔거나, 승전국이 보복으로 부과하는 배상금 지급 의무에서 벗어날 수 있도록 도와주면서 가파르게 성장했다.

워털루 전투 정보 선점으로 막대한 이익을 챙기다

유럽 전역에 퍼져 있는 로스차일드가의 사람들은 정보 면에서는 어느 국가의 정보원보다도 한발 앞섰다. 그들은 에이전트들과 교신할 때 암호를 사용하고 메신저 비둘기를 동원하였다. 당시 유럽에서는 세계 역사의 운명을 결정할 워털루 전투가 벌어지고 있었다. 세계 3대 전쟁의 하나로 일컬어지는 대규모 전투였다. 만일 나폴레옹이 최후의 승리를 거머쥐면 프랑스가 유럽의 주인이 되고, 웰링턴 장군이 나폴레옹을 물리치면 영국이 패권을 장악하게 되는 것이다. 이

∴ 워털루 전투

전쟁의 승패를 남보다 먼저 알기 위해 로스차일드가는 유럽 내 모든 정보망을 가동하였다.

1815년 6월 18일 브뤼셀 근교의 워털루에서 나폴레옹이 영국의 웰링턴 장군에게 패배하였다. 이 정보를 로스차일드 런던이 영국 왕실보다 먼저 입수하였다. 그들은 영국 증권시장에서 정부 채권을 이용하여 막대한 매매이익을 챙길 수 있었다. 그들은 '정보'와 '시간'의 중요성을 누구보다 잘 알고 있는 사업가였다.

1815년 6월 19일 늦은 오후, 유럽 전역을 거점으로 국제 비즈니스를 하고 있던 로스차일드가의 직원 로스워드가 벨기에 서부의 오스탕드 항에서 영국을 향해 떠나는 로스차일드가의 쾌속선에 급히 몸을 실었다. 그의 손에는 로스차일드가의 정보원들이 막 수집한 최신 정보를 담은 편지 한 통이 꼭 쥐어져 있었다. 위험을 무릅쓰고 풍랑이 높은 바다를 운행한 배는 다음 날 이른 새벽 영국 포크스톤 항에 도착했다.

항구에는 네이션 로스차일드가 기다리고 있었다. 로스워드는 배에서 내리자마자 편지를 네이션에게 건넸다. 편지에는 '6월 18일 워털루 전투에서 영국군이 나폴레옹의 프랑스군을 물리쳤다'는 정보가 적혀 있었다. 네이선은 곧장 런던으로 향했다. 그러고는 증권시장으로 직행했다.

큰손으로 알려진 그에게 전쟁 결과를 초조하게 기다리던 사람들의 시선이 조심스럽게 집중되었다. 그러나 네이선의 얼굴에는 표정이 없었다. 단지 그의 눈빛 지시에 따라 네이선의 사람들은 국채를 내다 팔기 시작했다. 이 사람들이 팔 적에는 분명히 영국이 전쟁에서 패했기 때문이라고 짐작하고 다른 투자가들도 그들을 따라 보유 국채를 매물로 내놓았다. 그렇지 않아도 워털루 전투에 앞서서 벌어진 전투에서 영국군이 패했고 이번에도 형세가 매우 나쁘다는 소식이었다. 사람들은 불안해했다. 네이선은 계속 국채를 매도했다. 이를 본 증권시장 안에는 '워털루 전투에서 영국군이 프랑스군에 패배했다'는 루머가 돌았다. 순식간에 증권시장이 아수라장이 되었다. 충격과 공포로 국채와 주식 가격은 폭락에 폭락을 거듭했다. 채권은 순식간에 액면가의 5%도 안 되는 휴지조각으로 전락했다.

네이선, 영국 채권 62%를 소유하다

네이선의 또 다른 눈빛 지시에 따라 네이선의 사람들은 95% 이상 폭락해 휴지나 다름없게 된 채권과 주식을 다시 긁어모으기 시작했다. 패닉 상태로 이성을 잃은 투자자들이 이를 눈치채지 못하고 앞다투어 투매할 때 그들은 국채와 주식을 닥치는 대로 사들였다. 다음날 대반전이 일어났다. 나폴레옹이 8시간의 전투 끝에 병력 3분의

1을 잃고 대패했다는 소식이 전해졌다. 하루가 지난 뒤에야 승전보가 도착한 것이다. 국채와 주식은 다시 천정부지로 치솟았다. 액면가의 5% 이하로 산 국채가 다시 액면가를 회복하여 네이선은 단 하루 사이에 20배의 차익을 거두었다. 주식도 마찬가지였다. 이로써 네이선은 영국 정부의 가장 큰 채권자가 되었다. 영국 채권 총량의 62%를 거머쥐었다.

이 채권이 얼마나 큰 금액이냐 하면, 당시 영국은 전쟁통이라 전쟁 자금을 모으기 위해 역사상 가장 많은 채권을 발행했다. 평소보다 3배 이상으로 영국 국민총생산액의 2배가 넘는 7억 4500만 파운드를 기록했다. 이 국채의 62%를 네이선이 소유한 것이다. 로스차일드가가 정보와 술수로 엄청난 이익을 챙긴 반면 이날 영국의 명문 재산가 대부분은 파산했다. 이때를 빗대어 사람들은 로스차일드가 영국을 샀다고 평했다. 아니, 강탈한 것이다.

그 뒤 실제로 네이선 로스차일드는 영국 최고의 채권가로서 영란은행의 공채 발행을 주도하는 실권자로 등극하여 영란은행의 실권을 장악했다. 워털루 전투가 끝나자 영란은행 주식의 대부분을 사들였다. 이로써 네이선은 세계 금융업의 정점에 올랐을 뿐 아니라, 영국에 처음 가지고 온 자금을 17년 만에 2500배로 불렸다. 이때가 본격적인 국제 유대 자본의 태동기다. 물론 그전에도 베어링 가문 등 명문 유대금융 가문이 있었으나 이때만큼 영향력이 전 세계적으로 극대화된 적이 없었기 때문이다.

한편 일부에서는 이 이야기가 사실이 아니라는 의견도 있다. 당시 워털루 전투 직후의 로스차일드 이야기는 나치가 로스차일드를 음해하기 위해 윤색한 일화라는 것이다. 그는 워털루 전투 직후 떼돈을 번 것이 아니라 전쟁 기간 내내 군수사업과 금괴 밀수 등으로 지속해서 돈을 벌었다는 것이다.

이 이야기에 관한 좀 더 자세한 정보는 쑹훙빙의 저서 《화폐전쟁》 1편에 소개되어 있다. 그러나 로스차일드 가문을 연구했던 하버드 교수 니얼 퍼거슨 같은 학자는 다르게 말하고 있다.

원래 네이선은 나폴레옹의 대륙봉쇄령이 내려진 사이에 영국의 금을 프랑스로 밀수출해서 이득을 취했다. 프랑스로서도 영국에서 금이 빠져나가면 이득이라 생각해 막지 않았다. 나폴레옹 전쟁이 터진 이후로 로스차일드는 패밀리 네트워크를 이용해 영국군의 군자금용 금을 전달하는 일을 했다.

그 뒤 엘바섬에서 돌아온 나폴레옹이 다시 전쟁을 일으키자 로스차일드 가문은 전쟁이 장기전으로 갈 것이라 잘못 예상했다. 그리고 금을 대량으로 사들였는데, 워털루 전투로 전쟁이 금방 끝나버리자 금값이 폭락하여 큰 손해를 볼 위기에 처했다. 이때 네이선은 이를 메꾸기 위해 승부수를 띄워 엄청난 자금을 들여 국채를 매입하기 시작했다. 전쟁이 끝나고 나면 정부 차입이 감소하고, 국채 가격이 오른다고 예상했던 것이다. 결국 채권 가격이 40% 상승한 고점에서 네이선은 채권을 매각했다. 이때 그는 큰돈을 벌었다. 결국 음모 같은 것은 없었고, 예측 가능한 경제적 흐름을 절묘하게 이용했을 뿐이라는 이야기다.

05

로스차일드, 영국을 사다

로스차일드, 영란은행을 접수하다

1815년 나폴레옹이 워털루 전투에서 패배한 직후, 로스차일드 일가의 자산은 약 1억 3600만 파운드에 이르렀다. 그 가운데 영국에 있던 네이선은 9000만 파운드를 소유하고 있었다. 당시 영국 최고의 부자로 알려진 왕가의 재산이 약 500만 파운드였다. 그 뒤 수년간 영국이 영란은행을 통해 유럽 동맹국들에 제공한 자금인 4200만 파운드의 절반을 그가 조달할 정도로 금융계의 강력한 권력자가 되었다.

이때부터 화폐 발행과 금 가격을 포함한 중요한 결정권은 로스차일드 가문의 수중으로 들어갔다. 영국인들은 그동안 영국 정부에 내던 세금을 로스차일드 은행에 내야 했다. 당시 영국 정부는 국채를 발행해서 재정지출에 필요한 자금을 충당했다. 영국 정부는 화폐 발행 권한이 없기에 로스차일드 소유의 영란은행에서 돈을 빌려 쓰면서 연 8%의 이자를 내야 했다. 결국 영국의 세금뿐 아니라 국채 가격과 통화 공급량을 모두 로스차일드 가문이 마음대로 주무를 수 있게 되었다. 대영제국의 경제와 금융이 통째로 로스차일드 가문에 들어간 셈이다.

양털 깎기의 원조

로스차일드의 엽기적인 자본형성 과정을 보면 정보를 한 손에 쥐고 술수로 충격과 공포를 이용했다는 특이점을 볼 수 있다. 그 뒤에도 이러한 술수는 네이선에 의해 종종 사용되었다. 어떤 주식이 전망이 밝아 대량 매집해야겠다고 목표로 삼으면 이를 은밀히 사 모았다가 어느 날 그의 사람들을 동원해 한꺼번에 팔기 시작한다. 그러면 폭락 장세가 연출되어 일반인들은 공포에 휩싸여 한 푼이라도 더 건지기 위해 투매를 하게 되고, 투매는 투매를 불러 주가는 바닥으로 곤두박질친다. 이때 거저 줍다시피 바닥 가격으로 대량 매집하는 것이다.

실제 이러한 충격과 공포를 이용해 자본을 수탈한다는 의미로, '양털 깎기 fleecing of the flock'라는 국제 투기자본들의 은어가 오늘날에도 있다. 이들은 오래전부터 이자놀이보다는 고의적인 공포나 불황을 조장해 자본을 이동시킨 후, 개인이나 기업들의 재산을 한꺼번에 수탈하는 것이 훨씬 이익이 크다는 것을 잘 알고 있었다. 이후 양털 깎기는 주기적으로 시장의 희생을 강요해왔다.

실제 로스차일드가는 1818년 11월 프랑스에서 이 작전을 써먹었다. 당시 프랑스는 2억 7000만 프랑 상당의 국채 발행 주간사로 우브라르와 베어링 사를 선정하려고 했다. 그 전해에도 이들에게 맡겼었기 때문이다. 사람들은 로스차일드가의 사람들을 만나주려고도 하지 않았다. 철저히 소외된 것이다. 이렇게 매년 국채 발행에서 배제당하자 로스차일드는 자신들의 힘을 보여줄 필요를 느꼈다.

주간사 선정이 가까워오자 그간 꾸준히 상승하던 국채 가격이 급격히 떨어지기 시작했다. 시장은 불안해졌다. 날이 갈수록 더 급하게 떨어졌다. 폭락의 낌새가 보이며 잘못하면 국채시장이 붕괴될지도 모른다는 공포가 시장을 휩쓸었다. 증권시장도 마찬가지였다. 전 유럽에 걸쳐 금융기반이 흔들리기 시작했다. 정치가들은 시장도 걱정되었지만 먼저 자기들이 투자한 돈이 다 날아가 버릴까 봐 노심초사하였다. 그제야 사람들은 로스차일드를 무시하는 것이 무엇을 의미하는지 깨달았다. 이렇게 시장을 주무를 수 있는 것은 로스차일드뿐이라는 것을 인정했다. 예정되었던 국채 발행은 무산되었고 사람들은 로스차일드를 정중히 대접했다. 그리고 시장은 안정을 되찾았다.

정보를 토대로 전략을 짜는 유대 전통

물론 이런 트릭만 있는 것은 아니다. 기본적으로 유대인들이 기독교도들에 비해 증권투자에 강했던 것은 세계 각지에 흩어져 있는 유대인의 입지를 활용하여 신뢰할 만한 경제 정보를 쉽게 입수하고 이를 체계적으로 분석한 것에서 연유하였다. 유대인의 안식일은 기독교도가 쉬는 일요일보다 하루 이상 빠르므로 유대인들은 토요일 일몰 시간 이후부터는 일할 수 있었다. 그래서 일요일 아침에 한 주의

업무를 시작하면서 유대인 커뮤니티 간의 연락으로 새로운 상업거래 정보를 먼저 얻을 수 있었다.

유대인은 일요일에 전문가는 물론 랍비와 탈무드 학자의 조언을 받아 정보를 분석한 후, 그 분석 결과를 일요일 오후에 유대인 증권 브로커와 대리인에게 통보하여 월요일 아침에 신속하게 거래가 이루어지게 했다. 더 나아가서는 그 한 주 동안의 지침서가 나오기도 했다. 이것은 유대인의 오래된 관습이었다. 그 결과 언제가 가장 좋은 시기인지를 정확히 측정한 상태에서 경제활동에 임할 수 있었다. 이러한 전통은 현대에서도 마찬가지다. 특히 지침이나 목표가 정해질 경우 유대인 금융기관 간의 협동은 일사불란하다. 그들은 마치 한 몸처럼 움직인다.

로스차일드의 전쟁자금 지원

사람들은 웰링턴 장군의 승리를 뒷받침한 것이 네이선의 돈이란 사실은 잘 몰랐다. 1811년부터 네이선은 웰링턴 장군이 이베리아 반도에서 나폴레옹 군대와 전쟁을 수행할 수 있도록 자금을 지원했다. 전쟁 중에도 로스차일드 가문은 이베리아 반도에 진출한 영국군의 자금조달에 크게 기여했다. 그리고 전쟁으로 빚이 늘어만 가는 영국 정부의 국채를 무한정 사들여 전쟁을 계속할 수 있도록 도왔다.

워털루 전투에서 프랑스군 전사자는 4만 명에 이르렀으며, 영국군 전사자는 1만 5000명, 프로이센군은 7000명가량이었다. 이로써 나폴레옹의 재집권은 백일천하로 끝났고 워털루 전투의 패배로 프랑스와 유럽 국가들 간의 23년에 걸친 오랜 전쟁도 끝이 났다. 전투에서 패배한 나폴레옹은 영국 군함에 실려 대서양의 외딴 섬인 세인트헬레나 섬으로 유배되었다. 그리고 그곳에서 영국군의 감시를 받으며 울분의 나날을 보내다 1821년 세상을 떠났다. 반면 웰링턴 장군은 영국에서 국민적 영웅이 되어 정치가로 변신한다. 그리고 훗날 수상의 자리에 오른다.

네이선은 이전부터 영국을 겨냥한 나폴레옹의 대륙봉쇄령을 뚫고 가족 간의 수송 네트워크를 활용하여 영국과 대륙 간의 상품 비밀교역을 주도했다. 이로써 세계 최강대국 영국의 해상무역은 물론 재정을 비롯한 금융시장은 네이선이 사실상 좌지우지하게 되었다.

세계 금시장을 장악하다

이렇게 전 세계의 부를 거머쥔 로스차일드 일가는 당시 그들이 장악한 영란은행을 통해 1833년에 금본위제를 채택하였다. 그 뒤 다른 은행들도 하나둘 금본위제에 동참하게 되면서 오늘날의 화폐체제가 만들어졌다. 이후로 세계 화폐 발행의 주도권은 유대인들의 손아귀에 있다. 이후 로스차일드가는 세계 금시장을 주도했다. 특히 1919년 런던 금시장 개설 이래 지속적으로 시장 주도자로 참여하여 금 가격을 결정하는 데 지대한 영향력을 행사했다. 로스차일드 일가는 지난 200여 년 동안 유럽의 경제 및 정치계에 막대한 금력을 행사해왔으며, 그 뒤 뱅크 오브 노비아, 스코티아, 도이치방크, HSBC 등을 설립하는 데 주도적 역할을 했다. 보험회사 얼라이언스도 설립했다.

프랑스도 로스차일드의 영향력 아래에 놓이다

프랑스 파리의 막내 제임스도 밀수한 영국 물건을 팔아 큰 재미를 보았다. 그는 로스차일드 파리 은행을 운영하며 국왕 루이 필리프와의 친교를 바탕으로 엄청난 부와 영향력을 과시하는 지위에 올랐다. 유럽의 다섯 도시에서 로스차일드 아들들은 상상을 초월하는 막대한 부를 바탕으로 19세기 유럽의 흐름에도 깊이 관여하였다. 프랑스 왕 루이 필리프의 친구였던 제임스는 1830년부터 1848년까지 실질적인 프랑스의 통치자나 다름없었다. 당시 그의 자산규모는 6억 프랑으로 나머지 전 프랑스 은행들의 자산을 모두 합한 것보다도 1억 5000만 프랑이나 더 큰 액수였다. 이런 이야기까지 나올 지경이었다. "로스차일드의 지원이 없으면 유럽의 어느 왕도 전쟁을 일으킬 수 없다." "고대 유대인은 한 왕에게 복종했다는데, 지금은 여러 왕이 한 유대인에게 머리를 조아린다."

로스차일드 가문은 연합군이 라이프치히 전투에서 나폴레옹에게 승리한 이후 연합군의 공식 은행이 되어 유럽 각국과 왕조의 채무관계, 보상금 지급 문제 등을 맡게 되었다. 나폴레옹 전쟁이 끝난 후 로스차일드 가문은 사실상 '유럽의 숨은 지배자'가 된 것이다. 영국의 네이선은 훗날 이렇게 회상했다. "거리가 피로 물들 때마다 나는 사들였다." 가문의 재산이 증식된 순간이 모두 전쟁과 연관되어 있었다는 뜻이다. 나폴레옹이 없었더라면 오늘날의 로스차일드 가문도 없었을 것이다. 당시 런던의 로스차일드 상사를 이끌면서 국채 매집에 성공했던 네이선 로스차일드는 이렇게 말했다. "나는 해가 지지 않는 대영제국을 통치하는 왕이 누군지 상관하지 않는다. 대영

제국의 통화 공급을 통제하는 사람이 곧 대영제국의 통치자다. 그 사람은 다름 아닌 나다."

산업혁명의 원동력,
로스차일드의 자본

로스차일드 가문은 이후 막대한 자금력과 정보력, 그리고 각국 정치권력과의 밀접한 유대관계 등을 활용해 유럽을 휩쓴 산업혁명에도 적극 투자해 부를 늘렸다. 나폴레옹 전쟁이 끝난 후 1815년에서 1825년의 10년 동안은 전후 복구사업과 산업혁명에 필요한 자본을 조달하기 위해 이전 100년 동안에 발행되었던 것보다도 더 많은 양의 유가증권이 발행되었다. 이 기간에 네이션 로스차일드는 런던 금융계의 맹주로 막대한 부를 늘려갔으며, 1818년부터 1832년 사이에 런던에서 발행했던 외국 정부의 공채 가운데 약 30%를 그의 은행이 주관하였다.

오스트리아 로스차일드, 대륙 최대의 철도를 건설하다

스티븐슨이 증기기관을 발명하자 영국에서는 철도의 장래성이 화제가 되었다. 그러나 그 무렵 철도사업이란 미친 짓이며 네이선 같은 사람도 마차보다 나은 수송수단은 없다고 믿고 있었다. 네이선의 예상과 반대로 영국에서는 철도가 순조롭게 발전해서 그 장래성이 확실해졌다. 그러나 그때는 이미 네이선은 영국 철도에 손 내밀 기회를 잃은 상태였다.

네이선은 형제들에게 철도산업에 대한 정보를 주고 추진해볼 것을 권했다. 오스트리아의 솔로몬은 즉시 이 아이디어를 검토했다. 그러나 무슨 일에 대해서도 보수적인 오스트리아 제국에서 '말馬 없는 탈것'이라는 이야기는 도저히 믿을 수 없는 엉터리 정보라고 여겼다. 철도 소문을 들은 일이 있는 지식층조차도 기차는 악마가 만든 강철기계라고 생각했다. 철도사업을 추진하려면 세상의 몰매를 맞을 것이 뻔했다. 더욱이 유대인이기 때문에 더했다.

이런 분위기 아래서 솔로몬은 조용히 일을 진행했다. 영국에 조사단을 파견해 철도사업을 기술과 금융 면에서 검토했다. 운수사업을 선점하기 위해 오스트리아 여러 곳의 역마차 사업을 매수했다. 운송노선 예정지들을 도보로 조사하게 했다. 한편 신문에는 철도에 관한 계몽 기사를 계속 연재했다.

5년 동안 이와 같은 신중한 준비기간을 거쳐 솔로몬은 오스트리아 황제 페르디난트 1세에게 빈에서 보호냐까지 100km에 걸친 유럽 대륙 최대의 대규모 철도 건설사업을 신청했다. 이미 메테르니히 재상에게는 충분히 사전 교섭을 했으므로 솔로몬은 별다른 어려움 없이 황제로부터 면허를 취득할 수 있었다.

당시 빈의 솔로몬은 메테르니히의 오른팔 역할을 하고 있었다. 솔로몬은 합스부르크가를 위해 채권을 팔아주었으며 오스트리아의 산업 부흥을 위해서도 금융지원을 아끼지 않았다. 1822년에 메테르니히는 유대인 로스차일드를 비판했던 《알게마이네 차이퉁》 신문의 판매를 금지할 정도로 로스차일드와의 유대를 중시했다.

그러나 계획이 발표되자 솔로몬에게 심각한 비난이 쏟아졌다. 빈의 신문들에 의사와 전문가들의 반대 투고가 계속되었다. "인간의 육체는 시속 24km 이상에는 견딜 수 없다. 악마의 강철기계가 오스트리아를 달리게 되면 승객의 코와 눈, 입, 귀에서 피가 터져 나올 것이다. 터널에서는 승객들이 질식할 것이다. 철도는 흉폭한 영구차로 변할 것이다." 정신병의 권위자들도 경고했다. "지금처럼 스트레스가 많은 사회에서 인간은 이미 정신적으로 과로 상태이다. 더구나 철도에 승차하여 긴장하면 인간은 완전히 발광하고 말 것이다." "악마의 기계로 신성한 제국을 오염시키지 마라! 유대인의 음모를 분쇄하자!" 솔로몬은 그야말로 사면초가였다.

솔로몬은 평소부터 신문기자들과의 교우관계에 노력해왔으나 여론의 거센 반대에는 돌파구를 찾기 어려웠다. 더 큰 문제는 오스트리아 금융업자들이 외국인의 철도투자는 위험하다고 강조하면서 솔로몬을 적대시하는 일이었다. 솔로몬은 메테르니히 재상은 물론 오스트리아 정부의 고위층과도 친밀한 관계를 맺고 있었으므로 한 번에 중앙 돌파를 하는 것도 가능했다. 하지만 먼저 부드러운 방법으로 여론의 반대에 대처하였다. 주식의 인기를 부추기는 일이었다.

그는 철도 건설자금을 충당하기 위해 주식을 1만 2000주 발행하여 8000주는 로스차일드 집안이 보유하고, 나머지 4000주는 선착순으로 모집하였다. 솔로몬의 계산대로 철도에 반대하던 자들도 막상 로스차일드 집안이 나선다고 하니까 서로 앞다투어 신청하였다.

솔로몬의 철도 건설에 반대하던 금융업자들도 몰려들어 응모하였다. 결과는 대성공이었다. 4000주의 공모에 8배나 신청이 쇄도했다. "금화가 소리를 내면 욕설은 조용해진다"는 로스차일드의 유훈이 딱 들어맞았다.

이 대성공의 그늘에는 솔로몬의 보이지 않은 황금 손이 은밀히 움직이고 있었다. 그는 꼭두각시들에게 응모하게 함으로써 주식의 인기를 최대한 부추겨 올렸던 것이다. 세상은 이 같은 사실을 알지 못했다. 이 성공으로 반대운동은 약간 수그러들었지만 그 힘은 아직 가볍게 보기 어려웠다. 교섭의 천재 솔로몬은 절묘한 아이디어를 생각해냈다. 그는 황제에게 빈-보호냐 철도의 정식 명칭을 '페르디난트 황제 북방철도'로 하겠다는 허가를 얻었다.

이것이 역전의 아이디어가 되었다. 유럽 최대 철도에 지도, 역, 차량마다 모두 페르디난트 황제의 명칭이 붙는 것이다. '페르디난트 황제 북방철도'라는 명칭은 마치 로스차일드 집안의 철도에서 오스트리아 제국의 철도가 된 듯한 인상을 주었다. 아무도 황제의 명칭을 받드는 철도 건설에 반대할 수가 없었다. 4년 뒤 철도 일부가 개통되고, 오스트리아는 당당하게 선진 철도 문화의 명예를 누릴 수 있었다.※

❖ 데릭 윌슨 지음, 신상성 옮김,《로스차일드》, 동서문화사, 2008, 출판사 서평

제임스도 프랑스 철도 건설

1830년대부터 본격화된 프랑스의 산업혁명은 태반이 제임스의 돈으로 이루어졌다. 프랑스 최대의 철도도 제임스 로스차일드에 의해 부설되었다. 당시 제임스는 새로이 등장한 철도의 장래성에 주목하고 오스트리아에서 형 솔로몬이 사업하는 것을 유심히 보았다. 그리고 철도사업에 진출하여 유럽의 철도왕이 되었다. 프랑스도 철도 사업이 난관에 부딪히자 솔로몬이 했던 대로 노선 이름에 황제 이름을 붙여 아무도 반대하지 못하게 했다. 기실 개통은 형보다 더 빨랐다. 그리고 연이어 3개 노선을 완공시켰다.

♣ 제임스 로스차일드

제임스의 맹활약,
세계를 향해 문어발식 확장을 거듭하다

그는 또 아프리카 식민지 정치가인 세실 로즈Cecil Rhodes를 지원하여 남아프리카의 금광과 다이아몬드 광산개발권을 획득했다. 제임스는 로스차일드 가문의 정보 네트워크를 잘 활용하였다. 파리에 앉아서도 세계 주요 흐름을 잘 파악하고 있었고, 누구와 협력해야 할지를 잘 알았고, 그는 세실 로즈를 통해 남아공의 금과 다이아몬드 산업에 진출한 데 이어 록펠러와 손잡고 석유산업에 진출했다. 러시아의 바크 유전 이권도 획득했다. 그리고 석유회사 로열더치셸 등을 포함하여 정보, 교통, 에너지, 귀금속 등 당시의 첨단산업 중심으로 사업을 팽창하였다. 1814년 동인도회사의 인도 무역 독점권이 폐지되자, 그 이권을 지배하였다. 그리고 1862년에는 나폴레옹 3세와 금융업무를 제휴했다. 1870년에는 바티칸에 융자하여 가톨릭을 금융으로 지배한다는 오해를 받기도 했다.

제임스 로스차일드의 재산은 6억 프랑에 육박했다. 프랑스 다른 은행가들의 재산을 다 합쳐도 제임스의 재산보다 1억 5000만 프랑이 부족했다. 이러한 막대한 재산은 자연히 제임스에게 막강한 권력을 부여했다. 왕과 내각을 움직일 정도가 된 것이다. 이후 프랑스 로스차일드가는 부르봉 왕가와 오를레앙가, 그리고 보나파르트가를 위한 재원도 마련하였고, 벨기에의 새로운 왕에게도 자금을 조달하였다.

제임스의 아들, 알퐁스 로스차일드

제임스의 아들 알퐁스는 프랑스가 프러시아 전쟁에서 패배한 뒤 1871년 베르사유 강화조약을 체결할 당시, 전쟁 배상금을 낮추는 협상을 돕고 1871년, 1872년 두 차례에 걸쳐 배상금을 조달하는 데 결정적인 기여를 했다. 프랑스를 꺾은 비스마르크의 독일이 전쟁 배상금 50만 프랑을 2년 내 상환토록 하는 불리한 조약을 강요하였으나, 알퐁스가 이 돈을 프랑스 정부에 대부하여 독일군을 프랑스에서 몰아내게 했다.

프랑스에서 남작이 된 알퐁스 로스차일드는 파리 동부 쪽 교외에 페리에라는 이름의 거대한 저택을 지었다. 이를 보고 독일 황제 빌헬름 1세는 "왕도 못 가질 저런 거대한 궁전은 로스차일드만이 감당할 수 있는 것"이라고 평하였다. 19세기 후반의 한 프랑스 평론가는 "유럽에는 단 하나의 권력이 존재할 뿐이다. 그 권력은 로스차일드다"라고 말하였다. 이렇게 말하는 데는 이유가 있었다. 당시 절대왕정의 왕이라 할지라도 재정 문제 앞에서는 자유로울 수 없었다. 유력 금융가와 그 패밀리가 전쟁 채권을 사주지 않으면 전비를 마련할 수도 없었고 그들이 급전이 필요할 때 기댈 수 있는 사람이 로스차일드였기 때문이다. 이래저래 권력과 금력은 서로를 필요로 했다.

암셀 로스차일드, 통일 독일의 초대 재무장관이 되다

프랑크푸르트에서는 로스차일드의 본가답게 독일 왕가 및 인근 제후국들을 위해 어음을 유통시키는 등 종가 은행으로서 역할을 다하였다. 나폴레옹이 철수한 뒤 독일은 그동안 흩어져 있던 300여 개의 작은 봉건국가들을 합병하여 30여 개의 큰 봉건국가로 구성된 독일연방으로 거듭났다. 큰아들 암셀은 바로 이 통일 독일의 초대 재무장관이 되었다. 슬하에 자식이 없던 암셀은 비스마르크를 부자지간처럼 가까이 지내며 그를 음양으로 후원하였다. 훗날 로스차일드와 비스마르크는 질긴 인연을 가꾸어간다. 나폴리에서는 카를 로스차일드가 사르데냐, 시칠리아 그리고 교황청을 위해 재원을 마련해주었다.

로스차일드가의 총자산이 1818년에는 1억 7700만 파운드,

1828년에는 4억 3000만 파운드, 1875년에는 34억 3500만 파운드로 증가한 것으로 추정된다. 그러나 사실 그들의 재산이 정확히 밝혀진 적은 없다.《화폐전쟁》을 쓴 쑹훙빈에 의하면 로스차일드 가문은 1850년을 전후해 약 60억 달러의 재산을 축적했을 것이라고 추정했다. 수익률을 6%라고 가정하면 160년이 지난 오늘날은 최소한 50조 달러 이상일 것이라 했다. 이는 빌 게이츠 재산의 1000배 이상으로 2009년 현재 전 세계 금융자산의 4분의 1이 넘는 돈이다. 쑹훙빈은 지금 세계 금융자본의 절반이 사실상 로스차일드 가문의 돈이라고 보고 있다.

로스차일드,
유대금융 가문들의 네트워크 편입을 허락하다

오랜 관찰 끝에 베를린의 블라이흐뢰더 가문이 1831년 로스차일드 가문의 정보 네트워크의 일원으로 편입이 허락되었다. 그 후 블라이흐뢰더 가문은 로스차일드가의 충실한 대리인이 되어 베를린의 동향과 정보를 자세히 로스차일드 가문에 보고하였다.

1834년에는 쾰른의 궁정 유대인 가문의 아브라함 오펜하임이 로스차일드가의 딸 샤를로떼 베이푸스와 결혼하여 로스차일드 가문에 편입하였다. 오펜하임은 신혼여행을 신부 삼촌들이 있는 유럽 도시들을 돌면서 처삼촌들에게 인사를 올리는 영민함을 보였다.[*]

---

[*] 쑹훙빙 지음, 홍순도 옮김,《화폐전쟁 2》, 알에이치코리아, 2010

네이선 로스차일드, 잠들다

1836년 6월 프랑크푸르트, 런던 네이선의 장남 리오넬과 나폴리 카를의 딸인 샤를로트의 결혼식이 열렸다. 사촌끼리의 결혼이었다. 금융 경영의 천재인 네이선은 이 결혼식에 참석하던 중 급성 고열로 사망했다. 그는 임종하면서 아들들에게 "이제는 세상이 우리의 돈을 빼앗으려고 할 것이므로 예전보다 더 긴장해야 한다. … 중요한 것은 너희가 일치단결하는 것이다"라고 강조했다. 다음 로스차일드 가문의 장문은 비록 막내이지만 재능이 출중한 파리의 제임스가 맡았다.

유대인 순혈주의와 그 유전적 영향

로스차일드가의 사람들은 대부분 그들끼리 결혼했다. 막내 제임스는 형 솔로몬의 딸인 조카 베티와 결혼했다. 그리고 다섯 형제의 아들들 12명이 결혼했는데 그중 9명은 사촌들과 결혼했다. 마이어의 후손들 50쌍 가운데 반이 사촌 간에 결혼했다. 이는 오래된 유대인의 관습이자 그들의 부를 지키기 위해서였다. 성경에 보면 유대인의 조상 아브라함도 그의 사촌 누이인 사라와 결혼했으며 그의 아들 이삭과 손자 야곱도 사촌들과 혼례를 올렸다. 이것은 유대인들의 혈통을 지키기 위한 순혈주의였다.

과학자 그레고리 코크란은 이러한 순혈의 유전적 영향을 연구했다. 유대인 가계를 추적해 중세 유대인의 지능이 남들보다 평균 12~15점 높다는 사실을 밝혀냈다. 당시 토지 소유가 금지된 유대인들은 금융과 무역에 종사할 수밖에 없었다. 이런 직업은 높은 지능이 요구된다. 생존을 위해 좀 더 똑똑한 유대인들이 더 많은 자식을 낳으면서 금융 유전자가 발달했다는 것이다. 그러나 순혈은 혹독한 대가를 요구한다. 유대인들은 지능과 함께 가우처병, 니만피크병 등 난치 유전병도 물려받았다.

정보의 중요성을 인식한 유대인들, 통신사를 설립하다

당시 유대인 중에 정보의 중요성을 실감하여 은행업에서 통신사로 업종 전환을 하는 사람들이 있었다. '정보가 비즈니스를 좌우한다.' 이것이 유대인의 생활신조라고 해도 과언이 아니다. 정보를 파는 것이야말로 돈이 된다는 것을 알고 뉴스 통신 서비스를 사업으로 시작한 기업이 바로 통신사의 원조 AFP와 로이터이다. 두 통신사의 창업자는 모두 유대인이다.

유대인 아바스는 1832년 파리에서 세계 최초로 아바스통신사를 만들었는데, 이것이 현재 전 세계에 약 500명의 특파원을 배치하고 있는 AFP의 시작이다. 또 그 아바스 밑에서 일하던 폴 율리우스 로이터가 독립하여 영국에서 시작한 것이 로이터통신이다. 로이터는 1848년 훗날 세계 최대의 통신사인 로이터통신을 설립하였다. 이후 다른 유대인들도 사설 전신기를 갖추고 통신망 센터를 구축하였다. 그러나 경제 뉴스에 관한 한 로스차일드가에 미치지 못하였다.

오늘날 런던 금융시장의 뿌리, 로스차일드

로스차일드가는 기적처럼 거대한 권력을 이루어낸 뒤에도 여전히 은행업에 증권, 보험까지 포괄하는 사업을 로스차일드 상사라는 상호로 이끌어갔다. 1875년 무렵 유럽 금융의 중심은 런던이었다. 당시 런던에는 외국 정부의 공채를 발행할 정도의 큰 은행이 50여 개 있었는데, 이 가운데 10개는 유대인의 소유였다. 그중에서도 유럽 금융계를 이끌었던 것은 영국의 로스차일드 상사였다. 오늘날 런던 금융시장의 뿌리는 로스차일드를 중심으로 한 유대인들로부터 유래되었다 해도 과언이 아니다.

이후 런던 일가의 은행은 남미의 거의 모든 지역을 관할하여 세계 전 지역에 진출하였다. 프랑스 로스차일드가는 전기사업에 진출하고 지중해 철도를 개설하여 북아프리카까지 연결하였다. 오스트리아 로스차일드가는 1881년 유명한 6% 이자 대출을 통해 헝가리까지 세력을 넓히며 합스부르크 왕조 방방곡곡에 영향력을 펼쳤다.

그리고 로스차일드의 부는 3대에도 이어져 갔다. 앞서 언급했듯 그들은 부를 지키기 위해 가문 내에서 사촌끼리 결혼하였다. 제임스가 조카딸과 결혼하고 그 딸이 다시 사촌과 결혼하는 등 근친결혼이 매우 빈번하게 일어났다. 이후에도 로스차일드의 부는 계속 늘어갔는데 다만 로스차일드 1세의 유언에 따라 가문의 전통이 된 비밀주의에 가려져 실체가 외부로 드러나지 않았을 뿐이다.

1837년 벨몬트를 미국으로 파견하다

로스차일드는 이미 오래전에 사람들을 미국에 파견해놓고 있었다. 맨 처음 미국으로 파견한 사람이 어거스트(아우구스트) 벨몬트였다. 이 집안의 친척이기도 한 그는 14세의 어린 나이에 프랑크푸르트 암마인에 있는 로스차일드 상사에 입사해 뛰어난 능력을 발휘했다. 그리고 출중한 능력을 인정받아 3년 후에는 나폴리 지점으로 옮겨 더 중요한 직위에서 일했다. 21세 때에는 쿠바에 파견되었는데, 다시 한 번 탁월한 재능을 인정받아 아예 지점 전문이 되었다. 벨몬트는 독일어, 영어, 프랑스어, 스페인어, 이탈리아어에 능통했다.

1836년 로스차일드 가문에 비상이 걸렸다. 로스차일드가 가장 많은 지분을 보유했던 미국 민간 중앙은행이 앤드류 잭슨 대통령의 지시로 문을 닫는 일이 벌어졌다. 미국을 이대로 방치할 수는 없었다. 로스차일드 가문은 젊은 벨몬트를 미국으로 파견하기로 했다. 그는 1837년 24세의 나이로 뉴욕 시로 파견되어 월스트리트에 사무실을 열고, 로스차일드 미국 지점을 차렸다. 당시 미국은 심각한 불경기였다. 로스차일드는 벨몬트로 하여금 헐값에 팔리는 미국의 주식과 채권을 쓸어 담게 했다. 미 정부의 공채를 사들여 유럽으로 보내 많은 이윤을 붙여 유럽 시장에 내다 팔았다. 젊은 나이에 대량의 주식과 국채를 매입하자 뉴욕 금융가에서 그는 하루아침에 일약 유명인사가 된다. 그 뒤에도 로스차일드는 대규모 자금으로 국채를 끊임없이 사들였다. 하도 큰손이 되어 대통령의 금융고문으로 임명되

⁂ 벨몬트

기도 했다.

그는 이것을 기반으로 자신의 은행인 어거스트벨몬트 사를 설립한다. 로스차일드의 자금 지원으로 몇 년 안에 자기 회사를 미국에서 가장 큰 은행 중의 하나로 만들어놓았다. 벨몬트는 일본을 개항시킨 페리 제독의 딸 캐롤라인 페리와 결혼하여 정치적으로도 영향력을 가지기 시작한다. 그리고 미국 정부의 요청으로 외교관이 되어 헤이그 공사로 파견되기도 했다. 보스턴의 재벌이 된 페리 가문의 자손 윌리엄 페리는 1994년 1월부터 클린턴 정권의 국방장관에 취임했다.

1857년 세계 공황, 로스차일드의 위력을 각인시키다

미국에서 영국 자본의 유입과 영란은행의 신용 팽창에 따른 과대 투기로 버블이 심각해졌다. 그것은 기실 영국 로스차일드로부터 미국으로의 금 유출이 많아 유동성이 풍부했기 때문이다. 로스차일드가 벨몬트를 통해 미국 시장에 큰돈을 풀어놓았던 것이다. 철도 관련 기업의 주가는 연일 상종가를 달렸다. 심지어 설계도만 그린 채 철도 공사를 시작하지 않은 업체의 주가도 뛰었다. 월요일에 주당 25센트 하던 주식이 주말에 4000달러로 폭등하는 기현상이 일어났다. 결국 버블이 터지면서 1857년 뉴욕 증시는 대폭락의 재앙을 맞았다. 미국에서 공황이 발발한 것이다. 공황이 발발하자 로스차일드는 부랴부랴 대출해준 돈들을 회수하기 시작했다. 결국 뉴욕의 은행 대부분이 도산했다. 셀리그만 같은 일부 유대 자본의 은행들만 큰 손실을 보지 않았다.

그러나 그 뒤 미국 캘리포니아에서 대규모 금광이 발견되어 유동성이 풍부해지자 오히려 인플레이션이 일어났다. 이번에는 영국에서 공황이 발발했다. 미국에서 상대적으로 금값이 비싼 영국으로 대량의 금 유출이 이루어졌기 때문이다. 영국과 대륙 간에도 마찬가지였다. 그리하여 최초의 세계 공황이 일어났다. 이렇게 공황이 발발하면 일련의 지불 기한들이 극히 단기간에 집중된다. 결과적으로 모든 나라에서 똑같이 파국을 맞는 것이다.

게다가 공황기에는 어음 유통이 완전히 중단된다. 이 시기에는 누구도 약속어음을 받지 않고 현금만 받으려 하기 때문이다. 그것도 영국 은행권만이 유통 능력을 보증받고 있었다. 이는 국가가 영란은행을 뒷받침해주고 있었기 때문인데, 이때 세계 금융업계는 영란은행을 장악하고 있는 로스차일드의 힘을 실감했다. 한마디로 영국 로스차일드의 위력이 온 세상에 각인되는 계기가 되었다. 다행히 이 공황은 자유무역의 추진, 유럽 내외의 철도 건설, 남북전쟁을 비롯한 일련의 전쟁으로 곧 극복되어 1860년대에는 미증유의 호경기를 낳게 된다.

미국의 남북전쟁에서 재미를 못 보다

로스차일드 가문은 나폴레옹 전쟁, 러시아 혁명, 프랑스 혁명 등 주로 사회변혁기의 혼란한 틈을 타 돈을 벌었다. 런던의 국제금융가들에게 모처럼의 큰 장이 섰다. 바로 미국에서 남북전쟁이 터진 것이다. 유대인들이 이런 기회를 놓칠 리 없었다. 로스차일드 가문은 이미 그 전에 미국의 전쟁 분위기를 감지하고 있었다.

1859년 가을, 프랑스의 솔로몬 로스차일드(제임스 로스차일드의 아들)가 여행자 신분으로 파리에서 미국으로 날아갔다. 그는 모든 정보를 수집했다. 미국의 남부와 북부를 종횡무진하며 현지의 정계와 금융계 요인들을 골고루 접촉하는 한편, 수집한 정보를 영국 런던에 있는 사촌 형 나다니엘에게 보냈다.

로스차일드 가문은 이를 토대로 분석한 결과, 미국은 두 개로 쪼개질 수밖에 없다고 판단했다. 이렇게 되면 로스차일드에게는 또다시 큰 기회가 오는 것이다. 어차피 전쟁이 시작되면 양쪽 모두 막대한 전비가 필요하기에 로스차일드에게 손을 벌리지 않을 수 없다고 생각했다. 실제 전쟁이 시작되자 링컨은 로스차일드의 대리인인 벨몬트에게 거액의 국채를 인수할 것을 제안했다. 로스차일드 가문이 예상했던 수순이었다. 이들은 링컨에게 달리 길이 없을 것이라 판단하여 국채를 포괄적으로 전부 인수해주는 대신 고율의 이자를 불렀다. 자그마치 연 24~36%의 터무니없이 높은 이자를 요구한 것이다.

링컨은 이러한 이자를 물다가는 남군에 지는 게 아니라 먼저 유대 국제금융가들에게 나라가 파산하여 먹힐 것이라고 판단했다. 그는 금융재벌들의 제안을 거부하고 돌아와 의회를 본격적으로 설득했다. 마침내 의회는 미 재무부가 '담보 없이' 20년 동안 5%의 이자가 붙는 국채를 발행하도록 승인했다. 마침내 금이나 은을 비축하지 않고도 당시로선 획기적인 정부 지폐를 발행할 수 있는 권한을 얻어낸 것이다. 미국 정부가 독단적으로 전시에 불환지폐인 법정화폐를 발행할 수 있게 되었다.

새 화폐는 기존의 다른 은행권들과 구별하기 위해 녹색의 도안을 사용했다. 이렇게 하여 '국채demand notes'라고 불린 최초의 10달러 지폐를 1861년 재무부가 발행했다. 연방정부가 일반 대중에게 최초로 지폐를 널리 유포시킨 것이었다. 이때 링컨 대통령의 초상화가 인쇄된 10달러 지폐는 색상 때문에 '그린백'이라는 별칭을 얻게 되었다. 링컨은 전시 기간 중 약 4억 5000만 달러 이상의 그린백 지폐를 발행했다. 로스차일드로서는 전혀 예상치 못했던 일격이었다. 북군은 그래도 전비가 모자라자 대규모 국채를 발행했다. 이나마도 다른 유대 금융가들이 컨소시엄을 구성하여 국채를 인수했다. 로스차일드는 너무 욕심을 부려 전혀 재미를 보지 못했다. 게다가 담보 없는 지폐가 대량 유통되어 금본위제도의 나라들을 상대로 장사했던 로스차일드의 독과점적인 금시장이 심대한 타격을 받았다. 이후 링컨은 의문의 암살을 당한다.

1870년 7월 프로이센-프랑스 전쟁으로 큰돈을 벌다

로스차일드 가문과 블라이흐뢰더 가문은 프로이센-프랑스 전쟁으로 큰돈을 벌었다. 그들은 보통 전쟁 전에 전비를 마련하기 위해 매각하는 국영업체의 재산, 곧 철도 민영화나 광산 매각 건을 싸게 사들여 돈을 벌기도 하고, 전쟁 채권을 대량 인수하여 돈을 벌기도 한다.

그런데 프로이센-프랑스 전쟁에서는 그러한 방법이 아니라 사전에 비스마르크의 간접적인 귀띔에 의해 전쟁 발발을 감지하여 돈을 벌었다. 비스마르크의 개인 자산을 블라이흐뢰더 가문이 관리하고 있었기 때문이다. 두 가문은 전쟁 전에 갖고 있던 전쟁 당사국들의 채권과 주식을 처분함으로써 피해를 사전에 막을 수 있었다. 그리고 전쟁 중에는 전시 채권을 높은 할인율, 곧 싼값에 인수하여 재미를 보았다. 게다가 전쟁으로 헐값인 채권과 주식을 거저 줍다시피 다시 긁어모았다. 또 전쟁이 끝난 후에는 전쟁 보상금의 중재와 관리에 참여함으로써 막대한 커미션을 챙길 수 있었다. 전쟁은 한마디로 국제 금융가들에게는 보기 드물게 서는 큰 장이었다.

세계 광산업과 보석시장을 장악하다

로스차일드가는 세계의 광산업에 진출했다. 먼저 유럽의 수은 광산 두 곳 모두를 사들여 독점적 지위를 만들었다. 유대인의 특기였다. 수은은 금과 은을 정제하는 데 쓰이는 유용한 물질이었다. 그리고 해외의 거대한 구리광산과 질산염 채굴에도 자금을 댔다. 1880년에는 세계 3대 니켈 자본인 '르니켈'을 창설했다. 그리고 1881년에는 아연·납·석탄 발굴회사인 '페나로야'를 설립했다. 그 후 스페인, 프랑스, 이탈리아, 유고슬라비아, 북아프리카, 남아프리카로 사업을 확대했다. 또한 인도 광산에 대규모 투자와 더불어 남아프리카 세실 로즈의 다이아몬드 광산에도 투자했다. 1888년에는 세실 로즈를 도와 세계 최대 다이아몬드 신디케이트인 드비어스 사 창설에 투자했다. 1889년에는 미얀마의 루비광산에도 투자하여 전 세계의 보석시장을 장악했다.

역사 속으로 사라진
나폴리와 프랑크푸르트 로스차일드

로스차일드 가문 가운데 후사가 없어 문을 닫거나 명의가 바뀐 경우가 있다. 나폴리 로스차일드의 경우는 1860년 가리발디가 시칠리아-나폴리 왕국을 처부수자 돈을 빌려줄 왕이 없어져 문을 닫았다. 20세기 초에는 프랑크푸르트 가문이 문을 닫았다. 가문을 이어갈 후사가 없었기 때문이다. 그래서 프랑크푸르트 로스차일드가는 암셀이 후사 없이 죽자 그의 뒤를 이어 나폴리 로스차일드가의 두 아들이 사업을 맡았다.

그런데 불행히도 두 아들한테는 자식이 10명이나 있었으나 모두 딸이었다. 로스차일드 가문은 시조 마이어가 남긴 유언에 따라 아들에게만 사업을 계승시켜야 했다. 그래서 그들 사후에 로스차일드 명의의 은행사업은 종료되었다. 하지만 은행의 명의만 바뀌었을 뿐 프랑크푸르트 금융사업은 주변국 로스차일드 일가의 원격조정으로 계속되었을 것으로 추정된다. 이후 유럽에서 로스차일드의 뒤를 이어 오펜하임가, 하이네가, 멘델스존가 등의 유대인 금융업자들이 두각을 나타내었다. 이들 유대인 금융가들은 궁정 유대인에서 출발하여 전쟁을 통해 각국에 전비와 군수품을 조달함으로써 크게 성장했다.

최고급 와인산업에 진출한 로스차일드 가문

로스차일드 가문은 프랑스 와인산업에도 손을 댔다. 프랑스를 대표하는 최고급 와인 '샤토 무통 로칠드Chateau Mouton Rothschild'는 로스차일드 가문 계열의 바롱 필리프 드 로칠드 회사가 생산한다. '로칠드'는 로스차일드의 프랑스식 발음이다. 영국의 네이선 로스차일드의 셋째 아들 나다니엘은 삼촌 제임스의 딸인 사촌 샤를롯과 결혼하여 1850년 파리로 이주한다. 사냥을 하다가 다치는 바람에 몸이 불편했던 그는 미적 감각이 있어 비즈니스보다는 예술에 흥미를 느꼈다. 명작을 수집하고 화려한 살롱을 운영했다. 나다니엘은 자신의 샤토에서 생산한 와인으로 손님들을 대접하고 싶었다. '샤토chateau'는 원래는 성城이라는 뜻이지만 '포도밭'이라는 의미로도 쓰인다. 이에 나다니엘은 1853년 프랑스 보르도 중심에 있는 포도밭 샤토 브란느 무통Brane Mouton을 구입하여 '샤토 무통 로칠드'로 이름을 바꾼다. 같은 해 사촌 페레르는 샤토 마고Chateau Margaux를 사들인다. 그리고 삼촌 제임스 로스차일드는 1868년 꿈에 그리던 샤토 라피트Chateau Lafite를 손에 넣는다. 세계 5대 와이너리 가운데 3개를 로스차일드 가문이 소유하게 된 것이다.

샤토 무통 와인은 1870년 나다니엘 남작이 죽고 그의 아들, 손자로 이어질 때까지 그렇게 유명하지 않았다. 그러나 1922년 증손자인 바롱 필리프가 스무 살 나이로 샤토를 상속받으면서 세계적 와인으로 성장한다. 필리프는 1988년 죽기 직전까지 66년간 열정적으로 샤토 무통 로칠드와 와인업계 전반에 변화와 혁신을 가져왔다. 1924년 와인업계에서는 최초로 자신이 만든 포도주를 자신이 직접 병에 담

샤토 무통 로칠드 와인

아 소비자에게 내놓았다. 직접 만든 와인의 품질을 최후까지 보장하겠다는 의도였다. 그때까지 샤토는 와인을 생산할 뿐, 중간거래상이 와인을 병에 담아 레이블을 붙여 시장에 내놓았다. 로스차일드 덕분에 생산자가 와인을 직접 병에 담는 것은 이제 전 세계 와인업계에서 일반화되었다.

1945년부터는 피카소, 샤갈, 세자르, 앤디 워홀 등 당대 최고의 화가들이 와인 레이블을 그린 것으로도 유명하다. 선택된 화가는 로칠드 가문의 문장인 무통 sheep(양)을 주제로 자신의 영감에 따라 자유로이 작업한다. 이 때문에 샤토 무통 로칠드의 라벨 컬렉션은 현대회화 걸작선이라 불릴 만큼 명성을 얻었다.

특히 금세기 최고의 와인으로 평가받는 샤토 무통 로칠드 2000년 빈티지의 경우, 종이 라벨 대신 가문의 문장인 아우구스부르크의 양을 병에 새겨 하나의 예술품으로 승화시켰다. 바롱 필리프 드 로칠드 사는 샤토 무통 로칠드, 무통 카데 등 세계적 명성의 와인을 생산하고 있다. 요새 세상 사람들은 로스차일드 가문이 생산하는 '샤토 무통 로칠드', '샤토 마고', '샤토 라피트'라는 프랑스 포도주들은 잘 알면서도 그 가문의 위력에 대해서는 너무 모른다. 그만큼 그들이 철저한 비밀주의에 가려져 있고, 또 뛰어난 위장전술을 펼치고 있다는 이야기다.

로스차일드 가문의 번영

1822년에는 오형제 모두가 합스부르크가의 오스트리아 황제로부터 남작 작위를 수여받아 단번에 유럽 상류사회의 정점에 올랐다. 그리고 빈 회의 의장을 지낸 메테르니히 등을 회유해 당시 유럽 여러 나라 모두가 로스차일드 상사에 의지하도록 만들었다. 유럽 전역의 왕실들은 로스차일드가로부터 필요할 때마다 자금을 융통하였다. 그들이 자금지원에 간여한 주요 역사적 사건으로는 미국 노예해방, 1847년의 아일랜드 기근, 1854년의 크림 전쟁 등이 있다. 그리고 수많은 전쟁 이후의 복구사업들이었다.

산업혁명기에는 급속한 산업 발전을 뒷받침하려는 유럽 정부들의 개발 프로젝트들, 그리고 유럽의 철도망 건설, 광산 개발, 철강산업 등 기간산업 분야에도 로스차일드 자본이 투자되었다. 유럽 각국의 경제발전에 기여한 공도 크다. 프로이센-프랑스 전쟁에서 패한 프랑스가 50억 프랑의 배상금을 갚기 위해 추진한 공채 발행(1871~1874년)에는 파리의 로스차일드 상사가 관여하여 막대한 이익을 챙겼다. 그리고 런던의 로스차일드 상사는 1875년 수에즈 운하 지분 매입으로 큰 수익을 올렸다.

영국, 로스차일드 도움으로 수에즈 운하를 사다

지중해와 홍해를 잇는 수에즈 운하. 세계 상업지도를 뒤바꾼 이 운하는 당시 오스만튀르크 제국에 속해 있던 이집트의 총독 이스마일이 1860년대에 프랑스의 기술자 페르디낭 드 레셉스의 도움으로 건설하였다. 영국은 기술적으로 불가능하다고 생각했기에 투자하지 않았고, 결국 운하는 프랑스의 재정원조로 완성되었다. 수에즈 운하의 완공으로 유럽에서 극동까지 항해시간이 반으로 줄었다. 인도·중국·오스트레일리아·뉴질랜드 등 영국의 주요 식민지로 가는 뱃길도 거의 직선으로 열렸다. 드 레셉스는 운하가 개통된 이후 선박 통과요금을 계속 올렸고, 영국은 울며 겨자 먹기로 돈을 지불해야 했다. 더 큰 문제는 식민지를 놓고 다투는 경쟁국 프랑스의 영향권에 있는 수에즈 운하 길이 언제 막힐지 알 수 없다는 점이었다. 불안해하고 있던 영국에 기회가 찾아왔다. 1875년 11월 현금이 바닥난 이스마일 총독은 돈을 모으기 위해 자신이 보유하던 수에즈 운하 주식 44%를 비밀리에 시장에 내놓았다.

당시 영국의 수상은 제국주의자로 알려진 보수당의 벤자민 디즈레일리였는데, 그는 이번 기회에 꼭 운하를 매입해야겠다고 마음먹었다. 디즈레일리 수상은 빅토리아 여왕에게 강력하게 운하 매입을 권하는 한편, 비밀각료회의에서 만장일치로 매입을 결정하였다. 문제는 신속함과 기밀엄수였다. 프랑스 때문이었다. 이스마일은 당시로선 엄청난 액수인 400만 파운드를 요구했다. 하지만 영란은행으로부터 돈을 인출하기 위해서는 의회의 승인이 필요했다. 영국에서 그런 거액을 단기간에 마련할 사람은 로스차일드밖에 없었다.

디즈레일리 총리는 뉴코트에 있는 친구인 라이오넬 로스차일드에게 급사를 보내어 개인적으로 "내일까지 400만 파운드를 빌려달라"고 부탁했다. 라이오넬이 담보가 무엇이냐고 묻자 "대영제국"이라는 대답이 돌아왔다. 더는 묻지 않고 400만 파운드를 바로 마련해주었다. 그리하여 영국은 17만 6000주를 매수해 수에즈 운하의 최대 주주가 되었다. 이제 수에즈 운하는 영국 정부의 것이 되었다. 영국은 환호했고 프랑스는 분노했다. 영국은 운하 매입으로 국제무역에서 큰 이익을 얻었고, 아프리카·아시아 진출이란 측면에서도 큰 도움을 받았다.

훗날 영국은 수에즈 운하 보호를 명목으로 이집트를 보호하게 되고, 여세를 몰아 수단까지 식민지화했다. 영국이 3C정책, 즉 남아프리카공화국의 케이프타운, 이집트의 카이로, 인도의 캘커타를 잇는 식민정책을 세울 수 있었던 것도, 그 지역에서 프랑스와 독일 세력을 견제할 수 있었던 것도, 다 수에즈 운하 매입 덕분이었다. 이 이야기에서 중요한 것은 400만 파운드라는 액수이다. 대영제국 역사상 최대 부호는 당시 빅토리아 여왕으로, 그 자산은 아무리 많아도 500만 파운드를 넘지 못했다. 이에 비해 19세기의 100년 동안 로스차일드 일족이 획득한 부는 4억 파운드를 넘은 것으로 추정된다. 로스차일드 일족이 빅토리아 여왕보다 수십 배의 부를 소유하였던 것이다. 그렇기에 수에즈 운하 주식 구입대금마저도 당일로 바로 처리할 수 있었다. 이 거래를 통해 라이오넬은 10만 파운드의 수수료를 챙기게 되지만 정작 대박은 영국 정부였다. 1935년 이 주식의 가치는 9500만 파운드로 뛰었다.

유대인 최초의 영국 수상, 벤저민 디즈레일리

유대인 최초로 영국 수상이 된 인물이 있다. 바로 운하를 사들인

△ 벤자민 디즈레일리

벤저민 디즈레일리. 그의 할아버지는 이탈리아에서 태어난 상인이었는데, 유대인에 대한 편견이 팽배한 이탈리아에서는 자식들의 성공이 보장될 수 없다는 생각에 과감히 영국으로 이주했다. 어린 시절부터 정치에 뜻을 둔 디즈레일리는 특이하게도 먼저 소설가로 성공하였다. 그 성공을 바탕으로 정치에 입문하였다. 재기 발랄하고 능력 있는 정치인이었지만 유대인이기 때문에 한계가 있었다. 결국은 영국 유니테리언 교회 신자로 개종한 뒤에야 빛을 볼 수 있었다. 그 뒤 세 차례에 걸쳐 재무장관을 역임한 뒤 1868년에 수상이 되어 6년 동안 영국의 최고 통치자로 군림했다.

영국에는 디즈레일리 외에도 로스차일드가와 밀접한 관계를 맺은 수상이 또 있다. 바로 로즈버리 수상이다. 그는 해나 로스차일드의 남편으로 로스차일드 가문의 사위였다. 이렇듯 로스차일드가는 그 영향력을 정계에까지 미쳤다.

07

로스차일드의 후손들

　3대가 되자 가문의 후손들은 부와 함께 명예도 누렸다. 영국에서 로스차일드의 손자는 현지에 동화되지 않은 최초의 유대인 의원으로 선출되었다. 그리고 1885년 라이오넬의 장남 나다니엘은 영국 여왕으로부터 상원의원에 임명됐다. 이로써 역사상 첫 유대인 세습귀족이 탄생한다.

　당시 빅토리아 왕조풍의 로스차일드 저택은 영국 국왕 소유의 궁전을 제외하고는 가장 아름다운 곳으로 주목받았다. 정원의 호수에는 백조가 노닐고 숲 속에는 거대한 일본식 정원도 있었다. 그리고 로스차일드 가문의 또 다른 멋진 저택들이 들어서 있는 런던의 중심가 피커딜리에는 일명 '로스차일드 거리'가 생겨났다. 로스차일드 가문은 이렇게 일찍이 유럽 대륙에서 국제금융 맹주가 되었다. 심지어 절대군주 시대 말기에는 유럽 각국의 국왕들이 로스차일드의 재정 지원을 받지 못하면 전쟁을 수행할 수 없었다. 어느 한 쪽에 치우치지 않은 채 전쟁자금을 지원하고 군수품을 조달하는 것은 그들 몫

❖ 영국에 있는 로스차일드가의 대저택

이었다. 가문의 위력은 실로 대단했다.

대영제국의 금융산업을 역사적으로 고찰하면, 이탈리아의 메디치가를 유럽 금융재벌의 시조로 하여 네덜란드 동인도회사를 거쳐 영국 동인도회사, 로이드 보험, 영란은행, 베어링 상사가 탄생함으로써 근대적인 금융가가 런던 '시티지구'에 세워진 것이다. 그 뒤 로스차일드가와 베어링가의 런던 시티가 훗날 뉴욕 월스트리트를 만들어냈다. 영국의 중앙은행은 원래 로스차일드 가문 개인 소유 은행이었다가 1946년 노동당 정부가 국유화했다. 공식적으로는 국가 소유이지만, 실질적으로는 여전히 민간은행 성격을 띠고 있다. 로스차일드가는 유럽 자본주의 열강의 정치와 경제계에 강력한 영향을 끼쳐왔는데, 미국과 남아프리카에도 진출하여 세계 금융계뿐만 아니라 널리 산업계도 지배하기에 이르렀다.

제1차 세계 시오니스트 대회

이스라엘 건국의 역사는 19세기 후반의 시오니즘에서 비롯된다. 시오니즘Zionism은 "시온으로 돌아가자"라는 구호로 유명한데, 시온이란 이스라엘의 한 지명이다. 즉 구약성서에 나오는 지명으로 고대 예루살렘에 있던 두 개의 언덕 중 동쪽에 있던 지역이다. 시온이라는 이름은 종교적인 의미로 상당한 중요성을 갖는데 성서에 따르면 시온은 이스라엘의 하느님 야훼가 거처하는 곳이며, 그가 다윗을 왕으로 세운 곳이다. 예레미야서에는 시온이 바빌론 유수에서 돌아올 구원의 장소로 묘사된다. 이런 이유로 시온은 단순한 지명을 떠나 유대인들에게 영원한 고향으로, 구원의 이름으로 남아 있게 되었다. 그 때문에 유대인들이 자신들의 민족국가 수립의 염원을 시오니즘이라고 명명한 것은 극히 당연한 일이었다.

1897년 8월 29일 스위스 바젤에서 시오니즘의 첫 단추가 꿰어졌다. 그 자리에 세계 유대인 대표들이 한자리에 모였다. 오스트리아의 언론인 테오도르 헤르츨Theodor Herzl(1860~1904년)이 주도했다. 그 대회에서 1948년 이스라엘 건국의 출발점이 된 '유대인 국가를 세운다'는 역사적인 결의문이 채택되었다. 이른바 '바젤 강령'이다. 시오니스트 대회는 당시 오스만튀르크 술탄의 승인과 식민 열강의 지지를 받아 팔레스타인에 국가를 창설한다고 선언했다. 기원후 70년 로마에 국가와 영토를 빼앗기고 각지로 흩어진 유대인들이 2000년 가까이 꿈꾸던 고국이었다.

오스만튀르크는 유대인들의 제안에 솔깃했다. 독립 허용 대가로 막대한 금액의 재정 지원을 제의했던 것이다. 그러나 아랍권의 반발이 거세지자 없던 일로 돌리고 말았다. 오스만 제국에 이어 팔레스타인 지역의 통치를 떠맡은 영국도 몇 차례에 걸쳐 유대인 국가의 설립을 약속했다. 그러나 이 역시 아랍의 반발로 백지화되곤 했다.

바젤 강령은 '시온주의는 팔레스타인에 국제법으로 보장되는 유대인의 조국을 건설하고자 한다'라는 것이 요지다. 운동본부는 오스트리아 빈에 설립되었다. 이 운동의 핵심적인 인물은 오스트리아 언론인 테오도르 헤르츨이었다. 시온주의자 대회는 2년마다 열렸으며 1901년까지 지속되었다. 헤르츨은 오스만튀르크 제국에 팔레스타인 자치권을 요구했지만 거절당했다. 그러나 영국은 이 운동에 호의적이었다. 우간다의 일부 지역을 제공하겠다고 했으나 시온주의자들은 이를 거절하고 팔레스타인을 고집했다.

1904년 헤르츨은 죽었고 운동본부는 쾰른, 베를린으로 옮겨졌다. 제1차 세계대전까지 극소수의 인물들만 참여한 미미한 운동이었다. 참가한 사람들은 대개 러시아 거주자들이었고, 운동의 지도부는 오스트리아와 독일 거주자였다. 1905년 러시아 혁명이 실패하고 대학살이 일어나자 많은 러시아 출신 유대인들은 팔레스타인으로의 이주를 감행했다. 1914년경에 팔레스타인으로 이주한 유대인들은 모두 9만여 명에 이르렀다.

에드몽 로스차일드, 이스라엘 건국을 돕다

1880년대 후반에 들어서면서 로스차일드 가문은 유럽 최대의 미술품 수집가가 된다. 라이오넬은 렘브란트 등 17세기 네덜란드 유화 수집광이었다. 프랑스 로스차일드의 시조인 제임스 남작의 막내아들인 에드몽은 판화 수집에 일가견이 있었다. 현재 프랑스 루브르 박물관에는 에드몽이 기증한 판화를 전시한 '에드몽 로스차일드 홀'이 있다.

∴ 다윗별 문양이 들어간 이스라엘 국기

그 무렵 러시아가 반유대주의를 국가정책으로 삼으면서 엄청난 수의 유대인이 서유럽으로 쏟아져 들어왔다. 이와 함께 예루살렘으로도 많은 유대들이 모여들었으나 이들은 거의 빈손이었고 누군가의 재정적인 도움이 절대적으로 필요했다. 그때 나타난 것이 에드몽 로스차일드였다. 그는 팔레스타인 지역으로 이주하는 유대인들이 자립할 수 있도록 자금을 댔다. 기부의 스케일도 남달랐다. 그는 팔레스타인에 거금을 주고 땅을 사들여 유대인을 이주시킴으로써 이스라엘을 세우는 데 기여했다. 이 단계에서 땅을 사는 데 투입한 자금은 170만 파운드에 달했는데, 그중 10만 파운드 이외에는 모두 로스차일드 자신의 주머니에서 나왔다. 에드몽이 사준 개척지를 중심으로 예루살렘은 이슬람의 도시에서 유대인의 도시로 바뀌기 시작했다. 그 뒤에도 로스차일드 파리가(家)에서만 7000만 프랑을 이스라엘 건국자금으로 지원하였다.

로스차일드가는 엄청난 부와 사회적 영향력으로 유대 세계의 지도자 역할을 자의 반 타의 반 맡아왔다. 1880년 세계에는 약 500만 명의 유대인이 있었던 것으로 추정되는데, 그 가운데 서유럽에 사는 사람은 15%에 불과했고, 대다수 유대인은 러시아·폴란드·발칸 반도에서 빈곤 속에 학대받는 생활을 하고 있었다.

이스라엘의 초대 총리 벤 구리온은 근대 이스라엘 건국의 아버지로 불리는 에드몽에 대해 이렇게 이야기했다. "유대인이 유랑민으로 지낸 2000년의 세월 동안 에드몽 로스차일드에 버금가는, 또는 그와 견줄 만한 인물을 발견하는 일은 도저히 불가능하다." 또 이스라엘의 개척항구 카에사리아 항구가 내려다보이는 언덕 라마트 하나디브에 있는 에드몽의 무덤에는 이런 묘비명이 쓰여 있다. "이 땅의 아버지 에드몽 로스차일드 남작과 그의 부인, 하느님을 높이 받든 여인 아델하이드 남작부인 여기 잠들다."

벨푸어 선언을 이끌어낸 라이오넬 로스차일드

제1차 대전의 후유증으로 당시 영국 경제는 독일에 항복을 고려할 정도로 심각한 상황이었다. 이에 대한 유일한 해결책은 미국의 참전을 유도해 전쟁을 빨리 끝내는 것이었다. 이를 위해서는 워싱턴을 장악하고 있는 미국 내 시오니스트들의 도움이 절실했다. 그런 까닭에 영국의 전시 내각은 1916년 10월 세계시온주의자연맹 대표이자

유럽 최대 금융재벌이던 리오넬 로스차일드와 비밀리에 회동해 전후 팔레스타인을 유대인들에게 넘겨줄 것을 약속하는 런던 조약을 체결하기에 이른다. 이에 대해 로스차일드는 팔레스타인 유대인들에게 새로운 국가 건설에 필요한 재정 지원을 약속한다.

하지만 당시 미국의 시오니스트들은 영국 정부

∴ 아서 벨푸어

의 런던 조약의 이행 여부에 회의적이었다. 1916년 12월 4일, 다급해진 영국 정부가 시오니스트로 유명한 로이드 조지를 총리로 임명한 것도 이런 이유에서였다. 총리로 취임한 로이드 조지는 바로 다음 날 조시아 웨지우드 의원을 미국에 파견한다. 웨지우드가 미국에 도착하자 당시 윌슨 대통령의 고문인 에드워드 하우스 대령은 그를 뉴욕 54번가에 있는 자신의 아파트에 머물도록 배려하면서, 유대계 지도자 51명을 사보이 호텔로 초청해 런던 조약에 대해 자세히 설명할 기회를 제공한다.

당시 친독 노선을 지향하던 미국의 시오니스트들이 친영 노선으로 입장을 정리한 것은 바로 이 무렵부터다. 팔레스타인 지역에 이스라엘 국가를 설립하려는 유대 시오니스트들은 당시 영국 지배 아래 있던 팔레스타인을 필요로 했고, 그런 까닭에 영국을 돕기로 결정한 것이다. 그 결과 1917년 4월 2일 미국의 윌슨 대통령은 의회에서 "미국은 독일에 대해 선전포고를 해야 한다"는 연설을 하기에 이르르고, 그로부터 불과 4일 만인 1917년 4월 6일 미국은 특별한 사유도 없이 제1차 세계대전에 참전하게 된다.

그 뒤 1917년 11월 당시 영국 외무장관이었던 아서 벨푸어가 라이오넬 로스차일드에게 편지를 보낸다. "팔레스타인에 유대 민족의 정착지를 마련할 것을 호의적으로 숙고하며 이 목표를 이루기 위해 혼신의 노력을 다할 것입니다." 이른바 '벨푸어 선언'이다. 벨푸어 선언이 나온 배경은 간단하다. 영국은 유대인들의 돈과 기술이 필요했다. 이렇게 역사적으로 유명한 벨푸어 선언이 실은 외무장관 벨푸어가 영국 시오니스트 회의 의장 라이오넬 로스차일드에게 보내는 답신 형태로 발표되었다. 3문장 125단어로 이루어진 벨푸어 선언은 다음과 같았다.

친애하는 로스차일드 남작 귀하.

영국의 폐하와 정부를 대표해 귀하에게 소식을 전해드릴 수 있게 되어
영광으로 생각합니다. 유대 국가 건설과 관련한 다음의 선언은 이미 영
국 내각에 제출되어 내각의 지지를 받았음을 알려드립니다.

"영국의 폐하와 정부는 유대인이 팔레스타인에 유대 민족 국가를 세우
는 데 찬성하고 총력을 기울여 도와줄 계획이다. 그러나 명확히 해야 할
것은 이미 팔레스타인에 살고 있는 비유대인의 공민 자격과 종교적 권
리를 해쳐서는 안 된다는 것이다. 유대인이 다른 국가에서 향유하는 각
종 권리와 정치적 지위도 손상되어서는 안 된다."

귀하께서 선언의 내용을 시온주의 연맹에 전해준다면 무한한 기쁨으
로 생각하겠습니다.

아서 벨푸어

이 선언이 나온 것은 시오니즘 지도자들의 노력도 큰 몫을 했지만
영국 나름의 이해관계가 있었다. 영국은 이 선언을 통해 미국계 유대
인들의 여론이 연합군을 지지할 것을 계산했다. 그리고 영국을 지지
하는 유대인을 팔레스타인에 정착시키면 이집트의 수에즈 운하를
지키는 통로를 그들이 충실히 지켜줄 것으로 생각했던 것이다. 벨푸
어 선언은 연합국의 지지를 받았다. 그 때문에 제1차 세계대전 이후
1922년 영국의 팔레스타인 위임통치안에도 포함되게 되었다. 오스
만 제국은 그 뒤 혁명이 일어나 멸망했다. 그 후신이 지금의 터키다.

벨푸어 선언이 나오게 된 과정을 살펴보자. 유대인이 정착촌을 건

설하던 19세기 말까지만 하더라도 팔레스타인에서 아랍 민족과 유대인이 평화롭게 공존하였다. 오늘날과 같은 세계의 화약고로 돌변한 것은 제1차 세계대전의 전비 처리 문제로 고민하던 영국 정부의 야바위 게임에서 비롯되었다. 제1차 세계대전이 한창이던 1915년 10월, 전쟁 막바지에 영국은 수에즈 운하를 둘러싸고 터키와 치열하게 싸우고 있었다. 곤경에 빠진 영국은 전세를 만회하기 위한 방편으로 이집트 주재 외교관인 맥마흔을 통해 당시 아랍의 지도자인 후세인에게 게릴라 전문가인 로렌스를 도와 전쟁에 협력하면, 전후 아랍을 독립시켜 주겠다고 약속한다. 이렇게 해서 팔레스타인 아랍인들은 영국을 위해 형제나 다름없는 터키에 총칼을 겨눴다. 이때 유명해진 인물이 다름 아닌 아라비안 로렌스였다. 그런데 영국은 거짓말쟁이였다. 아랍인들은 영국으로부터 아무것도 얻지 못한다. 철저히 영국에 속은 것이다. 영국은 신사의 나라가 아니었다. 1900년대 초 영국은 해가 지지 않는 나라였다. 영토만 3700만 km²에 달했다. 이는 당시 세계 육지 면적의 4분의 1에 해당하는 수치다. 그 큰 나라가 아랍 민족과 유대인들을 갖고 놀았다. 아랍인들과 했던 그 약속을 똑같이 유대인들에게도 한 것이다. 영국의 이중 플레이였다.

체인 와이즈만

벨푸어 선언이 나오도록 뒤에서 도운 유대인이 또 있었다. 바로 체인 와이즈만Chaim Weizmann이다. 제1차 세계대전 당시 영국은 폭약의 제조 원료인 무연화약이 부족했다. 이 화약은 주로 독일에서 수입했다.

∴ 체인 와이즈만

그래서 수입처를 남미 칠레로 바꾸었는데, 해상운송이 어려워 큰 곤경에 빠진 것이다. 이것을 러시아에서 영국으로 건너온 당시 맨체스터대학 화학교수였던 와이즈만이 해결했다. 고심 어린 연구 끝에 화학 원료를 혼합해 포탄 제조에 들어가는 아세톤과 같은 성능의 폭발물 제조 방법을 찾아낸 것이다. 한 유대인이 영국의 전쟁 수행에 결정적인 도움을 주었다.

그는 영국에서 일약 유명인사가 되었다. 그 뒤 기회가 있을 때마다 영국 고위 정책 당국자들에게 팔레스타인에 유대인 국가를 만드는 것이 영국 국익에도 도움이 된다고 설득하고 다녔다. 와이즈만은 "런던이 늪이었을 때 예루살렘은 유대 수도였다"라는 말로 영국 외상 벨푸어를 감동시켰다. 그런 노력의 결과가 1917년에 나온 영국 외상 벨푸어 경의 이른바 벨푸어 선언이다. 하지만 돌이켜보면 아랍과 이스라엘 간의 끝없는 피의 투쟁이 시작됨을 알리는 메시지이기도 했다. 체인 와이즈만은 훗날 이스라엘 건국준비위원장이 되어 트루먼 대통령을 설득시키고 그 뒤 신생 이스라엘의 초대 대통령이 된다.

몰려드는 유대인 난민들

제1차 세계대전에서 오스만튀르크 제국이 패배하자, 국제연맹은 영국과 프랑스가 오스만 제국 영토에서 지배받고 있는 국가들 가운데 터키를 제외한 지역을 한시적으로 식민지화하여 위임통치하는 것을 인정하였다. 결과적으로 영국이 아랍과 유대인 양측을 모두 배신한 상황이었다.

영국과 프랑스 두 강대국은 오스만 제국의 지배 아래 있던 아랍 지역을 이라크, 시리아, 레바논, 남시리아의 4개 지역으로 분할한다. 남시리아 지역은 공식적으로는 영국이 팔레스타인이라고 부르는 지역이었고, 윈스턴 처칠은 이 지역을 요르단 강을 경계로 동과 서의 두 지역으로 다시 분할하였다. 이리하여 훗날 요르단 강 동안은 요르단 왕국이 되고, 서안은 팔레스타인이라는 이름으로 남게 된다.

전쟁이 끝나자 이집트에 있던 유대인 난민이 팔레스타인으로 돌아왔다. 그리고 우크라이나에서 백계 러시아인이 일으킨 포그롬을 피해 더 많은 유대인이 팔레스타인에 도착했다. 1922년 팔레스타인 인구 조사는 종교별로 구분하여 약 59만 명의 이슬람과 8만 3000명의 유대인, 7만 1500여 명의 그리스도인이 거주하고 있었음을 알려준다. 그 뒤 벨푸어 선언으로 영국의 확실한 지원이 뒤따르게 되자 유대인들이 쇄도하기 시작했다. 1933년에는 유대인만 23만 8000명으로 늘어났다.

당연히 팔레스타인 지방에 살던 아랍인들은 유대인의 물결에 두려움을 느끼기 시작했다. 1929년 그리고 1936~39년에 걸쳐 아랍인들은 영국의 정책에 대해 봉기를 일으켰다. 이후 영국은 1939년 유대인의 이주를 제한한다는 방침을 발표했다. 그러나 이 정도로는 유대인과 아랍인 모두에게 불만을 갖게 만들 뿐이었다. 이후 히틀러의 등장으로 위기를 느낀 유대인들은 더욱 팔레스타인 이주를 재촉하게 되었다. 당연히 팔레스타인 지방에서는 유대인과 아랍인 간의 긴장이 높아졌다.

2011년 만에 대망의 이스라엘 재탄생

1947년 영국은 UN을 통해 팔레스타인 지역을 유대인과 아랍인 간의 나라로 분할하는 안을 내놓았다. 특히 성지인 예루살렘을 분할하기로 했다. 영국의 위임통치 기한은 5월 15일까지였다. 이러한 UN안을 바탕으로 1948년 5월 14일 금요일 이스라엘이 건국되었다. 수상 벤 구리온은 텔아비브 박물관에서 독립선언문을 낭독했다.

"그날이 오면 내가 무너진 다윗의 초막을 일으키리라. 틈이 벌어진 성벽을 수축하고 허물어진 터를 다시 세워 옛 모습을 되찾아주리라. … 내가 이 백성을 저희 땅에 다시 심어주리니, 내가 선물로 준 이 땅에서 다시는 뿌리뽑히지 않으리라. -너희의 하느님 야훼의 말씀이시다"라는 아모스 9장 11~15절이 벤 구리온에 의해 낭독되는 가운데 1948년 5월 14일 이스라엘이 독립하였다. 기원전 63년에 망한 지 정확히 2011년 만에 나라를 되찾은 것이다. 기적이었다.

❋ 텔아비브 박물관에서 독립선언문을 낭독하고 있는 이스라엘 초대 수상 벤 구리온

와이즈만과 함께 이스라엘 건국과 얽혀 언급해야 할 인물이 초대 수상 벤 구리온이다. 그는 폴란드계 유대인으로 근대 시오니즘 창시자인 헬츨의 영향을 받아 시오니스트가 되었다. 1906년 팔레스타인에 입국하여 팔레스타인 노동당 기관지의 편집장이 되었다. 제1차 세계대전 당시 미국으로 건너가 시오니스트인 벤츠비와 함께 유대 군단을 결

성하여 영국군과 함께 팔레스타인 전쟁에 종군하였다. 전후 팔레스타인에 머물면서 노동총연합을 조직하고 서기장이 되었다. 1933년 국제 시오니즘의 최고 감독기관인 시오니즘 집행위원회에 들어가 2년 뒤에는 위원장이 되었고, 1948년 5월 이스라엘공화국 성립과 함께 초대 수상이 되었다.

제1차 중동전쟁

하지만 기쁨도 잠시였다. 이 건국은 곧 전쟁으로 이어졌다. 건국을 선언한 그날 밤 이집트 전투기들이 이스라엘을 폭격했고 이튿날 마지막 영국인이 떠나는 것을 기해 아랍군의 침입이 시작된다. 이로써 전 아랍이 전쟁 상태에 돌입했다. 이집트, 요르단, 시리아, 레바논, 이라크 등 5개국 아랍군이 이스라엘을 공격했다. 북쪽에서는 레바논과 시리아가, 동쪽에서는 요르단과 이라크가, 남쪽에서는 이집트가 공격해 왔다. 누가 보아도 이스라엘은 곧 무너질 것처럼 보였다.

그런데 이스라엘은 기적적으로 살아남았다. 이스라엘 민간인들이 부족한 무기들로나마 결사항전으로 싸웠다. 20일 넘게 일어난 전투 끝에 결국 유대인들은 예루살렘과 텔아비브를 지켜내 1948년 6월 11일 스웨덴의 중재로 휴전 협상이 시작되었다. 그사이 미국의 지원으로 현대적인 전투군대로 변한 이스라엘군이 모셰 다얀 장군의 지휘 아래 이집트 카이로, 요르단 암만, 시리아 다마스쿠스를 폭격해 아랍 연합군은 결국 두 손을 들었다.

1949년 2월 평화조약 조인으로 제1차 중동전쟁은 이스라엘의 승리로 끝났다. 이 전쟁을 이스라엘은 '독립전쟁'이라고 부르나 팔레스타인 측에서는 알 나크바, 즉 재앙의 시작이라고 부른다. 이 전쟁으로 이스라엘은 UN안보다 50%나 더 많은 지역을 점령했다. 이때 자신의 고향에서 축출된 아랍인들은 80만 명이나 된다. 오늘날 세계는 이들을 팔레스타인인이라고 부른다. 하지만 전쟁은 이것으로 끝이 아니었다. 1차 중동전쟁 이후 이스라엘과 아랍의 대규모 정규전은 네 차례 더 일어난다.

히틀러의 재산 압수 이후, 로스차일드 베일 뒤로 숨다

히틀러의 부상과 제2차 세계대전의 발발은 로스차일드 일가에게 치명적이었다. 히틀러는 유대인인 로스차일드의 목에 칼을 들이대고 모든 재산을 내놓으라고 협박하였다. 히틀러의 직접 영향권 아래 있었던 빈 라인의 로스차일드는 모든 재산을 압수당한 채 추방되었다. 프랑스가 나치에 정복되자 프랑스 라인도 같은 운명을 맞게 되었다. 제2차 세계대전 당시 이렇게 나치에게 혼이 났던 로스차일드 일가는 전후에 전면에서 물러나 베일 뒤로 숨었다. 앞에는 대리인을 세우고 뒤로 물러앉아 운영하는 방식을 택한 것이다. 일부만 그들 이름으로 남겨두었다. 그 뒤 그들은 자산 집중을 피해 막대한 부를 전 세계에 여러 가지 형태로 분산시켜 놓았다. 그 총액은 천문학적 숫자에 이른다 한다.

훗날 대서양을 건너 미국으로 이민 간 초창기 독일계 유대 금융인들은 대부분 직간접적으로 로스차일드가의 영향 아래 있던 사람들이었다. 그들 중 일부는 로스차일드의 대리인이라 한다. 골드만삭스 가문 등 독일계 유대인들은 유난히도 금융에 밝아 미국 건국 초기에 금융 및 재정 분야에서 짧은 기간에 자리를 잡았다. 오늘날 미국뿐만 아니라 전 세계의 금융을 휘어잡는 토대를 마련하였다.

　로스차일드 일가는 200년 이상을 '로스차일드 상사'라는 상호로 사용하다가 1967년에야 이름을 '로스차일드 은행'으로 바꾸었다. 현재 로스차일드 가문은 금융업을 기본으로 석유, 다이아몬드, 금, 우라늄, 레저산업, 백화점 등의 분야에서 여전히 위력을 발휘하고 있다. 현재 표면적으로는 로스차일드 가문의 10명이 약 15억 달러 자산을 소유한 것으로 나타난다. 그러나 실제 가문의 자산은 비밀주의에 가려져 아무도 그 실체를 모른다. 나아가 가문의 국제적 명성과 신용은 여전히 엄청난 위력을 발휘하고 있다. 지금도 거대 유대계 자본의 배후에는 로스차일드 가문이 관련되어 있다는 이야기다. 역사학자들은 로스차일드 가문의 다섯 가지 성공 비결로 정보, 인맥, 기회 활용, 단결력, 아이디어를 꼽았다.❖

❖ 　강영수 지음,《유태인 오천년사》, 청년정신, 2003

유대인 음모론으로 바라보는 로스차일드 가문

여기서 잠깐 진위 여부를 떠나, 유대인의 세계 정복 야욕을 파헤친다는 '유대인 음모론'을 제기하는 사람들의 로스차일드 가문에 대한 시각과 주장도 한번 들어보자.

"로스차일드 1세가 사망하자 런던의 삼남인 네이선이 로스차일드 왕조의 2세로 등극하였다. 아버지로부터 시작한 '집안 일으키기'는 삼남 네이선이 크게 이루었다. 그 자금으로 영국 의회의 의석을 영구히 매수하는 등 정치적으로 권력을 쌓아갔다. HSBC나 제이피모건, 도이치방크 등의 세계적인 투자은행을 세워 세계 금융계는 유대인들에 의해 좌지우지되었다. 네이선이 죽은 뒤 그것을 이어받아 집안의 대들보 구실을 한 사람이 막내 제임스였다. 이어서 알퐁스 4세, 만델 5세로 이어져 왔다. 로스차일드 재산은 베일에 싸여 있어 밝혀진 적이 없다."

유대인 음모론을 제기하는 쪽에서 주장하는 바로, 로스차일드 가문의 재산은 1925년 3000억 달러, 1940년에 5000억 달러다. 최근의 재산 상태 또한 비밀로 유지되고 있어 정확한 것은 알 수 없으나, 세계 부의 절반을 차지하는 것으로 추산한다. 그러나 로스차일드가의 재산은 다른 재벌과 달리 단순히 로스차일드 일가의 부나 재산이 아니라 유대인의 꿈을 실현하는 원동력으로 쓰이고 있다. 유대 왕조의 국고로서의 성격을 띠고 전 세계 유대인 활동과 번영을 지원하고 있는 것이다. 이로써 로스차일드가는 유대인으로부터 선구자적 존경을 받아왔다.

프리메이슨과 일루미나티

로스차일드 가문이 지원하는 비밀단체에 프리메이슨과 일루미나티가 있다 한다. 프리메이슨은 중세 유럽에 널리 퍼져 있던 건축업 종사 석공들의 길드를 기반으로 생겨난 것으로 알려졌다. 프리메이슨이라는 이름도 석공에 해당하는 영어 명칭인 '메이슨mason'에서 유래한 것으로, 자유로운 석공free stone mason이라는 뜻이다. 그들은 원래 뛰어난 기술과 지식에 기초한 훌륭한 건축가들이었다. 그러다가 18세기에 인권과 사회 개선을 추구하는 엘리트들의 사교 클럽으로 발전하여 본격적으로 유럽 각국과 미국으로 확산되었다. 정치, 문화, 과학 등 각계의 유명인사들이 대거이 단체에 가입하였다.

근대에 들어서면서 프리메이슨은 계몽주의 사조에 호응하여 세계 시민주의적인 의식과 함께 자유주의적·개인주의적·합리주의적 입장을 취했다. 종교적으로는 상대주의와 관용을 중시하며, 도덕성과 박애정신 등 종교적 요소를 포함시켰다. 그러나 가톨릭에서는 프리메이슨의 가르침과 의식 가운데 많은 것들이 유대교의 신비주의 사상인 카발라와 연관되어 있다고 주장했다. 그 때문에 기존의 종교 조직들, 특히 교황청을 주축으로 하는 로마 가톨릭으로부터 대대적인 탄압을 받게 되어 지금과 같은 비밀결사적인 성격을 띠게 되었다.

가톨릭 등 주류 세력에 박해를 당한 프리메이슨은 그 뒤 은밀하고 비밀스러운 조직으로 변했다. 그들은 더욱더 깊은 곳으로 숨을 수밖에 없었다. 그럼에도 유대인의 세계지배 음모론을 믿는 사람들은 프리메이슨이 세계 주류의 흐름을 움켜잡고 있다고 생각한다. 특히 금융 엘리트라 불리는 미국의 월스트리트에 대한 음모론도 점점 더 힘을 얻고 있는 추세이며 미국의 군수산업 또한 이 범주에 속한다고 이야기한다. 프리메이슨의 목표는 세계 단일정부의 수립이라고 알려져 있다.

또 하나의 비밀결사단체 일루미나티를 알기 위해선 먼저 가톨릭의 일파인 예수회를 알아야 한다. 예수회는 종교개혁에 불타는 프로테스탄트에 대항하기 위해 1540년 스페인의 성인 이그나티우스 데 로욜라가 파리에서 창설한 가톨릭 수도회다. 예수회의 창설 목적은 분명했다. 종교개혁으로 인해 실추된 교황의 절대권 회복을 위해 싸우는 군대 교단이었다. 그리고 신대륙에 그리스도 복음을 전하는 선교집단이 되는 것과 학문을 발달시킴으로써 선교의 사명을 달성하는 것이었다. 이 과업을 달성하기 위해 군대적인 절대복종이 가장 절실하게 요구되었다.

18세기 후반 독일의 아담 바이샤우트가 예수회 대학에서 공부하다가 이들의 진보적 사상을 접하면서 새롭게 창안한 사상이 일루미나티다. 일루미나티illuminati는 광명이란 뜻으로 빛을 받아 우주 만물의 법칙을 깨닫는 것을 의미한다. 그들은 스스로 '완성을 추구하는 이들'이라고 칭하였다. 이는 유대교의 '티쿤 올람Tikun Olam' 사상과 일맥상통하고 있다. 세상을 있는 그대로world as it is가 아닌 개선시켜야 할 대상to play a role in improving it으로 보는 것이다.

따라서 일루미나티는 예수회의 전통을 이어받으면서도 신세계 질서 수립이라는 뚜렷한 목표를 가지고 있다. 바이샤우트는 대학교수 시절 사회 엘리트들에게 이를 소개해 많은 호응을 얻었다. 그는 로스차일드와 손잡고 1776년 5월 1일 정식으로 일루미나티를 창립한다. 그 뒤 이들이 신세계 질서 수립을 위하여 프랑스 혁명과 러시아 공산혁명을 주도하였다. 신세계 기본 이념이 바로 자유, 평등, 박애이다. 이것이 인본주의 사상을 이루어 프랑스 혁명의 이념이 된다.

그들이 비판받는 이유는 목적을 이루기 위해서는 수단과 방법을 가리지 않는다는 데 있다. 목적을 달성하기 위해서는 폭력혁명조차도 용납했던 바이샤우트는 당시 유럽에서 활발히 활동하던 프리메이슨에 관심을 갖게 된다. 이는 프리메이슨 사상이 그의 생각과 공통점이 많을 뿐 아니라 무서우리만치 치밀한 그들의 조직력을 이용할 수 있다는 장점이 있었기 때문이다. 그는 뮌헨 프리메이슨 지부에 입단하여 조직의 중심인물이 되는 데 성공한다. 프리메이슨 본부 측에서는 이런 움직임에 제동을 걸려고 했으나 이미 지부 내에 일루미나티 세력이 자리를 굳히고 있었다. 1782년 7월 16일, 일루미나티와 프리메이슨 간의 회담이 열렸는데 이 자리에서 바이샤우트는 일루미나티를 프리메이슨 안의 일파로 인정해줄 것을 강력하게 주장하여 동맹 체결에 성공한다. 양 조직의 결합으로 당시 400만 명이 넘는 대조직이 되어 일루미나티 정신이 프리메이슨 내에 활발하게 확산되었다.

그러나 프리메이슨 내 일부 온건파들은 일루미나티의 활동에 경계의 눈초리를 늦추지 않았다. 일루미나티가 정부와 가톨릭을 붕괴시키기 위해 군사활동을 결정한 사실을 안 프리메이슨 온건파들은 1783년 바이샤우트와 일루미나티를 정부에 밀고하여 바바리아 정부가 일루미나티 조사에 착수하게 했다. 결국 일루미나티의 구성원 중 4명이 폭력혁명 계획의 실체를 폭로하면서 중요한 증거가 노출되어 바이샤우트는 국외로 추방된다.

이 사건으로 일루미나티는 소멸된 듯 보였으나 미국의 독립혁명과 프랑스 혁명에 결정적인 영향을 끼침으로써 부활한다. 프랑스 대혁명의 핵심세력이 프리메이슨과 일루미나티였다. 프랑스 대혁명의 사상적 지주였던 루소와 혁명의 주요 지도자였던 미라보가 일루미나티의 일원이었으며 그 밖에 볼테르와 몽테스키외 역시 프리메이슨이었다 한다. 프리메이슨의 엘리트들을 흡수한 일루미나티는 오늘날 뉴욕을 중심으로 세계 경제를 장악하고, 워싱턴에서는 미국 외교협회CFR를 통해 미국 정치를 좌지우지하고 있다. 이들은 프리메이슨 최고 조직인 300인 위원회, 원탁회의, 로마클럽 등을 만들었고 왕립국제문제연구소RIIA, 삼변회, 빌드버그 클럽 등에 관여하고 있다. 미국 연방준비은행에서 발행한 1달러 지폐 뒷면에는 피라미드 꼭대기에 빛을 발하는 전시안이 있는데, 이는 일루미나티가 지배하는 세상, 즉 신세계 질서에 의한 세계정부를 만들어 모든 사람을 지배하겠다는 뜻이라 한다.

프리메이슨이 지원한 프랑스 대혁명

1789년 7월 14일부터 1794년 7월에 걸쳐 일어난 프랑스 혁명은 계몽사상을 바탕으로 자유, 평등, 박애라는 인간의 존엄성과 권리에 대한 시민혁명이었다. 프랑스 계몽주의 사상가 가운데 한 명이 유대계 철학자 몽테뉴였다. 스페인에서 유대인이 추방당했을 때 스파르디계는 프랑스로 가기도 했는데, 그곳에서 그들의 역량을 드러내 보인 인물의 하나가 미셸 드 몽테뉴였다. 그의 어머니 앙투아네트 루페는 스페인계 유대인 자손이었다.

프랑스 혁명은 크게 보면 유럽의 역사에서 정치적인 힘이 소수 왕족과 귀족에서 시민에게 옮겨지는 역사적 전환점이었다. 이는 유럽의 정치, 사회, 경제, 문화 모든 것을 근대적인 형태로 재조직하는 데 결정적인 역

∴ 들라크루아의 〈민중을 이끄는 자유의 여신〉(루브르 미술관 소장). 이 그림은 프랑스의 1830년 혁명을 그린 것이나 보통 프랑스 대혁명을 그린 것으로 오해받고 있다.

할을 한 사건이다. 말하자면 프랑스 혁명은 근대사로 넘어가는 분수령 역할을 하였다. 1789년 8월 말 프랑스 국민의회, 곧 제헌의회가 발족하였다. 제헌의회는 인권선언을 발표하였다. "인간은 태어나면서부터 자유롭고 평등한 권리를 가지며 어떤 인간도 신앙으로 인해 침해받지 아니한다." 이러한 혁명 주체세력의 하나가 유대인이 주도하는 프리메이슨 비밀결사대원들이었다. 이들을 배후에서 조종하고 적극 지원한 사람이 로스차일드였다.

이 혁명은 유럽에서 유대인 해방을 알리는 신호가 되었다. 1791년 9월 27일, 제헌의회는 알사스로렌의 유대인에게 시민권을 주기로 의결했다. 이것은 유대인에게 법적 평등을 보장한다는 의미였다. 혁명가들은 당연히 이를 혁명의 보편성을 보여준 쾌거로 환영했다. 많은 유대인들도 이것이 여러 세기에 걸친 굴욕과 법적 차별, 주류사회로부터 배제되는 것을 끝내리라고 낙관했다. 1792년 9월 프랑스에서는 알자스의 유대인을 해방한다는 법령이 통과되었다. 유대교 회당에서는 감사의 찬송이 흘러나왔다. 유대인들이 오랜 억압생활에서 해방된 것이다.

겉으로만 보면 이것은 인간 해방이라는 점에서 시대사적인 의미를 갖는 전환점으로 기록될 만한 일이었다. 그러나 당시 프랑스에 거주하는 유대인의 수는 그리 많지 않았다. 보르도 주변에 3500명, 알사스로렌에 3만 명, 파리에 500명 정도였다. 그럼에도 제헌의회가 다른 많은 중요한 사안 속에서도 이를 가볍게 여기지 않은 것은, 이것이 혁명의 보편성과 관련해 상징적인 의미가 있었기 때문이다. 그러나 그것은 일방적인 해방이 아니라 큰 희생을 요구하는 거래였다. 왜냐하면 유대인들은 시민권을 부여받기 위해 유대인 공동체의 자율성이라는 권리와 공동체 일에 대해 유대교 랍비가 가지고 있던 관할권을 포기해야 했기 때문이다. 그러니까 유대인이 프랑스인이 된다는 것은 어디까지나 개인 자격으로서였다.

나폴레옹, 유럽 봉건주의 체제를 무너뜨리다

1790년부터 1814년까지의 유럽사는 프랑스의 역사라 할 수 있다. 또한 이 시기가 바로 나폴레옹의 영웅적 생애에 상응하므로 나폴레옹 시대라 부르고 있다. 나폴레옹이 유럽에 끼친 영향은 무엇보다 1789년 프랑스 혁명의 성과인 3대 혁명정신, 즉 인류의 숭고한 평등, 자유, 박애를 세계적으로 전파 보급하였다는 사실이다. 프랑스로선 정변이 발생한 것이지만 다른 유럽 여러 나라는 나폴레옹의 진격으로 수천 년 유지되어

온 무자비하고 불평등한 봉건 신분체제가 순식간에 무너졌다. 당시 세계적 철학자인 칸트, 헤겔조차도 나폴레옹의 침략을 인류 해방이자 세계사의 발전이라며 칭송하였다.

나폴레옹, 유대인의 자유 선포

나폴레옹이 황제에 즉위하자 "앞으로 프랑스에 들어와 사는 모든 유대인에게는 이유를 묻지 않고 프랑스 시민으로서의 자유와 권리를 주겠다"라고 폭탄선언을 하였다. 유대인들로서는 실로 깊은 감회에 젖어 눈물을 흘리지 않을 수 없는 기쁜 소식이었다. 그 후 나폴레옹의 군대에는 유대인들의 헌납금과 무기가 산더미처럼 쌓여갔다. 비록 나폴레옹의 유대 자본을 활용한 유럽 정복계획은 무산되고 말았지만 유대인의 능력이 또 한 번 검증된 덕분에 훗날 이탈리아 등지에서 유대인을 환영하는 정책의 계기가 되었다.

어찌 되었건 유대인에게 나폴레옹은 은인이었다. 그런 나폴레옹이 전쟁에 졌다. 나폴레옹이 연합군에 패한 이면에는 그가 대적했던 나라에 군자금을 빌려주었던 로스차일드가가 있었다. 물론 나폴레옹에게도 군자금을 빌려주었으나 상대국에는 더 많은 군자금을 빌려주었다. 나폴레옹 전쟁 당시 각국 정부에 1억 프랑을 지원하여 나폴레옹을 패하게 만든 장본인이 로스차일드의 삼남 네이선이다. 유대인의 해방을 앞당긴 나폴레옹도 "유럽에는 오직 하나의 힘이 존재한다. 그것은 로스차일드다"라고 한탄하였다. 결국 전쟁의 흐름도 자본력 싸움이었다.

로스차일드, 시온 의정서와 이스라엘 국가 건설 지원

로스차일드가는 19세기 말 테오도르 헬츨을 지원하였다. 헬츨은 헝가리 부다페스트에서 태어난 유대인이었다. 그는 변호사 자격증을 획득했지만 빈으로 건너가 기자가 되었다. 그 무렵 그는 유럽의 반유대인 정서를 피부로 느끼면서 유대인이 살 수 있는 길은 이제라도 삶의 터전이 마련되어야 한다고 생각했다. 당시 그가 쓴 책이 《유대인 국가》였다.

신문사를 그만두고 그는 온 정열을 바쳐 유럽과 북아프리카의 유대인 커뮤니티를 찾아다니면서 이스라엘 국가 건립운동인 시오니즘 전파에 전력을 기울였다. 마침내 그가 주동이 되어 1897년 세계 시오니스트 총회가 스위스 바젤에서 개최되었다. 1897년 8월 29일 3일간에 걸쳐 열렸는데, 이 자리에서 팔레스타인 지역에 이스라엘 국가를 건설할 것을 발표했다. 그에 의해 유대 세계 건설을 구체적으로 실현하기 위한 두 가지 조직이 구성되었다고 하는 설이 있다. 하나는 유대인 지도자 300명으로 구성된 극비의 초국가 정부 조직이고, 또 다른 하나는 유대교에서 선발된 450명의 대의원 조직이다.

1897년 스위스 바젤에서 결의된 내용은 상당 기간 베일에 싸여 있었다. 제1차 시오니스트 회의가 비밀리에 열린 만큼 많은 사람이 궁금해했다. 그러나 회의 내용은 상당 기간 알려지지 않았다. 회의가 열린 지 10년 후에야 러시아의 세르게이 닐즈라는 사람이 번역한 《시온 의정서》라는 책이 발간되었다. 당시 사람들은 이것이 바젤 회의의 회의록이라고 믿었다. 의정서에는 유대인들이 장차 세계를 정복하기 위해 필요한 전략들이 상세히 들어 있었다. 핵심은 세계의 정보망과 연료와 식량을 장악해야 한다는 것이었다. 유대인의 책략을 언급할 때 지금껏 진위 논란에 휩싸여 있는 이《시온 의정서》를 빼놓을 수 없다. 원제가《시온 장로 의정서 Protocols of the Learned Elders of Zion》인 이 책략서는 유대인들이 세계 정복의 야심을 갖고 비밀회의를 가진 후 채택한 행동 지침서라고 할 만하다. 이 의정서는 1897년 스위스에서 개최된 제1차 시온주의 대회의 결의에서 발췌한 것으로 처음 세상에 알려진 것은 1907년 즈음이다.

약간은 신비주의적인 냄새가 나는《시온 의정서》의 내용은 매우 충격적이다. 그 요지는 이렇다.

- 자유와 평등 사상을 바탕으로 개인주의를 새로운 가치관으로 확산시켜 국가체제나 민족에 대한 귀속의식을 약화시킨다.
- 비유대 국가들을 끊임없는 분쟁에 몰아넣어 스스로 국력을 소모하게 한다.
- 유대인이 수완을 발휘하는 금융·투기 분야에 각국이 몰입하게 만들어 각국 경제를 약화시키며 이러한 상황이 확대될 때 대규모 국제 대공황을 연출한다.
- 시각교육을 조직적으로 보급시켜 인간으로 하여금 이를 탐닉하게 하여 사색력을 마비시킴으로써 건전한 행동으로부터 멀어지게 만들어 다루기 쉬운 동물로 개조한다.
- 이상의 전략을 효과적으로 수행하기 위해서는 매스컴과 재력을 적극 활용한다.

책이 나오자 사람들은 세계지배 음모를 꾸민 유대인들을 규탄하기 시작했다. 히틀러는 이를 유대인 박해의 명백한 구실로 삼아 엄청난 학살을 자행했다. 학살을 보다 못한 학자들이 나중에 이 책의 내용을 검증한 결과 이 책은 바젤 회의록이 아닌 유대인을 음해하기 위해 꾸며진 이야기라는 판정이 내려졌다. 하지만 이미 600만 명의 유대인이 나치의 손에 학살된 뒤였다. 이렇듯 《시온 의정서》는 현재로서는 위작이라는 의견이 우세하다.

그러나 그 내용은 섬뜩할 정도로 현실과 부합하고 있다. 특히 유대 음모설의 배후로 가장 많이 등장하는 유대 자본을 보면 경악할 만하다. 《시온 의정서》에서는 세계의 정보망과 원유, 그리고 식량 분야에서 확고한 트러스트를 반드시 그들이 확보해야 한다는 내용이 있다. 그 뒤 110년 정도가 흘렀다. 《시온 의정서》에 나와 있던 정보망과 원유는 물론이고, 식량 분야에서도 그들은 확실하게 세계 시장을 장악하였다. 최근까지 유대인들은 세븐 브라더즈라고 하는 트러스트를 통해 세계 곡물시장의 85%를 장악하고 있다. 만약 사우디아라비아 같은 나라가 미국의 말을 듣지 않는다면 당장 곡물 트러스트를 가동해서 굶겨버릴 것이다. 석유는 없어도 살 수가 있지만 식량 자급률 제로에 가까운 사우디는 식량이 없으면 살 수가 없다. 1917년 벨푸어 선언도 라이오넬 로스차일드의 제언에 따른 것이다. 유대인 국가의 건설에는 파리 로스차일드가도 7000만 프랑의 자금을 융자해주었다.

로스차일드 자본, 러일전쟁 당시 일본을 지원하다

1904년 러일전쟁 당시 재정적 어려움을 겪고 있던 일본도 로스차일드 가문의 도움을 받았다. 제정 러시아 시대, 러시아의 유대인들은 심한 학대를 받고 있었다. 공직을 가질 수 없을 뿐만 아니라 국내에서의 이동조차도 자유롭지 않았고, 차르 압제 하의 밑바닥에서 억눌려 살고 있었다. 유대인들은 러시아에 있는 동족을 구할 방법을 찾고 있었다.

이러던 차에 러시아가 일본과 싸움을 한 것이다. 1904년 러일전쟁이 발발하였다. 전쟁을 수행하는 데는 돈이 필요했다. 특히 해전이 더 그랬다. 군비 부족에 허덕이던 일본에 엄청난 국채를 발행케 하여 그것을 인수함으로써 당시 돈으로 2억 달러를 빌려준 사람이 있었다. 로스차일드계 은행가인 유대인 제이콥 시프였다. 지금 시세로 따지면 20조 원은 족히 넘는 돈이었다. 그는 막대한 자금력으로 일본을 도왔다. 변변한 군수품의 수송선조차 없었던 일본은 그 돈으로 영국의 함대를 빌려 전함끼리 싸움이 가능했고, 이것으로 러일전쟁을 승리로 이끌게 된다. 물론 전쟁이 끝난 이후에 시프는 국빈 자격으로 일본에 초청되어 천황에게 작위를 받는다. 당시 시프는 조선도 방문하였다.

러시아 혁명도 지원하다

이렇게 유대인들은 일본을 거듦으로써 러시아 정부에 타격을 입혀 러시아 혁명이 일어나도록 도왔다. 그 혁명은 유대인의 해방을 의미했다. 1904년부터 러일전쟁이 시작되었는데, 사실 러시아 내부에서는 1904년에 1차 혁명이 동시에 시작된다. 또한 미국의 참전을 늦추어 러시아 혁명을 도왔고, 연합국 측에 대량의 탄약과 무기, 식량 등을 팔아 거액의 부까지 챙겼다.

당시 러시아는 독일에도 벅찬 거대한 적이었다. 그래서 독일 황제 카이제르는 함부르크의 유대계 재벌과 결탁하여 러시아 볼셰비키 지도자 레닌을 봉인열차로 페테르부르크에 보냈다. 이같이 러시아 혁명은 그 배후

❖ 레온 트로츠키

에서 차르의 탄압 아래 있는 동포를 구하려는 유대인 세력의 지원을 크게 받았다. 또한 제이콥 시프는 미국에 망명 중인 유대계 레온 트로츠키에게 혁명자금을 대주고 노르웨이 배로 그를 뉴욕에서 핀란드로 보냈다.

1917년 러시아 노동자들과 여성들이 주도한 민중혁명인 2월 혁명 후 러시아로 귀국한 트로츠키는 레닌과 손잡고 전쟁 반대와 임시정부 타도투쟁을 벌였다. 결국 1917년 3월, 러시아 혁명으로 로마노프 왕조가 무너지게 된다. 그 뒤 트로츠키는 볼셰비키당에 정식으로 입당하고, 페트로그라드 소비에트 의장으로 선출된다. 이어 무장봉기를 조직해 10월 볼셰비키 혁명을 성공으로 이끈 뒤 소비에트 러시아의 외무장관이 된다. 이렇게 시프는 트로츠키를 지원해서 혁명을 일으키게 했고, 러시아는 내환으로 그로기 상태로 빠져들었다. 레닌도 "혁명이 이렇게 빠르게 올 줄은 몰랐다"라고 할 정도로 공산주의는 빠르게 확산되었다. 이유는 당시의 민중들에게 미래가 없었기 때문이다. 300년 동안 탄탄한 권력을 유지해왔던 왕조가 결국 유대계 돈의 힘에 무너지게 된 것이다.

그 뒤 러시아 게토의 지식인이었던 트로츠키가 최악의 상태에 있던 제정 러시아 군대를 받아들여 1918년 붉은 군대, 즉 적군赤軍을 창건하였다. 이후 황제파인 백군白軍과의 내전에 돌입하여 1920년 말 백군의 궤멸과 함께 내전을 승리로 이끌었다. 그 후 레닌이 몇 번인가 중대한 직책을 맡기려 했을 때도 트로츠키는 자신이 유대인이란 이유로 고사했다.

볼셰비키 혁명을 성공적으로 일궈낸 주역인 제이콥 시프는 그로부터

3년 후에 죽지만, 러시아 정부는 그에 대한 고마움을 표시하기 위해 그의 쿤뢰브 은행에 6억 루불을 예치하기도 했다. 러시아 혁명의 중추세력은 모두 유대인으로, 혁명의 중심인물 50명 가운데 레닌과 트로츠키를 비롯해 44명이 유대인이었다. 노동자의 단결, 피지배계급의 타도, 그리고 노동자 독재국가의 수립 등 러시아에서 유대인은 바로 마르크스가 그려낸 그 노동자요, 그 피지배계급이었다. 이로써 유대인 카를 마르크스의 공산주의 이론은 러시아에서 실현되었다. 유대인들은 러시아 정부의 박해로부터 동포 유대인을 구출하는 한편, 러시아를 사실상 유대화하였다. 러시아 혁명 뒤 공산주의는 급속도로 전 세계에 파급되어 분쟁의 원인을 제공하였다.

제1차 세계대전 관여: 영국 지원

로스차일드는 제1차 세계대전의 직접적 동기가 되었던 사라예보의 황태자 부부 살해 음모에도 깊이 관련한 것으로 알려졌다. 제1차 세계대전 중 재정적 어려움을 당하고 있는 영국 정부가 군비를 충당하기 위해 발행한 채권을 로스차일드가 사주었다. 이는 팔레스타인 지역에 이스라엘의 재건 약속을 받아내는 데 결정적 역할을 하였다. 전쟁을 오래 끌도록 유도하여 유대인 무기재벌인 자하로프를 중심으로 무기 판매를 독점함으로써 제1차 세계대전 중 유대인들은 무려 1000억 달러에 이르는 막대한 돈을 벌여들였다. 2800만 명의 사상자를 낸 제1차 세계대전이 끝난 뒤 유럽 경제는 사실상 유대인의 손에 장악되고 말았다.

미국 금융계 진출

로스차일드가의 금융 지배력은 유럽에만 국한되지 않았다. 로스차일드는 미국이 독립하자 이곳에도 손을 뻗쳐 대서양 건너 미국에서도 엄청난 힘을 발휘하였다. 1837년 당시 미국의 경제 사정이 한창 어지러울 때, 로스차일드 가문은 벨몬트란 인물을 미국에 보내 정부의 공채를 사들이게 하였다. 그 일로 미국 사회에서 대환영을 받게 된 벨몬트는 얼마 안 되어 백악관의 경제고문으로 발탁되기까지 했다.

이후 마이어 로스차일드는 제이콥 시프란 청년을 뉴욕으로 보내 미국의 총책을 맡겼다. 그는 프랑크푸르트에 있는 로스차일드 집에서 한 가족이나 다름없이 살았던 랍비의 손자였다. 그는 서민을 대상으로 소매 금융업을 주로 하는 유대인 금융회사, 쿤롭 상사를 선택해 로스차일드의 자금으로 동업자가 되어 미국 금융업에 진출하였다. 그러고는 동업자인 솔로몬 롭의 딸 테레사와 결혼하였다. 그는 20세기 전반 미국 금융을 한 손에 쥐고 장막 뒤에서 통치하였다. 후에 러일전쟁 당시 일본을 위해 자기 돈 2000만 달러를 포함하여 2억 달러를 자본시장에서 조달하여 일본을 지원하기도 했다.

1802년 로스차일드는 독일계 유대인인 와벅 삼형제 중 둘째 폴 와벅과 막내 펠릭스 와벅을 미국으로 보내 제이콥 시프의 뒤를 잇게 하였으며 첫째인 맥스 와벅은 독일에 그대로 남아 화벤Faben(헥스트Hoechst, 바이에르Bayer, 바스프BASF의 전신)이란 화학회사의 대표가 되어 나치 독일의 재벌이 되었다.

이렇게 해서 1800년대 중반 로스차일드는 유럽에서 가장 부유한 가문이 되었다. 이 가문은 각 나라 중앙은행의 주도권뿐 아니라 산업 분야의 주도권도 갖게 되었다. 미국에서는 유럽의 로스차일드 가문을 대표하는 시프·와벅·쿤롭 가문, 미국 출신의 은행가를 대표하는 모건·록펠러·올드리치 가문 등이 혼인관계를 맺어 금권주의 황족을 이루었다. 그리고 남아프리카에는 세실 로즈를 보내 다이아몬드 광을 위주로 막대한 돈과 정치권을 장악하게 하였으며, 남미에는 미국 사업가들을 앞세워 각국의 중앙은행을 모두 차지하게 하였다. 나머지 지역은 자원을 공급하고 생산품을 소모하는 지역이 되었다.

제이피모건 지원

당시 미국에서 가장 강력한 금융가는 제이피J. P. 모건이었다. 그의 아버지 제이J. 모건은 로스차일드의 대리인으로 유명한 조지 피바디와 동업으로 금융사업을 벌였으며, 남북전쟁 때는 링컨 정부에 막대한 자금을 빌려주어 돈을 벌기도 했다. 제이피 모건은 아버지의 대를 이어 영란은행 이사인 그린필드와 동업자가 되어 회사를 차렸으며, 1869년에는 런던에 가서 로스차일드를 직접 만나 로스차일드 사의 미국 지사 격인 노던증권을 설립하였다. 그 뒤에도 사업을 일으키거나 인수합병 자금이 필요할 때 제이콥 시프를 통해 로스차일드의 자금을 많이 가져다 썼다.

그는 또한 미국과 영국 양쪽에 대규모 금융회사들을 설립하여 미국과 유럽 대륙 사이의 돈 파이프 역할을 충실히 수행하였다. 그 후 제이피 모건도 제이콥 시프의 지휘 아래 철강산업의 카네기, 철도산업의 해리먼, 석유산업의 록펠러 등에게 자금을 대준 로스차일드 가문의 일꾼이었다. 1895년 미국 재무성 조사에 따르면 로스차일드계 자본이 미국의 에이전트인 제이피모건 상사와 쿤롭 상사를 통해 미국 철도의 95%를 지배하고 있었다는 결과도 나왔다. 나중에 미국 제일의 부자로 알려졌던 그가 죽었을 때 공개된 재산은 그리 많지 않았다. 알려진 재산 가운데 19%만이 그의 것이었다. 나머지 실제 재산은 로스차일드 가문의 것으로 추정되었다.

로스차일드, 미 연준 설립에 관여하다

로스차일드는 전 유럽의 돈을 장악하는 데 만족하지 않고 미국의 돈을 손아귀에 넣기 위해 사립은행의 집합체라 할 수 있는 연방준비은행 FRB을 유대인 파울로 발부를 시켜 창설케 하였다. 이로써 유럽 유대계 자본과 미국 유대계 자본은 한 파이프 라인의 금융조직을 갖추게 되었다. 초국가적 국제자본을 통해 세계 금권지배의 기틀을 구축하였다. 세계적 투자은행이 하나의 족보로 이루어져 있음은 이미 알 만한 사람들은 모두 알고 있다.

실제로 현재도 연방준비은행에 대한 지분은 세계 각국의 주요한 은행들이 나누어 가지고 있다. 지금의 금융위기를 시작하게 만들었던 리먼브라더스 역시 연방준비은행의 주요 주주였다. 또한 볼셰비키 혁명이 끝나고 1917년에 제정 러시아를 대체할 새로운 임시정부가 결성되는 데 무려 2000만 달러를 지원했던 것으로 알려진 유서 깊은 쿤뢰브 은행도 연방준비은행의 주주라고 알려졌으며 석유재벌 록펠러 가문의 제이피모건체이스 은행도 연방준비은행의 주요 주주다.

또한 로스차일드 가문의 투자은행으로 알려진 골드만삭스나 런던과 베를린의 로스차일드 은행, 파리의 라자르브라더스 은행, 이탈리아의 이스라엘모세시프 은행, 그리고 연방준비은행 창립위원장을 역임한 폴 워벅 가문의 바르부르크 은행 등이 연방준비은행의 주요 주주로 알려져 있다. 대부분 로스차일드와 연관이 있는 금융가문들이다.

1940년 당시 로스차일드 일족은 약 5000억 달러(당시 미국 전 자산의 2배, 전 세계 부의 50%를 지배)를 보유하기도 했다. 일반 사람들은 그들 자산에 접근 자체가 불가능하다. 재산을 철저히 베일 속에 감출 수 있는 것은 세계 유명 금융기관(FRB 연방준비제도이사회, 영국·프랑스의 중앙은행, 신용평가사 무디스 등)이 모두 그들의 손아귀에 있기 때문이다. 재산을 비밀 관리하는 것은 마이어 로스차일드의 유언에 따라 수시로 변하는 정치권력으로부터 불필요한 공격을 받지 않으려는 것이다. 그들 재산은 쉽게 주인을 알 수 없는 펀드나 채권 등의 형태로 운용된다고 한다.

이렇게 세계 경제를 지배하던 로스차일드도 그의 역사에서 쓴맛을 보았다. 그것은 제2차 세계대전이었다. 유대인의 독일 경제 지배에 반해 일어선 히틀러가 유대인 박멸을 외치고 유대 재벌을 향해 총공격하였다. 부득이 독일, 프랑스, 오스트리아, 이탈리아의 로스차일드 일가는 해외로 피신하게 되었다. 재산 대부분은 스위스 은행에 들어 있어 안심이었지만, 각국의 사업체는 나치에 몰수되었다. 나치에게 붙잡힌 빈의 루이 로스차일드를 찾아오기 위해 빈의 총재산과 교환해 가까스로 구출하기도 했다.

그 뒤로 로스차일드 가문은 중요한 사업일지라도 앞에 나서지 않고 더더욱 지하로 잠수하였다. 이후 런던과 파리에 있는 그들의 은행과 본사 건물 외부에는 명패조차 없다. 그들이 지배하는 공업, 상업, 광업, 관광업의 숱한 기업 가운데 단 한 군데도 로스차일드라는 이름을 쓰지 않는다. 개인 소유의 파트너십 형태로 운영되기 때문에 재무제표나 재정 상황을 외부에 알릴 필요도 없고 실제로 하지도 않는다.

지금 전 세계 국가들은 부채에 시달리고 있고, 그 빚의 주인이 미국이라고 하는데, 정작 미국 역시 2008년 말 현재 11조 달러의 부채를 떠안고 있다. 미국의 세금 모두를 몇 년 동안 모아도 빚을 못 갚는다는 것이다. 세계가 안고 있는 부채의 주인을 거슬러 올라가면 그 꼭대기에는 로스차일드를 비롯한 유대 가문이 있는 것이다. 세계는 미국이, 미국은 유대인이, 유대인 뒤에는 로스차일드 가문이 있다. 지금도 유대인 세력은 급속히 확장되어 가는 중이다. 대부분의 국가가 알지 못하는 사이에 유대계 자본에 의해 침식당하고 있다. 그러한 것을 가능케 한 것은 로스차일드가의 거대한 재력이 배후에 있기 때문이다.

이상이 유대인 음모론을 제기하고 있는 사람들의 로스차일드 일가에 대한 주장이다. 그 진위 여부를 떠나 로스차일드 가문을 이해하는 데 어느 정도 도움이 될 것이다.

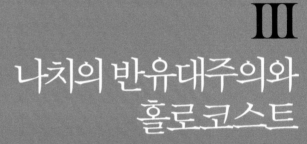

III
나치의 반유대주의와 홀로코스트

JEWISH ECONOMIC HISTORY

홀로코스트는 원래 '짐승을 통째로 태워 바치는 번제물'을 뜻하였다. 그러나 이제는 유대인 대학살을 의미한다. 홀로고스트는 아돌프 히틀러에 의해 제2차 세계대전의 짧은 기간 동안 모든 국가권력을 총동원하여 이루어졌다. 극우 민족주의가 저지른 20세기 인류 최대의 치욕스런 범죄행위였다. 히틀러는 대중의 정서를 왜곡, 호도시킨 정치 논리의 조작으로 유대인, 집시, 러시아인 등 비독일인 약 1000만 명 이상을 학살했는데 그 가운데 600만 명이 유대인들이었다.

《유대인의 역사》를 쓴 폴 존슨은 이를 두고 "2000년에 걸친 반유대주의적 증오, 즉 이방인들이나 기독교와 세속인들, 성직자들, 평민들 그리고 대학에서의 증오는 히틀러에 의해 하나의 거대한 괴물로 합쳐져 그 유례를 찾을 수 없을 만큼 엄청난 파괴력을 발휘했다"고 적고 있다.

유대인들은 홀로코스트라는 말을 쓰지 않고 히브리어인 '쇼아'라는 말을 쓴다. 쇼아는 '대재앙', '절멸'이란 뜻이다. 홀로코스트는 번제燔祭를 뜻하고 쇼아는 대학살을 뜻한다. 번제란 야훼를 기쁘게 하기 위해 짐승을 통째로 태워 제물로 바치는 것이다. 홀로고스트, 곧 번제물이라는 단어 자체가 미화되어 있다는 이야기다. 나치의 유대인 대학살을 어찌 그런 이름으로 부를 수 있겠는가 하는 항의의 표시다.

01

화가 지망생

히틀러, 유대인을 희생양으로 삼다

히틀러가 많은 유대인을 학살한 이유는 민중의 지지를 얻기 위해서였다. 반유대주의가 당시 독일 국민 사이에서도 팽배해 있었다. 그무렵 독일인들 사이에서는 독일 경제, 특히 금융업을 장악하고 있었던 유대인들에 대해 증오에 가까운 반감이 퍼져 있었다. 학살의 이론적 근거는 우생학을 내세워 고등 인종인 게르만 민족의 순수성을 보존하기 위해서는 하등 인종과 피가 섞여서는 안 된다는 '인종주의' 이론이었다.

히틀러가 이렇게 포악한 반유대주의자가 된 이유로는 참 다양한요인들이 제기되었다. 독일 경제를 지배하는 유대인 척결론에서부터프로이트의 심리학까지 동원되어 어머니가 어느 유대인의 정부였다는 설까지 많은 이야기가 공공연히 회자되었다. 또 제2차 세계대전이 한창일 무렵 이스라엘의 지도자 벤 구리온이 영국과 협상하여 유

대인들이 영국에 전쟁비용을 지원해주는 조건으로 종전 뒤 이스라엘 건국을 약속받았는데, 이 사실을 안 히틀러가 유대인 학살을 감행하게 되었다는 이야기도 있다.

화가 지망생, 히틀러

그러나 히틀러는 현실적인 권력을 지향하는 정치인이었다. 유년 시절 어머니의 영향이라는 이야기는 설득력이 떨어진다. 히틀러의 반유대주의와 극우 민족주의는 청년 시절에 실업자로 빈을 헤매던 시절에 형성된 것으로 전해진다. 이런 일화도 있다. 16세 때 학업을 중단하고 2년 동안 린츠에서 방황하다가 화가가 되기로 결심했는데, 그의 어머니도 이에 찬성했다. 히틀러의 자서전《나의 투쟁》에도 나와 있듯이 히틀러는 스스로 예술적 재능이 있다고 확신하고 소년 때 위대한 화가가 될 것을 소망했다.

그래서 1907년 미술학교에 입학하기 위해 빈으로 갔다. 입학시험 결과는 불합격이었다. 히틀러는 화가 났다. 자기의 미술적 재능을 한 번도 의심하지 않았기 때문이다. 다음 해에 재응시했지만 이번에도 실패하여 결국 화가로의 꿈은 좌절되고 말았다. 히틀러는 분노했다. 히틀러는 낙방의 원인이 자기에게 있지 않고 심사위원들에게 있다고 보았다. 그에게 불리한 결정을 내린 심사위원들을 알아본 결과 7명 가운데 4명이 유대인이라는 사실을 발견했다. 그러자 그는 즉시 미술학교 교장에게 "나를 낙방시킨 유대인들은 보복을 받게 될 것"이라는 내용의 협박 편지를 보냈다고 한다. 이렇게 해서 그는 화가가 되려는 소망을 좌절시킨 장본인이 유대인이라고 간주해버렸던 것이다.

꾟 히틀러가 1913년 빈 시절에 그린 〈성모와 예수〉

꾟 아돌프 히틀러가 21세 때 그린 자화상 수채화. 히틀러의 유작은 스케치를 포함해 대략 720점 정도 된다.

1908년 18세 때 히틀러는 고아가 되었다. 하지만 부모의 유산과 국가의 고아연금이 있었으므로 생활에 큰 곤란을 겪지는 않았다. 그 후 몇 년간 빈에서 생활하면서 여러 가지 책을 읽고, 역사·정치·민족 문제에 대해 관심을 갖고 공부했다.

처음에는 그가 좋아하는 독일 역사 이야기와 게르만 신화 판타지를 섭렵하는 것에서 출발하였다. 그러면서 차근차근 정치학, 경제학, 사회

학 분야의 도서와 철학, 기술, 과학 분야의
도서로 범위를 넓혀가기 시작했다. 아돌프
히틀러는 언제나 치솟는 야망과 함께 끝없
는 지적 호기심을 타고난 인물이었다. 거기
다가 그의 머리는 아직 녹슬지 않아서 왕
성한 독서는 그의 지식 수준을 상당히 키
워주었다. 특히 헤겔, 니체, 피히테 등의 철
학자들에 대한 철학적 이해와 사회·정치
적 관점에 관한 이해는 학력에 비해 상당
한 수준에 이르렀다. 그리고 독서를 통해

∴ 히틀러의 데생

체득한 정치, 경제, 사회, 철학의 각종 원리를 갖고 사회를 비판적으
로 읽는 안목까지 생겼다. 그는 자신 나름의 안목으로 당시 빈을 통
찰했고, 나아가 오스트리아와 독일과 유럽을 상당히 현실적으로, 제
대로 읽어낼 수 있었다.

그가 수채화나 엽서, 광고의 그림을 그려서 버는 수입은 불안정해
여러 하숙집을 옮겨 다녀야 했다. 1911년 숙모의 유산 대부분을 상
속받게 되자 고아연금은 여동생에게 양보했다. 술, 담배, 여자를 가까
이하지 않았고 생활은 검소했다.

오스트리아인 히틀러, 범독일주의자가 되다

히틀러는 원래 오스트리아인이다. 1889년 하급 세관관리의 아들
로, 바이에른과 오스트리아의 국경지대에서 태어났다. 오스트리아

북부 린츠에서 살다가 18세부터 반유대주의자인 카를 뤼거가 시장으로 있던 빈에서 살았다.

히틀러가 태어난 오스트리아는 당시 민족 문제로 시끄러웠다. 독일인 귀족들이 합스부르크 왕가의 치하에서 권력을 독점하여 관료, 군인, 대지주, 자본가, 교원, 지식인의 대부분은 독일인이었다. 그러나 19세기 후반 세력을 확장한 마자르인, 체코슬로바키아인, 폴란드인, 남슬라브인은 민족 자치와 생활 향상을 격하게 요구하기 시작했다. 오스트리아에 거주하고 있던 독일인들 사이에서 위기감이 고조되었고, 특히 20세기 초에는 독일인과 체코슬로바키아인 간에 격렬한 민족투쟁이 발생했다.

이러한 사회 분위기에서 히틀러는 열렬한 독일민족주의자, 반유대주의자가 되었다. 아리아인의 민족적 우월감을 기초로 한 그의 반유대주의는 독일인 중산계급의 자본주의 사회에 대한 불만과 원한이 왜곡된 형태로 표출된 것이기도 했다. 독일민족주의와 반유대주의의 입장에서 히틀러는 마르크스주의의 계급투쟁이론에 반대했다.

그러나 동시에 독신자 합숙소에서 하층 시민의 생활을 알게 되었다. 또한 독일민족지상주의자이며 반가톨릭 교회주의자인 쇠네러파에 동조하여 오스트리아–헝가리 제국의 해체와 이 제국 내에 있는 독일인 거주지역의 독일 합병을 지지했다. 다시 말하면 이 시기에 이미 히틀러는 기존 부르주아 사회와 비게르만인(특히 유대인)에 대한 혐오와 증오감, 가난과 실패에서 벗어나려는 열망 등을 보였다.

히틀러는 오스트리아 태생이면서 범독일주의를 표방하는 인물이었다. 히틀러는 징병검사에서 불합격되어 군 복무 의무가 해제되었음에도 제1차 세계대전이 일어나자 오스트리아 육군이 아니라 독일 육군에 지원 입대했다.

독일 통일의 위업을 달성한 비스마르크

19세기 후반 독일은 철혈 재상 비스마르크에 의해 통일 대업을 이룩했다. 신성 로마 제국이 30년 전쟁에 패한 후, 200여 년 이상 독일은 30여 개의 작은 공국들로 갈기갈기 찢어져 있었다. 1871년 프로이센의 비스마르크가 오스트리아와 프랑스를 제압하고 이런 소국들을 모아 하나로 통일한 것이다. 사실 전 유럽이 심장마비에 걸릴 뻔했다. 오랫동안 수십 개의 나라로 갈라져 있었고 근대화에서도 뒤떨어져 있었던 독일이 민주주의, 자유주의의 고향이며 많은 유럽 지식인들의 마음의 조국이었던 프랑스를 그토록 일방적으로 때려 부술 줄은 상상도 못 했던 것이다.

그래도 독일로서는 뒤늦은 출발이었다. 출발이 늦은 만큼 독일인들은 정말 열심히, 성실히 일했다. 독일 국민의 천성이기도 했다. 또 그 무렵 러시아와 동구에서 핍박받던 유대인들이 대거 독일로 몰려들었다. 이때부터 1904년 사이에 독일은 유럽에서 최강국으로 도약한다.

∴ 비스마르크

독일 부흥에 최선을 다한 유대인들

때를 같이해서 독일 내 유대인은 강력한 민족으로서 활약하기 시작했다. 유대인은 독일의 발전을 위해 전력을 다해 독일이 대국이 되는 것을 도왔다. 독일 통일 후 비스마르크는 철혈 재상답게 힘의 논리를 굳게 신봉했다. 무엇보다 독일이 강해져야 한다고 생각했다. 그러기 위해서는 독일이 경제적으로 부흥하고 군사적으로 강국이 되어야 한다고 믿었다. 이러한 생각은 당시 독일 황제인 빌헬름 1세도 마찬가지였다. 이를 위해 제조업이 강해지고, 해상무역이 증대되고, 또 이를 보호할 강력한 선단과 해군이 있어야 당시 해양 강국인 영국에 맞설 수 있다고 생각했다.

이때 유대인들이 비스마르크의 욕구를 채워준다. 당시 비스마르크는 독일 제국의 초대 총리로 1890년까지 20년간 봉직하면서 강력한 보호관세정책을 펴 독일의 제조업과 자본주의 발전을 도왔다. 덕분에 유대인들은 국내 제조업을 발전시키고, 금융산업을 부흥시켰으며, 무역업, 특히 해상무역에서 발군의 실력을 보였다. 특히 해운업에는 앨버트 발린이 등장해 그의 해운사는 175척의 초대형 기선을 확보하고 해상을 누볐다. 유럽 최대의 선단 규모였다. 선단 운용에 종사하는 인원만 2만 명 이상이었다. 함부르크는 뉴욕에 이어 세계 2위의 항구로 급성장했다.

그 무렵 독일은 세계에서 가장 교육수준이 높은 나라였다. 성인 문맹률을 거의 없앤 나라는 독일이 처음이었다. 1871년에서 1933년에 이르는 기간, 독일의 대학들은 거의 모든 학술 분야에서 세계 최고로 인정받았다. 그 중심에 유대인들이 있었다. 예를 들어 독일은 다른 어느 나라보다도 노벨상을 많이 탔다. 1901년 노벨상이 탄생한 이래 1933년에 이르기까지 약 30%를 독일이 차지했다. 그 가운데 3분의 1은 독일 유대인들이 받은 것이다. 특히 생리학-의학상 분야에서는 반수가 유대인이었다.

중세 이래로 고착된 독일의 반유대 정서

그레고리 7세 교황, 유대인을 공직에서 배제하다

중세에 유대인이 대부업과 상업을 석권하자 유럽 내 반유대 정서가 퍼져나갔다. 그즈음 400여 년 이상 갈라지고 찢긴 암흑의 중세에도 새로운 세력이 일어났다. 서기 800년 크리스마스 날에 샤를마뉴대제는 교황권과 프랑크 왕국을 결합한 새로운 교황국가를 세움으로써 서로마 제국을 재건하였다. 11세기 중엽에 그레고리 7세가 교황의 자리에 오르자, 거의 유럽 전체가 그의 발아래 무릎을 꿇고 명령을 따르게 되었다. 그는 유대인들에 대한 엄중한 규제 법안들을 제정하였다. 1078년 유럽의 모든 기독교 국가 안에서 유대인을 공직에 고용하는 것을 금하는 법령을 선포했다.

라인 강변의 유대인들을 학살한 십자군

11세기 말, 유럽 대륙에서 유대인에 대한 핍박은 1095년 교황 우르바노 2세에 의해 십자군이 소집된 다음부터 본격적으로 시작되었다. 십자군들이 모이자 그들은 집단의식에 휩쓸려 기독교 근본주의자들이 되었다. 기독교 이외의 이단은 다 쳐부숴야 할 대상이 된 것이다. 유대인 학살은 1096년 프랑스 루앙에서 시작하여 십자군을 따라 라인 강 연변 라인란트의 도시들로 퍼져나갔다. 특히 다른 도시에서 온 십자군들이 유대인을 공격하기 시작했다.

처음에는 주교들이 폭동을 중지시켰으나 십자군의 폭동이 격해지자 나중에는 방관하거나 피신해버렸다. 이로써 십자군이 출발도 하기 전에 유럽 전역에서 수천 명의 유대인들이 약탈당하고 학살되었다. 특히 대부업에 종사하던 유대인들이 채무자들에 의해 집단으로 학살당하였다.

제1차 십자군 전쟁이 일어나자 예수의 피에 대해 복수할 것이라는 십자군의 위협이 알려지자 유대인들은 돈을 주고서야 간신히 목숨을 부지할 수 있었다. 하지만 그 후부터 계속 다른 패거리들이 몰려왔다. 이 무리들은 예수를 십자가에 못 박히게 한 유대인에게 복수한다는 명분 하에 기독교 신자인 농부, 도시민뿐 아니라 강도와 폭도들이 주류를 이루고 있었다. 이것이 반유대주의의 종교적 원인이었다.

1096년 가을 1차로 구성된 십자군을 필두로 약 200년 동안에 걸쳐 8차례나 십자군 원정이 감행되었다. 원정길 도중에 있는 유대인 마을은 곳곳에서 십자군에 의해 약탈당하고 학살되었다. 1차 십자군으로 말미암아 죽임당한 유대인의 수는 라인 강 주변에 살던 독일계 유대인들을 중심으로 대략 1만 2000명에 달하였다.

유대인을 상대로 약탈과 살인을 자행하다

십자군의 예루살렘 공격과 비슷한 시기에 메츠와 트리어에서 자행된 약탈과 살인, 방화로 토라가 기록된 양피지 두루마리가 십자군 기사들에 의해 짓밟혔다. 치욕을 피하기 위해 유대인들은 자녀들을 직접 죽이고 그들도 자살할 수밖에 없는 상황으로 몰렸다. 그 외 마인츠와 쾰른에서도 십자군 기사들이 출몰하여 약탈과 방화, 학살을 일삼았다.

습격을 당한 어느 곳에서건 유대인의 운명은 같았다. 그들은 개종을 받아들이느니 차라리 자기 자신과 자녀들의 죽음을 선택했다. 십자군 전사들이 발 들여놓았던 레겐스부르크, 프라하를 비롯한 여러 지역에서 그와 비슷한 일이 일어났다. 성지 회복을 목적으로 결성된 십자군 용병기사들 가운데 목적지까지 가지 않고 이렇게 유대인을 상대로 자행한 약탈의 전리품으로 만족한 사람들이 많았다.

영원히 저주받은 민족, 유대인

특히 4차 십자군 전쟁을 주도한 교황 이노센트 3세는 유대인들을, 그리스도를 거부한 대가로 고난받으며 영원히 안식과 평화를 누릴 수 없는 영원히 저주받은 민족이라고 믿었다. 그는 처음 교황직에 올라서는 유대인들에 대한 공격과 강제적 개종을 금지시켰었다. 그러나 필리프 아우구스투스가 프랑스에서 추방되었던 유대인들을 다시 불러들이고 그들 중 일부를 공직에 채용하자 태도가 돌변했다. 이후 이노센트 3세 교황은 종교재판소를 만들어 교황의 명을 따르지 않는 자 100만 명 이상을 살해했다.

유대인들 가슴에 노란 마크를 달게 하다

이노센트 교황은 1216년에 열렸던 4차 라테라노 공의회에서 일련의 반유대 칙령을 제정하여 유대인 식별마크 착용을 의무화했다. 노란 마크를 유대인 가슴에 붙이게 한 것이다. 모든 유대인은 열등한 종족이어서 가슴에 부끄러움의 표지를 달아야 한다는 의미였다. 그 시대 사람들은 유대인을 신의 저주를 받은 종족으로 취급했다. 그리스도교도들과 구분되어야 한다고 믿었던 까닭이다.

유대인 박해와 추방이 관례화되다

십자군 운동은 유대인 역사에서 유럽 내 유대인들의 안정된 공동체 생활이 파탄 나고 유대인들에 대한 민족적 혐오감이 강화되기 시작한 전환점이었다. 이로써 유럽의 유대인들은 18세기에 이르기까지 온갖 조롱과 냉대와 혐오의 대상이요, 가난과 공포와 절망의 대명사로 근근이 생존하기에 이르렀다. 이 600여 년 동안 유럽의 통치자들에게 유대인의 존재는 경제적인 이용물일 뿐이었다. 그리하여 유대인들에게 경제적 이용 가치가 있을 때는 삼키고, 없을 때는 내뱉는 역사가 되풀이되었다.

유대인에 대한 통치자의 착취 못지않게 일반 서민층의 공격 역시 유대인 공동체는 커다란 화근이 되었다. 1320년에는 남부 프랑스의 가난한 양치기들과 농부들이 난을 일으켜 많은 유대인에게도 피해를 주었다. 그다음 해에는 나병 환자들로 인해 막심한 피해를 보게 되었다. 1321년에 남부 프랑스에서 나병 환자들이 질병을 퍼뜨리려고 한다는 소문이 돌자, 몇몇 나병 환자들이 잡혀 와 고문을 받게 되었다. 그중의 하나가 자백하기를, 스페인의 유대인들과 무슬림들이 연합하여 유럽의 기독교 인구를 독살할 계획으로 그들에게 뇌물을 주어 우물에 독을 살포함으로써 질병을 퍼뜨리도록 사주했다는 것이었다. 이 사실무근의 자백으로 말미암아 수백 명의 유대인들이 잡혀 고문을 당하고 죽임을 당하였다.

그리고 유대인들은 또다시 프랑스에서 추방되는 운명을 맞이하였다. 1359년에 프랑스는 재정난 때문에 다시 유대인들을 불러들였다가, 1394년 9월 17일에 또다시 결정적으로 프랑스 전역에서 유대인들을 추방한다는 칙령을 공포했다. 이 추방령이 서명된 날은 마침 유대인의 속죄일이었다. 이 무렵 독일에 살고 있던 유대인들의 운명도 프랑스 유대인 공동체의 운명과 별로 다를 바가 없었다. 1336~1338년 사이에는 남서부 독일에서 일단의 불량배들이 유대인들에 대한 온갖 잔혹한 행동을 일삼으며 설친 적이 있었다.

제후들이 소유한 유대인

노련한 무역상으로 명성을 이어오던 유대인 사회의 입지가 13세기에 들어오면서 경멸의 대상으로 전락하면서 특별세와 높은 보호비를 내야 했다. 이 과정에서 '세금을 내는 대가로 황제의 보호를 받는 유대인'으로서 전적으로 황제의 권위 하에 있는 유대인은 세금을 내는 재원으로 활용도가 커졌다. 유대인들은 황제 이외에 주교와 도시 당국에도 보호비를 지불해야 했다. 유대인의 보호증서 속에 함축된 유대인의 물질성으로서의 가치는 1356년 카를 4세의 금인칙서에서 잘 나타나 있다. 금은광과 마찬가지로 모든 유대인과 관련된 권한을 제후들이 합법적으로 소유할 수 있었다.

십자군 원정과 함께 시작된 반유대인 정서는 200년간 지속되면서 거듭되는 추방과 박해로 이어졌다. 1713년 헤센의 경우, 보호권이 없거나 밀리면 유대인들은 8일 안에 영내를 떠나야 했다.

교황의 유대인 탄압

흔히 '고리대금업'은 유대인과 결부하여 말해지는데 당시에는 이율과 상관없이 돈을 빌려주는 행위 자체를 고리대금, 폭리, 부당이득의 뜻이 담긴 'Wucher'라고 불렀다. 12세기 후반 무렵부터 금전거래 또는 돈 버는 일과 관련된 오명은 수 세기 동안 유대인이라는 이름 앞에 마치 꼬리표처럼 붙어 다녔다.

1215년, 교황 이노센트 3세가 소집한 제4차 교황청 공의회에서는 반유대 정책이 대거 채택되었다. 유대인들이 금전거래를 통해 기독교도의 피를 빨아먹고 있다고 언급하면서 기독교도를 보호하기 위해 '부당한 이자를 강탈하는' 유대인은 기독교도들과 접촉하지 못하도록 해야 한다는 의견이 제기되었다. 특히 중세에는 위험부담으로 이자율이 상당히 높았기 때문에 이자 자체가 유대인 채권자에 대한 비난과 공격의 빌미가 될 수 있었다.

1215년의 공의회와 관련하여 덧붙여야 할 것은, 이때 처음으로 의복을 통해 유대인을 일반 주민과 구분해야 한다는 논지에 따라 유대인 식별규정이 도입되었다는 점이다. 그리하여 유대인에게는 악마의 뿔을 상징하는 노란색 모자를 쓰도록 했다. 중세에는 노랑이 멸시받는 자의 색이라, 1445년의 함부르크 복식규정에 따르면 창녀들은 노란 수건을 머리에 써야 했다. 미혼모들 역시 이 노랑의 수치를 견뎌야 했다. 독일 남부 도시 프라이부르크에서는 미혼모들에게 노란 모자를 쓰도록 강요했다. 이교도들에게도 처형장에서 노란 십자가를 목에 걸어주었다. 빚을 진 채무자들은 노란 원을 옷에다 달고 다녀야 했다. 이 같은 노란 의복과 노란 장식은 말 그대로 치욕의 징표였다.

특히 유대인은 멸시의 대상이었다. 유대인은 높다랗고 뾰족한 노란 모자를 쓰고 옷에 노란 고리를 달고 다녀야 했다. 기독교인이 유대인에게 노란색을 강요한 것은 더 깊은 의미의 차별이 있었다. 유대교와 기독교 전통에 따르면 제례에서는 노랑이 사용될 수 없는 금지된 색이었다. 노랑은 신앙이 다른 자들을 차별하기 위한 징표로 사용되었기 때문에 성스러운 교회에서 사용하는 색은 결코 '노랑'일 수 없었던 것이다.

금전거래 독식이 박해를 부르다

황제의 권력 쇠퇴와 맞물려 새 세력으로 부상한 도시들은 자치권을 장악했고 도시동맹 내에서 서로 제휴했다. 경제규모가 확대됨에 따라 유대인의 금전거래가 중요한 기능을 지녔기 때문에 각 도시국가들은 유대인의 유용성을 인식하고 우호적 입장을 취하기도 했다. 유대인 박해가 본격화된 것은 유대인에게 호의적이었던 도시귀족이 중간 및 하층 길드에게 행사했던 권력을 상실한 14세기에 이르러서였다. 박해의 경제적 원인은 유대인들의 일방적인 금전거래 독식이었다. 심지어 유대인에게 거액을 빌린 고관제후들은 제멋대로 조건을 붙였고, 돈을 되돌려주어야 할 때에는 이를 회피하기 위해 온갖 폭력 수단을 썼다.

또한 봉건 군주의 압력에 시달려온 많은 농민 역시 빚더미에 올라앉았다. 귀족이나 유대인에게 진 빚을 갚지 못할 경우, 이들은 도시로 도망쳤고 가난한 소시민들과 함께 극빈층을 형성했다. 도시귀족에 대항한 봉기가 일어났지만 봉기의 일차적 희생양은 유대인이었다. 교회는 이자수익을 원천적으로 금지한다고 천명했던 터라, 사람들은 유대인의 이자수익을 가로채는 것에 양심의 가책을 느끼지 않았다.

그리고 가톨릭 성직자들도 '신앙이 없는' 유대인에게 변치 않은 반감을 갖고 있었다. 가톨릭 사제들 가운데 널리 퍼졌던 반유대인 감정은 이미 325년의 니케아 종교회의 때부터 나타나기 시작했던 것이다. 일부 교회 지도자들은 정치권에 압력을 가하고 일반 대중에게 영향력을 행사함으로서 유대인에 대한 박해를 가속화시키는 데 선봉장 노릇을 하였다. 그리하여 13세기 중반, 가톨릭 교회는 각 지역 주교회의를 통해 모든 기독교도에게 유대인과 함께 먹고 마시는 행위를 전면 금지시켰다. 유대인이 기독교도 앞에서 자신의 신앙에 관해 말하는 것은 물론 기독교도가 유대인과 대화를 나누는 것조차 금했을 정도다. 이런 분위기가 지배했던 곳에서는 쉽게 유대인에 대한 습격이 이어졌다.

걷잡을 수 없는, 민중들의 유대인 탄압

당시 유럽인들에게 너무나 큰 충격과 피해는 피해망상증을 불러일으켰다. 바로 '흑사병은 페스티스 마누팍타pestis manufacta, 곧 인간의 악의에 의해 퍼진 질병'이라는 생각이었다. 이러한 생각과 소문이 삽시간에 대중들에게 불어넣어졌다. 유대인들이 우물과 샘에 독을 풀었다는 소문도 나돌았다. 소문의 진위를 가릴 틈도 없이 민심이 사나워졌다. 유대인에 대한 증오가 폭발하였다. 폭도들은 유대인 거주지에 불을 지르고 유대인들을 살해하기 시작하였다. 1349년의 일이다.

상황이 심각해지자, 교회가 이를 막기 위해 나섰다. 교황 클레멘스 6세는 "유대인들도 우리와 함께 페스트의 고통을 받고 있습니다. 이 고난의 책임은 악마입니다"라는 내용의 교서를 발표했다. 하지만 분노한 민중들의 귀에는 교황의 말도 들리지 않았다. 300개 이상의 유대인 거주지가 철저히 파괴됐다. 기록에 따르면 독일 마인츠에서 6000명, 프랑스의 스트라스부르크에서 2000명이 희생됐다.

당대의 연대기에는 이렇게 기록되어 있다. "독일에서는 수천 명의 기독교도들이 닥치는 대로 유대인들을 살해하거나 산 채로 불태웠다. 이때 유대 여인들은 자기 아이들이 기독교 세례를 받아서 희생을 피하도록 하기보다는 차라리 불 속에 던져 넣었고, 그다음에는 자기 몸을 불구덩이에 던져서 남편과 아이 뒤를 따랐다." 유대인을 보호하기 위한 교황과 세속 군주들의 노력은 별다른 효과를 거두지 못하였다.

유대인 추방은 재산 몰수와 민심 수습으로 일거양득

반유대 감정이 고조되는 또 다른 이유의 하나가 경제적 요인이다. 유대교는 이자 수취를 허용하는 한편 기독교는 금했다. 이러한 상반된 종교 원칙 속에서도 유대인들은 많은 기독교도에게 돈을 빌려주었다. 따라서 사회적으로 빚에 대한 압력이 커지면 빚을 준 유대인들은 잔인한 고리대금업자로 몰리며 박해당하고 추방되는 전형적인 모습이 수 세기를 두고 반복되었다. 이때 권력자들은 기다렸다는 듯이 유대인의 보호를 위해 엄청난 보호비와 채무 탕감을 요구했다.

독일, 프랑스, 영국, 이탈리아 등에서 유대인 추방이 있었다. 중세에는 유대인이 죽으면 그의 재산과 채권은 영주에게 귀속되었다. 그래서 기독교도 위정자들은 그들을 죽이거나 추방하고 재산을 일시에 몰수하기로 마음을 먹는 경우가 많았다. 따라서 중세 유럽에 유대인 추방이 자주 일어났다. 게다가 주민들의 반유대 정서가 높아지거나 사회적 불만이 쌓이면 영주들이 떠안고 있는 문제에 대한 최종적인 해결 방법은 항상 유대인 추방이었다. 희생양인 셈이다. 이런 해결 방식은 1012년에는 라인란트의 마인츠에서, 1182년에는 프랑스에서, 1276년에는 북부 바이에른의 상 바바리아에서 시도되었다. 그 뒤 1290년에는 영국의 유대인들이 추방되었다. 또 프랑스에서는 미려왕이 유대인들의 채무관계를 백지화하고 1306년 1만 명을 빈털터리로 추방하였다. 9년 뒤 루이 10세가 유대인을 다시 불러들였으나 이어 1321년, 1394년에도 같은 사례가 반복되었다.

독일 각지에서 연이어 추방당한 유대인

프랑스에서 추방당한 유대인들이 독일 지역으로 몰려들자 그 지역의 반유대 정서가 급격히 높아졌다. 그 뒤 독일 지역에서도 유대인들이 연이어 추방당했다. 1420년 리옹, 1421년 비엔나와 린츠, 1424년 쾰른, 1438년 마인츠, 1439년 아우크스브르크, 1442년 바바리아, 1446년 브란데부르크, 1454년 모라비아 왕실 소유 도시들, 1462년 마인츠, 1483년 바르샤바에서 유대인들이 쫓겨났다.

13~14세기의 독일은 중앙정부와 황제의 권한이 약화되고 각 도시 제후들이 독자적인 재량권을 행사할 수 있었던 체제였다. 이런 상황 속에서 도시마다 독립을 추구했던 것은 당연한 일이었다. 이처럼 권력과 독립을 위한 투쟁이 곳곳에 난무하는 가운데 유대인들은 모두의 희생제물로 전락하기 일쑤였다. 독일의 유대인들은 한 도시에서 쫓겨나 다른 도시로 피하거나, 아니면 아예 동유럽으로 이주해버렸다.

히틀러 당시
독일을 휩쓸었던 반유대 정서

독일 같은 문명국이 어째서 유대인에 대해 그토록 몰상식한 학살을 자행한 것일까. 당시 독일인들은 유대인들이 독일 경제를 장악하고 있다고 믿었다. 그 무렵 유대인들은 독일에서 상업뿐 아니라 무역업, 금융업, 조선업, 해운업, 유통업에 이르기까지 폭넓게 활동하고 있었다. 히틀러는 유대인들이 독일 경제를 지배하고, 틈만 나면 공산주의 혁명을 기도하고, 게다가 사회적 풍기문란이 그들이 주도하고 있는 연예계 산업과 유흥업에 기초하고 있다는 시각을 갖고 있었다. 이는 당시 독일 국민이 유대인에게 갖고 있었던 반유대 정서이기도 했다.

러시아 혁명을 주도한 유대인들

한편 1917년 레닌과 트로츠키는 러시아의 붉은 혁명을 통해 결과적으로 무력 폭동의 전례를 만들었다. 레닌과 트로츠키는 유대인이었다. 레닌의 본래 유대인 이름은 오울리아노프Oulianoff로 어머니가 유대계 러시아인이었고, 트로츠키의 유대인 이름은 브론슈타인Bronstein이었다. 러시아 혁명을 주도했던 50명 가운데 44명이 유대인이었고 볼세비키 행정부 545명 중 447명이 유대인으로 무려 혁명정부인원의 82%를 유대인이 차지했다고 한다.

독일 좌익운동을 주도한 유대인들

1918년부터 1920년에 걸쳐 독일 공산주의자들도 이를 따른다. 물리적인 힘으로 현존하는 질서를 전복하기 위한 수많은 시도가 독일내 유대인들을 중심으로 일어났다. 바이에른에서는 유대인 아이스너가 바이에른 수상이 된 후 사회주의 공화국을 선포하고 공산 정부를 세웠다. 이 정부에는 유대인 정치가뿐 아니라, 구스타프 란다우어, 에른스트 톨러, 에리히 뮈잠 등 유대인 작가와 지식인들이 참여했다.

이에 대해 우익은 퇴역 군인을 중심으로 의용병을 조직하여 대항했다. 러시아에서는 폭력적 충돌이 좌익을 이롭게 해주었지만, 독일에서는 우파 진영이 혜택을 입었다. 로자 룩셈부르크와 아이스너 같은 유대인 과격파가 암살당했다. 1919년부터 22년까지 4년 동안에 독일에서 일어난 정치적 암살사건 376건 가운데 22건을 제외한 모두가 좌익 운동가를 표적으로 한 테러였다. 대다수 희생자가 유대인이었다. 외무장관이었던 발터 라테나우도 희생자 중 하나였다.

아돌프 히틀러의 등장은 이런 과격파 퇴역 군인들의 폭력행위가 빈번히 일어나던 시대의 산물이다. 히틀러는 유대인들이 조종하는 공산주의 혁명운동으로 독일이 군사적·정치적 위협을 받고 있다고 느꼈다. 그뿐만 아니라 우수한 게르만 민족이 제1차 세계대전 패배의 아픔과 굴욕을 딛고 반드시 다시 일어서야 한다는 소명의식을 함께 느꼈다.

히틀러, 정치활동을 개시하다

1918년 11월 독일에서 혁명이 발발하여 빌헬름 2세가 망명하고 사회민주당의 에베르트가 새 총리로 취임했다. 그해 11월 11일에 독일 대표는 제1차 세계대전 휴전협정에 서명했다. 공산당이 주도하는 노동자·병사 위원회가 뮌헨 주변을 지배했으나 반혁명 군대에 의해 진압되어 이후 바이에른은 반혁명적 왕당파와 반동적 군부가 세력을 장악한 유일한 반동 지역이 되었다. 히틀러는 군대에서 공산주의자를 색출하는 위원회에서 일하다가 국방 사상을 사병에게 교육시킬 교관을 양성하는 강습회에 참여했다. 1919년 이 강습회에서 히틀러는 보수파 학자와 정치가의 강의를 듣고, 토론과 연설 훈련을 받았다. 이때 그는 탁월한 연설 재능을 인정받았다. 그곳에서 정치, 경제, 역사 등 다방면의 강의를 들음으로써 자신의 지식을 넓힐 수 있었다.

1919년 9월 12일, 히틀러는 뮌헨에 있는 독일노동당 집회에 참석했다. 독일노동당은 반유대주의에 기반을 둔 반혁명 정당으로서 사회주의적 정책과 애국주의를 결합시킨 정강을 채택하여 대자본과 귀족 특권계급에 반대했다. 이 집회의 토론에 참여한 히틀러는 당 간부인 드렉슬러의 주목을 끌었다.

당시 거의 비밀리에 활동하고 있던 독일노동당은 히틀러의 노력으로 공공연한 대중 활동을 강화했다. 잇달아 공개연설회를 개최하여 당세 확장에 노력했다. 그의 뛰어난 연설 솜씨가 당의 명성에 일조했다. 1920년 초 히틀러는 당 의장 하러를 축출하고, 드렉슬러를 당의 총서기로 추대했으며, 자신은 당 선전부장이 되었다. 당 조직을 개편한 독일노동당은 25개 조의 당 강령을 발표하였는데, 여기에는 베르사유 조약의 폐기와 독일의 영토 확장이 포함되었다. 이 강령은 이후 나치의 '불변의 강령'으로 존중되었다.

이후 당명도 독일국가사회주의노동당으로 변경되었다. 일명 나치당이다. 히틀러는 초기의 집회에서 항상 유대인 배척을 강력히 주장했으며, 패전 후 독일공화국의 나약함과 내부 분열 및 부패를 공격했다. 또한 독일의 강력한 국민정부 수립을 주장했고 베르사유 조약의 불합리성과 잔혹성을 강조했다.

히틀러, 당권을 장악하다

당 집회에서 히틀러는 기본 주제별로 문제점을 정리하여 청중에게 호소함으로써 절대적인 인기를 얻었다. 그러나 히틀러가 연단 위에서 증오와 복수만을 외친 것은 아니었다. 그는 대중이 지닌 감정에 호소하여 전 독일인의 결집, 국내외 압력으로부터 독일 국민의 해방, 정신노동과 육체노동의 통일 및 조화, 중산 계급과 노동자 계급의 생활 안정 및 향상, 용병제도의 폐지와 국민군의 창설, 독일 국민의 강인함과 능력에 대한 신뢰, 자유라는 이상에 대한 희망 등을 역설했다. 히틀러는 갈고리 십자가 모양의 당기를 만들었다. 갈고리 십자가 당기의 적색은 사회주의적 이상을, 백색은 민족주의의 정신을 상징하는 것으로서 이 것은 아리아인의 승리를 의미했다.

♣ 히틀러에 의해 독일국가사회주의노동당의 당기로 채택되었다가, 1935년 9월에 나치독일의 국기로 제정되었다.

　히틀러가 당의 독재자로 부상한 것은 1921년 7월 29일 나치당의 임시 당대회에서였다. 그는 드렉슬러 등 옛 당 간부들의 운동 방침에 대한 격렬한 투쟁을 전개하여 드렉슬러를 명예회장으로 추대하고 자신이 당의 총서기가 됨으로써 당의 실권을 장악하여 당 위원회를 무력화하고 당내 독재체제를 확립했다.

노예무역, 그리고 매춘과 매독의 만연

　히틀러는 오스트유덴, 즉 '동구계의 피부가 거무튀튀하고 열등한 유대 인종'이 독일 민족의 깨끗한 혈통을 더럽힐지도 모른다는 두려움을 갖고 있었다. 그는 일부 유대인들이 운영하던 매매춘사업과 당시로선 치료제가 개발되지 않았던 매독을 연결시켜 유대인들이 게르만 민족의 혈통을 타락시키고 있다고 주장했다.

　히틀러는 두 가지를 혐오했는데 둘 모두가 오스트유덴에 관한 것이었다. 하나는 노예무역이고, 또 다른 하나는 매춘에 의한 매독의 만연이었다.

풍기문란 개선운동에 종사한 사람들의 주장에 따르면, 그중 하나는 유대인이 빈을 중심으로 널리 백인 노예교역을 주도했다는 것이다. 놀랍게도 노예무역은 비공식적으로 1950년대까지 아랍 국가들에 존재했다.

1960년 7월 4일, 영국 상원에서 행한 모감 경의 연설에 그 내용이 잘 나타나 있다. 1955년 오만의 부라이미 노예시장에서 사우디아라비아로 팔려가기 위해 내놓은 노예들은 가격이 폭등하여 남자노예는 50~150파운드, 여자노예는 150~700파운드까지 거래되었음을 밝히고 있다. 사우디아라비아와 예멘에서 노예가 법으로 금해진 해는 1962년이었다.

히틀러의 또 하나의 우려는 당시 아직 치료법이 없었던 매독의 만연이었다. 그는 일부 유대인들이 운영하던 매춘사업과 당시로선 치료제가 개발되지 않았던 매독을 연결시켜 유대인들이 게르만 민족의 혈통을 타락시키고 있다고 주장했다. 독일인들은 유대 인종과의 접촉, 특히 환락가에서 성적 접촉에 의해 심각한 생물학적 위협 아래 놓여 있다고 히틀러는 스스로 믿었고, 남들에게도 그렇게 이야기했다. 이러한 히틀러의 반유대주의(안티세미티즘antisemitism)에서 볼 수 있는 성적·의학적 견해는 그의 신봉자들을 광신적 사상가들로 변하게 하여 비합리적이고 잔혹한 행위까지도 아무렇지 않게 할 수 있게 만들었다. 중세의 반유대주의자들이 유대인을 인간이 아닌 악마나 불결한 암퇘지와 같다고 생각했던 것처럼, 나치의 급진파는 유대인을 세균이나 해충 정도로 생각했다.

나치즘이 발전하도록 온상을 제공한 것은 폭력이 만연한 당시의 환경이었다. 그런 환경 자체가 언론의 폭력성으로 뒷받침되고 있었다. 불행하게도 매스컴을 통해 폭력을 휘두른 것은 나치만이 아니었다. 가두에서 조직적인 폭력 행위를 저지르고, 폭력을 온 나라 안에 퍼뜨린 공산주의자와 나치는 물론 자유주의자, 특히 하이네와 같은 유대인 자유주의자 역시 심한 폭력적인 언어를 토해냈다. 언론과 거리에 폭력이 난무했다. 이렇게 언론과 거리의 폭력에 세뇌당한 독일인들은 모든 유대인을 볼셰비키와 한통속이며, 독일인의 순결을 더럽힐 우려가 있는 위험인자로 보게 되었다.✢

무리한 전쟁 보상금

그 무렵 예상치 못한 1차대전의 패배, 황제의 퇴위, 공산주의 혁명의 위협, 굴욕적인 베르사유 조약, 그리고 지불해야 할 엄청난 전쟁 보상금 등이 독일 국민의 마음을 무겁게 짓누르고 있었다. 1918년 11월 제1차 세계대전이 끝났을 때, 독일은 영토의 13%를 잃고 해외 식민지를 모두 내놓았다. 그리고 320억 달러라는 엄청난 금액의 배상금을 물어야 했다. 당시 독일의 경제 형편으로는 도저히 감당할 수 없는 금액이었다. 여기에 매년 5억 달러의 이자가 붙었다. 독일 돈으로 매년 17억 마르크라는 거액을 1988년까지 지불해야 했다. 그 밖에도 수출에 26%의 추가 비용을 내야 했다. 베르사유 조약으로 독

✢ 폴 존슨 지음, 김한성 옮김,《유대인의 역사》, 포이에마, 2014

일은 육군을 10만 명 이상 보유할 수 없게 되었으며 군함은 6척으로 제한되었다.

영국 대표단의 일원으로 베르사유 강화회담에 참가했던 영국의 경제학자이자 재무성 대표였던 케인스는 터무니없이 많은 전쟁 배상금의 부당성을 주장하며 협상단에게 호소했다.

"독일의 유일한 지불수단은 수출잉여뿐입니다. 그들의 전쟁 전 무역적자는 7400만 파운드였습니다. 수입을 줄이고 수출을 늘리면 이는 5000만 파운드 흑자로 바뀔 수 있습니다. 30년 동안 이를 모으고 6%의 이자율을 감안하면 17억 파운드가 됩니다. 금이나 동산의 이전에서 얻은 1~2억 파운드를 합하면 독일의 지불 능력은 최대 20억 파운드가 될 것입니다. 독일은 잘해야 몇 년 동안만 이 공물을 지불할 것입니다. 공물을 계속 지불한다는 것은 인간의 본성에 어울리지 않으며 시대정신과도 맞지 않습니다. 내가 감히 예언하건대 복수가 멀지 않았습니다. 반동세력과 절망에 빠진 혁명세력 사이에 벌어질 마지막 시민전쟁은 더 이상 어떤 것으로도 막을 수 없습니다. 이러한 시민전쟁에 비하면 지난 독일 전쟁의 공포는 아무것도 아닌 것처럼 보일 것이고, 누가 승리하든 간에 우리 세대가 이룩한 문명과 진보는 파괴될 것입니다."

결국 케인스는 강화회담에 실망하여 재무성 대표직을 사임했다. 케인스가 주장한 배상금 문제의 중대성은 제2차 세계대전의 발발로 인해 옳은 것으로 판명되었다.

유대인의 독일 경제 지배에 대한 반감이
반유대 정서를 자극하다

1918년 가을에 패전이 거의 확실해지자 11월에 혁명이 일어나 독일의 제국주의 체제는 붕괴되었다. 황제는 폐위되어 네덜란드로 도망쳤다. 전쟁 패배로 상실감에 젖은 군인들이 고향으로 돌아올 때 나라에 대한 분노가 극에 달하였다. 한편 제1차 세계대전이 끝난 1918년 무렵에 독일 인구 가운데 약 3%가 유대인이었음에도 그들이 독일 경제에서 차지한 비중은 무려 40%나 됐다. 수도 베를린의 경우, 인구 320만 명 가운데 유대인이 21만 명에 불과했으나 전문 직종의 50% 이상을 유대인이 장악하고 있었다. 베를린은 유대인의 독일로 불렸다. 특히 금융권은 거의 유대인들이 쥐고 있었다.

제1차 세계대전 뒤 독일은 초인플레이션, 막대한 배상금, 대공황의 모진 세월, 550만 명으로 급증한 실업자, 그 한편에서 나라의 경제를 지배하다시피 하여 부를 늘려오기만 했던 유대계 자본가들…. 더 이상의 해결책이 없을 것 같은 비참한 상황이었다. 1920년대의 10년 동안 전 세계에서 독일만큼 혼란과 격변이 계속된 곳도 드물었다. 큰 전쟁이 끝난 직후에는 꼭 전염병이 돈다. 실제로 종전되던 해 겨울에는 심한 독감이 독일 땅을 휩쓸어 10만 명 넘게 사망했다. 한편 전쟁 배상금을 갚기 위해 마구 찍어낸 마르크화는 극심한 인플레이션을 불러왔고 파탄에 이른 경제와 대량 실업 사태로 굶어 죽는 사람이 속출했다.

04

인플레이션 조세,
독일 국민의 돈을 강탈하다

　지금까지 인류 역사상 가장 가혹한 인플레이션 기록은 이때 독일에서 일어났다. 1913년부터 1918년까지의 전쟁 기간 중에 전비에 급급한 나머지 독일의 화폐 발행액은 무려 8.5배나 증가했다. 당연히 고율의 인플레이션이 발생하였다. 5년 사이에 134%의 인플레이션이 발생했다. 그러나 이것은 서곡에 불과했다. 제1차 세계대전이 끝나자 독일은 막대한 부채와 전후 복구 및 전쟁 보상금을 갚기 위해 돈이 절실히 필요했다. 독일 정부가 취한 정책은 국민의 희생이었다.

　'인플레이션 조세'라는 말이 있다. 곧 정부는 필요시에 화폐를 찍어내어 민간으로부터 물건이나 서비스를 구매한다. 이러한 화폐 증발은 물가 상승으로 이어진다. 그러나 국민의 명목소득은 인플레이션만큼 증가하지 않기 때문에 민간의 실질소득은 줄어든다. 정부는 물가가 오르더라도 화폐 발행권을 갖고 화폐를 또 찍어내서 오른 물가에 맞춰 쓸 수 있기 때문에 정부 입장만 생각한다면 인플레이션을 크게 걱정하지 않아도 된다. 민간부문의 실질소득이 줄어든 반면 정부 측은 물가가 상승하더라도 화폐 발행으로 물가 상승분을 상쇄하기 때문에 소득이 민간에서 정부로 이전되는 효과를 가져온다. 이를 인플레이션 조세라 한다.

이런 인플레이션 조세가 가장 극적으로 나타날 때가 전쟁을 전후한 때이다. 정부는 돈이 필요하니까 민간부문을 쥐어짜는 효과적인 방법이 화폐 증발을 통해 민간 자원을 동원하는 것이다. 바로 제1차 세계대전 이후 독일의 초인플레이션이 바로 이런 현상이다. 독일은 전쟁 중에도 화폐 발행액을 급속도로 늘렸지만 전쟁이 끝난 후 3년 동안에도 화폐 발행을 5배로 늘렸다. 이후 1921년 1년간에 화폐 발행을 또다시 10배로 증가시켰다.

그리고 그 후 1년은 무섭게 치솟는 초인플레이션을 상쇄하기 위해 화폐를 더 무섭게 찍어냈다. 자그마치 7253만 배로 늘렸다. 이제 더 이상 돈이 아니었다. 화폐가치가 너무 빨리 떨어지다 보니 노동자의 하루 일당은 하루 2차례에 나누어 지급해야 했다. 그나마 노동자들도 돈을 받는 즉시 한 시간 이내에 다 써야 했다. 그렇지 않으면 돈의 가치가 증발되었다. 중산층은 하루아침에 극빈자로 전락했다. 한마디로 정부가 화폐 발행을 통해 초인플레이션을 일으킴으로써 모든 국민이 보유하고 있던 현금을 몽땅 빼앗아버린 것이다.

당시 비참했던 독일의 상황

독일 정부가 돈을 마구 발행하는 통에 전쟁 전까지 미화 1달러당 4.2마르크였던 환율이 1920년에는 50마르크, 1921년 11월 330마르크, 1922년 12월 9000마르크로 뛰었다. 이후는 경제사에서 믿기 어려운 상황이 전개된다. 1923년 1월 미화 1달러당 4만 9000마르크, 7월 110만 마르크, 11월 15일에는 4조 2000만 마르크로 뛰었다. 1922년 8월부터 1923년 11월까지 월 335%의 천문학적 비율로 물가가 상승했다. 1923년 말 유통 중인 마르크화는 '4.97×10의 20승'이었다. 일상에서 200억과 1000억짜리 마르크 지폐가 쓰였다. 연간 인플레이션율이 1820억%로 최고조에 달했다. 물가는 10년 전보다 2600억 배 뛰었다. 이미 수치로는 그 실상을 표현하기 불가능한 지경이었다. 빵 한 조각에 800억 마르크, 쇠고기 한 근에 9000억 마르크, 구두 한 켤레는 4조 2000억 마르크를 주어야 겨우 샀다.

나중에는 철 지난 돈들을 불쏘시개로 썼다. 인플레이션율이 연 10% 증가하는데 예금이자가 연 5%라면 앞

1000억 마르크 지폐

아서 연 5% 손해를 보는 것이다. 인플레이션율이 연 10% 증가하는데 임금 인상이 연 5%라면 실제로는 5% 임금을 삭감당하는 것이다. 그러니 당시 상황을 보면 독일 국민은 두 눈 뜨고 멀거니 앉아서 빨가벗김을 당한 것이다. 극심한 혼란 속에 생활은 고사하고 생존 자체가 전 국민 모두의 심각한 문제였다.

당시 독일 통화량의 절반 이상은 제국은행의 법정화폐가 아닌 민영은행의 화폐였다. 사실 제국은행도 1922년 5월에 민영화되어 개인 은행이나 마찬가지였다. 당시 독일 인구

가운데 약 3%가 유대인이었음에도 금융권은 거의 유대인이 쥐고 있었다. 이러한 사태는 독일 국민의 마음속에 유대계 은행가에 대한 극심한 증오의 씨앗을 깊이 심어놓았다. 그뿐만 아니라 나치즘이 등장하는 기초를 다져주었다.

05

히틀러의 저서 《나의 투쟁》

히틀러의 반유대인 선동 연설

이러한 상황에서 1922년 4월12일 나치당의 당수 히틀러가 뮌헨 연설에서 불을 질렀다.

"기독교인으로서 나는 나의 주님이요 구원자는 투사였음을 확신합니다. 무지한 이들의 외면과 고독 속에서 그는 유대인들의 정체를 알아보았고 이들에 맞선 투쟁을 이끄셨습니다. 신의 진리는 고통받는 자가 아니라 투사로서 가장 위대했습니다. 사랑으로 충만한 기독교인으로서 나는 성경 구절들에서 어떻게 주님이 그의 몸을 일으켜 신전으로부터 독사의 자식들과 환전꾼들을 내치셨는지를 읽었습니다. 유대인의 맹독에서 인류를 구원하기 위한 주님의 투쟁은 얼마나 창대했던 것입니까. 2000년이 지난 오늘 나는 주님이 십자가에서 피를 흘리셔야 했던 까닭이 바로 이 때문이었음을 내 마음속의 가장 깊은 곳으로부터 깨닫습니다.

나는 나 자신을 기만과 거짓말의 희생자가 되도록 내버려두길 거부하며, 또한 기독교인으로서 내게는 진실과 정의, 그리고 우리 민족을 위한 투사가 되어야 할 사명이 있습니다. 그리고 우리의 대의大義가 옳다는 것을 증명해주는 것은 날이 갈수록 악화되고 있는 독일 민족의 비참한 현실입니다. 아침마다 빵을 얻기 위해 거리에 늘어서 있는 사람들의 파리

한 얼굴을 보면서도 아무런 감정을 느끼지 못한다면, 그리고 이 불쌍한 사람들을 착취하고 약탈하는 자들에 맞서 싸우지 않는다면 그는 기독교인이 아닌 마귀일 수밖에 없을 것입니다."

히틀러의 쿠데타 기도가 실패하다

프랑스와 벨기에가 계속 보상을 요구해왔지만, 독일은 사실상 이를 지불할 수 없는 형편이었다. 계속된 물가 인상과 비참한 경제 환경 때문에 정치적 극단주의자들이 출연하게 되었다. 이들 중 한 명이 아돌프 히틀러였다. 그가 세운 국가사회주의노동자당은 1923년 뮌헨에서 폭동을 일으켜 쿠데타를 기도하였다. 나치당원 약 3000명이 뮌헨 중심지로 진군하던 중 경찰 저지선에서의 일제사격으로 나치당원 16명과 경찰 3명이 죽는 사태가 발생했다. 반란자들은 정부가 강

력한 대응을 준비했음을 알고 쿠데타 계획을 포기했다.

이 때문에 바이에른 법정에서 열린 재판에서 히틀러는 반역죄의 최저 형벌인 5년형의 징역에 처해졌다. 그러나 실제로는 9달간만 감옥에 갇혀 그곳에서 《나의 투쟁》 1권을 쓴다. 히틀러는 이 실패한 반란으로 세계적 명성을 얻었으나 오히려 이 사건을 통해 합법적 수단으로 권력을 얻겠다고 결심하게 된다.

히틀러의 저서 《나의 투쟁》

히틀러는 그의 생애에서 자살 일보 직전에 이르는 좌절을 세 번이나 겪었다. 절망을 딛고 이를 꽉 깨무는 순간 그의 꿈이 하나씩 태어났다. 격한 감정의 산물이었다.

독일의 고도 뮌헨은 바이에른 주의 주도이자 나치의 고향이다. 뮌헨에서 서쪽으로 약 100km 떨어진 중세 성곽도시 란츠베르크, 이곳에는 히틀러가 감옥에 갇혀 《나의 투쟁》을 쓴 교도소가 있다. 1923년 히틀러가 맥주집 호프브로이에서 '비어홀 폭동'을 일으켜 반역죄로 체포된 뒤 5년형을 받고 수감된 곳이다.

그의 감방은 정치범 감방 7호실. 이 방에서 히틀러가 1923년 11월 11일부터 1924년 12월까지 살았다는 팻말이 있다. 수감 직후 히틀러는 좌절과 충격으로 2주 동안 아무것도 먹지 않았으며 이후 석 달을 실의 속에 지내다 마침내 이를 딛고 일어선다.

1924년 4월 1일 그는 일기장에 "번민과 울분은 끝났다. 온 지구가 흔들려도 정의로운 신념은 흔들리지 않는다. 나의 투쟁은 오늘부터 시작된다"며 일기장 표지에 '나의 투쟁Mein Kampf'이라는 제목을 달았다. 같이 수감되어 있던 비서 루돌프 헤스와 운전사 모리스에게 자기 말을 받아 적게 하고 이를 토대로 밤늦게까지 감방에서 타자기를 두들겼다. 여기서 나온 것이 그의 저서《나의 투쟁》이다. 후일 히틀러는 "이 감방이야말로 나에게는 대학이었다. 내 생각의 철학적·역사적 바탕은 모두 여기서 다져졌다"고 술회한다. 히틀러의 학교교육은 린츠의 실

업고교 시절이 전부이다. 정치가는 감방에서 공부한다는 현대판 유행어도 그에게서 비롯됐다.

《나의 투쟁》은 아돌프 히틀러가 쓴 정치선언문이다. 그가 완성한 유일한 책이며 독일 국가사회주의의 바이블이 되었다. 1925년과 1927년에 2권으로 출간되었고 1930년에는 요약판이 나왔다. 1939년까지 520만 부 정도가 팔렸으며 11개 언어로 번역되었다.《나의 투쟁》은 독일의 베스트셀러가 되어 그에게 재정적인 도움뿐 아니라 독일 대중에게 그를 알리는 데 큰 몫을 했다. 나치 정권의 전성기였던 1943년까지 1300만 부 이상이 보급되었다. 나치즘 대두를 근심스럽게 지켜보던 윈스턴 처칠은 히틀러의《나의 투쟁》을 "신앙과 전쟁의 새로운 코란"이라고 평가하기도 했다.

'청산清算'이라는 제목이 붙은 제1권은 1924년 감옥에서 집필되었다. 히틀러의 사상과 정책의 기본 골자를 파악하는 데는 2권보다 1권이 더 중요하다. 1권의 내용은 그의 젊은 시절, 고향에서 오스트리아

빈으로 가는 과정에 대해 서술하는 것으로 시작된다. 다민족 국가인 오스트리아의 게르만 민족 차별정책에 대한 증오가 히틀러의 유년 시절을 채웠다. 오스트리아 의회에 게르만 출신 의원이 상당수 있었음에도 별다른 저항을 하지 못하는 것을 보고 의회민주주의에 대한 부정적 생각을 갖게 되었다.

그리고 제1차 세계대전에 자원하여 참전한 히틀러는 강력한 민족적 감정을 느끼게 된다. 그는 정치권의 우유부단함과 노동자들의 민중봉기로 인해 정부가 전복되어 전장에서 일순간에 무장해제되어 패전국으로 전락하는 경험을 하게 되었다. 이 때문에 공산주의에 대한 극도의 반감과 독일 패망에 대한 배신감 등을 피력했다. 1918년의 패배를 인정할 수 없었던 당시 독일인들에게 1914년 이전의 국경선으로 돌아가야 한다는 히틀러의 주장은 상당한 타당성을 보유하고 있었다.

제1차 세계대전에서 독일은 자국의 국경선이 침범당한 적이 없음에도 베르사유 조약에서 너무 가혹한 처분을 받게 되었고, 이러한 베르사유 체제를 인정할 수 없었기 때문이다. 이는 히틀러만의 주장은 아니었고, 당시 다른 정치가들도 베르사유 체제를 수정해야 한다고 주장했다.

히틀러는 독일의 강대국 지위의 회복을 넘어 유럽의 패권 장악을 주장했다. 그 과정에서 영토획득 전쟁과 복수전을 내세워서 러시아에 대한 전쟁과 프랑스의 점령을 주장했다. 히틀러는 러시아에 대한 전쟁의 명분을 반볼셰비즘에서 찾았다. 그리고 반볼셰비즘은 마르크스주의와 러시아 볼셰비키 혁명의 원로들이 대부분 유대인이라는 사실에 착안해서 반유대주의를 도입했다.

히틀러는《나의 투쟁》1권에서 사회주의를 국가사회주의로 변질시켰고 계급투쟁 대신 인종투쟁을 주장했다. 그리고 인종투쟁에서 독일 노동자 계층의 승리를 역설했다. 19세기 후반 이래로 고리대금업 등을 통해 이윤을 얻고 있었던 유대인들에 대한 유럽인들의 적개심은 반유대주의로 나타나 있었다. 유대인에게 호의적이었던 막스 베버조차도 이러한 고리대금업을 천민자본주의라고 부를 정도였다. 당시 독일 여론에 나타난 반유대주의를 히틀러가 이용한 것이다.《나의 투쟁》1권에서 히틀러는 민족주의 이데올로기를 표현하면서 아리아인을 '천재' 민족으로, 유대인을 '기생동물'로 규정했다.

또한 히틀러의 사회주의는 당시 독일 바이마르 공화국에서 채택되고 있었던 의회주의를 부정하는 것으로, 이는 체제 전복을 의미했다. 그리고 서구 의회민주주의에 대한 대안으로 신화적 요소들을 도입해서 독일적 국가체제인 게르만적 총통국가의 창설을 주장했다.

또한 슬라브인과 러시아의 마르크스주의자들을 희생시켜서라도 동유럽의 생존권을 지켜야 한다고 역설했다. 러시아에 대한 영토 획득 전쟁을 주장하며 새로운 생활공간의 창설을 제시했다. 프랑스에 대한 전쟁과 지배는 제1차 세계대전의 패배에 대한 보복이었고 1923년 초 프랑스의 루르 지역 점령에 항의했던 독일 국민의 여론을 대변했다. 이를 위해 히틀러는 영국과 파시즘을 성립시킨 이탈리아와 동맹을 주장했다. 히틀러의 대외정책의 최종적인 목표는 독일의 유럽 지배였다.

그는 1924년 12월 감옥에서 나온 뒤 '국가사회주의 운동'이라는 이름으로 제2권을 완성했다. 여기에는 공포정치를 포함해 나치당의 집권과 함께 독일에서 추구해야 할 새로운 정강정책의 개요가 나타나 있다.《나의 투쟁》은 능숙한 선동으로 초국수주의자, 반유대주의자, 반민주주의자, 반마르크스주의자, 군부 등 독일 내 불만세력들을 사로잡았다.

금서 논란에 휩싸였던 《나의 투쟁》

독재자의 백일몽은 유대인뿐만 아니라 전 유럽을 생지옥에 빠뜨렸다. 히틀러가 쓰러지자 바이에른 주정부는《나의 투쟁》의 저작권을 확보했다. 독일에서 다시는 그 책이 간행되지 못하게 막으려는 조처였다. 출판금지를 위해 저작권을 독점한 것이다.

이 책은 독일에서 여전히 금서다. 뮌헨 지방법원은 2012년 3월 그 책 발췌본을 출간하려던 영국 출판사에 출판금지 판결을 내렸다. 저작권자인 바이에른 주가 낸 출판금지 소송에서 원고 손을 들어준 것이다. 히틀러 사후 70년까지 저작권 보호를 받으니까 적어도 2015년까지는 독일에서 그 책은 출간될 수 없었다.

하지만 독일 시민들은 나치 부활의 염려를 놓을 수 없어 역사학자들에게 도움을 요청했다. 2007년부터 뮌헨의 현대사연구소가 대안을 강구하였다. 그들은 5년에 걸쳐《나의 투쟁》에 관한 엄정한 주석서를 편찬하기로 결정하였다. '아무나《나의 투쟁》을 인쇄에 부쳐' '날개 돋친 듯 팔리는 그날이 오기 전에' 일을 마칠 것이란다. 세상을 재앙에 빠뜨린 히틀러의 과대망상이 얼마나 위험한 것인지, 이를 정확히 보여주는 것이 역사가들의 책무가 되었다.

영국의 서점 워터스톤스는 2011년 크리스마스 시즌의 추천도서

목록에 《나의 투쟁》을 포함시켰다
가 유대인 단체의 항의를 받고 사
과해야 했다. 이 정도로 유럽에서는
이 책을 금기시하는 분위기가 여전
히 강했다.

독일 내에서는 저작권 소멸 이후
에도 입법조치를 통해 이 책의 출

∴ 텍사스 주에서 행해지고 있는 네오나치들의 행진

판을 불허해야 한다는 주장도 나왔었다. 이러한 주장의 이면에는 유
럽 전반에 경제난이 가중되고 반反이민 정서가 확산되는 가운데 극
단적 선동과 인종주의를 부추기는 내용으로 가득 찬 이 책이 대량
유포되면 극우세력을 더욱 준동하게 할 것이라는 우려가 깔려 있다.

2016년 1월 1일은 저자인 히틀러의 사망 후 70년이 지난 해로, 바
이에른 법에 따라 저작권이 소멸되고 금지가 풀려 독일에서《나의 투
쟁》이 출간되었다. 그리고 순식간에 초판이 매진되었다. 1925년 나
온 《나의 투쟁》은 히틀러의 생애와 유대인에 대한 혐오감, 전체주의
수행 계획, 세계 정복 야망 등이 구체적으로 기록되어 있다. 독일에서
두 권으로 나온 책에는 히틀러 사상에 대한 비판적인 견해를 담은
주석이 방대하게 실렸다.

06

히틀러,
초인플레이션 후유증으로 정권을 쟁취하다

히틀러, 수상이 되다

그는 1924년에 13개월 만에 가석방되고 나치당 결성 이후 14년 만인 1934년 수상 자리에 오른다. 이후 1937년까지 4년간은 기존 체제와 공존하며 독재를 위한 치적을 쌓아올린다.

존 롤랜드 등 현대의 히틀러 연구가들은 그가 1937년에 죽었더라면 독일 역사상 가장 위대한 정치가 중 한 사람으로 기억되고 있을 것이란 견해를 편다. 고속도로 건설과 국민차 개발보급, 경제회복, 직업학교 위주의 교육개혁 등이 대표적 치적으로 꼽힌다. 갈브레이트 교수는 임금과 물가 동결을 통해 고용 증대를 꾀하는 현대식 경제정책의 원형을 히틀러에서 찾고 있을 정도다.

특히 히틀러는 이들 나치 치적과 독일 민족의 우수성을 대외에 과시하기 위해 베를린 올림픽 유치에 안간힘을 쏟았다. 당시 미국과 영국, 프랑스 등이 히틀러의 반유대인 정책 등에 항의하여 올림픽의 베를린 개최를 반대하자 히틀러는 이를 무마하기 위해 엄청난 양보를 서슴지 않았다. 거리에서 반유대 구호들을 철거시키고 반유대 신문을 정간시켰으며 유대인 선수를 독일 선수단에 포함시키고 올림픽촌 건설 책임자에 유대인을 앉혔다.

이렇게 따낸 베를린 올림픽은 히틀러로 도배되어 시작되었다. 리하르트 슈트라우스가 음악을 맡고 '위대한 독일, 히틀러 만세'의 찬가 속에서 모든 것이 히틀러의 영광으로 돌려졌다. 독일 선수들은 금메달 33개로 2위 미국을 57이라는 큰 점수 차로 따돌리며 히틀러에게 보답했다.

그러나 그의 자존심을 건드린 것은 육상 부문에서 하급 인종으로 깔보았던 미국 흑인 선수들의 발군의 실력이었다. 그는 육상 경기를 거의 빼놓지 않고 참관하면서도 4관왕의 제시 오웬스 선수에게 악수 한 번 청하지 않았다. 대회가 끝난 후 유대인 올림픽선수촌 책임자는 학대에 못 이겨 권총 자살로 히틀러의 위선에 항의했다.

1938년부터 1945년까지 8년간 세계사는 히틀러의 꿈으로 대홍역을 치렀다. 사상의 족보로 따지면 나치즘은 파시즘의 독일판 변형이다. 히틀러 스스로 파시즘은 한때의 모델이었다. 그는 "모든 이즘은 각 나라의 특성에 맞는 독자적인 '이즘'이 되어야 한다"고 강조했다. 큰 차이는 역시 반유대의 인종주의가 가미된 점이다. 사상으로서의 생명을 스스로 단축시킨 것은 바로 이 광기에 있었다. 히틀러는 유대인을 '지구를 좀먹는 흑사병균'으로 매도했다.

히틀러가 왜 이렇게 유대인을 증오했는지는 당시 경제 상황을 보면 쉽게 이해할 수 있다. 유대 국제자본의 유럽 경제 식민화 사업이 온 유럽인들을 불안하게 하고 있을 즈음, 독일 대도시의 부동산은 유대인들이 20% 가까이 차지하고 있었다고 한다. 낙천적이고 인생을 즐기며 살아가는 백인들에 비해 악착같은 물욕을 보이는 유대인들이 그들에겐 눈엣가시가 아닐 수 없었다.

초인플레이션 후유증을 정치적으로 이용하다

여기서 히틀러가 어떻게 세기적 사건인 홀로코스트를 자행할 수 있었는지에 대해 개괄적으로 알아보자. 1923년 11월에 이르러 독일에서는 빵 한 조각의 가격이 1000억 마르크까지 치솟자 고액권을 미처 구하지 못한 노동자는 돈을 수레에 가득 싣고 가야 빵 한 봉지를 살 수 있었다. 그들에게 미래는 없었다. 임금으로 받은 화폐는 한 시간이 지나기 전에 빨리 먹거리로 교환해야만 했다. 그 이상의 시간이 흘러가면 들고 있는 화폐로는 빵 한 조각도 살 수 없었기 때문이다. 그러니 돈을 모아서 뭘 어찌 해보겠다는 생각은 꿈도 꿀 수 없었다. 정부의 무자비한 화폐 발행이 국민들의 무든 부를 강탈한 것이다.

나중에 히틀러가 유대인들에 대한 학살, 곧 홀로코스트를 결정했을 때 독일 국민이 학살에 암묵적으로 동의했던 것도 당시 초인플레이션을 일으킨 주범 가운데 하나가 유대인 금융 자본가들이라고 여겼기 때문이다. 한마디로 이렇게 심각한 초인플레이션을 겪고 그 후유증에 시달리는 독일의 경제위기가 히틀러라는 독재자를 불러들였다. 이처럼 독일이 힘들었던 1933년, 히틀러는 독일인의 피와 땀은 독일인을 위해 사용해야 한다고 주장하면서 정권을 잡았다. 그리고 제일 먼저 착수한 것이 실업자 구제와 유대인 박해였다. 지난날의 신성 로마 제국이라는 말을 들었던 게르만의 왕국, 거기다 비스마르크가 통일한 독일, 그처럼 뛰어난 독일 민족의 마음을 하나로 통합하기 위해 히틀러는 '국가사회주의'를 제창하면서 '제3제국'을 세워 독일 국민을 하나로 통합하였다.

히틀러가 반유대주의를 내세운 것은 정당 창립 때부터였다. 국가사회주의노동자당NSDAP: National Sozialistische Deutsche Arbeiter Partei(일명 Nazi당)은 반공산주의, 반유대주의를 기치로 내걸었다. 나치당 당수 히틀러가 이끈 국가사회주의National Sozialismus 운동을 줄여 나치즘Nazism이라 한다.

나치즘은 열광적인 민족주의, 대중 선동, 독재적 지배 등 이탈리아 파시즘과 비슷한 점이 많지만 그 이론과 실천에 있어 훨씬 더 극단적이었다. 히틀러는 지지자들을 긁어모으고 정권을 장악하기 위해서는 독일 국민의 관심을 나치당으로 모아야 할 필요가 있었다. 흔히 히틀러의 권력 장악이 가능했던 이유로 제1차 세계대전의 패배와 굴욕적인 베르사유 조약에 대한 분노, 그리고 경제공황이 제시되곤 한다. 중요한 것은 히틀러가 그 충격과 굴욕감을 결집시켜 구체적인 권력으로 바꿔나갔다는 점이다.

좌익 척결을 최우선으로 하다

제1차 세계대전을 공식적으로 마무리한 1919년의 베르사유 조약은 독일의 참여 없이 작성된다. 이 조약은 막대한 배상금과 영토의 포기를 강요하여 독일인들의 반발을 샀으며, 히틀러는 이들 감정을 교묘하게 이용했다. 당시 항간에는 1918년 11월 11일의 휴전은 전투 중지에 관한 동의일 뿐 무조건 항복의 수락이 아니며 독일의 패전은 베르사유에서 외교관들에 의해 조작된 것이라는 생각이 널리 퍼져 있었다.

히틀러의 재무장 요구와 배신행위에 대한 복수의 선동은 처음부터 군부의 호응을 얻었다. 독일 군부는 평화를 단지 영토 확장계획의 일시적인 후퇴로 간주했다. 당시 침체된 사회 분위기 속에서 대중의 분노를 해소시키고 민족적 자긍심을 되찾아줄 리더와 새로운 비전이 필요한 시기였다. 히틀러가 그것을 제시한 셈이었다.

우선 필요한 것으로 그런 굴욕을 왜 겪어야 했는지 원인을 알아야 문제를 해결할 수 있었다. 여기에 등장한 논리가 '등 뒤의 비수론'이다. 이 논리는 극우세력이 만들어낸 것으로 제1차 세계대전에서 패배하고 베르사유 조약의 굴욕을 겪은 것은 '독일 사회민주주의자'들, 곧 공산주의자들이 전선에서 영웅적으로 싸우고 있는 군부를 배신한 결과라는 것이다. 실제로 연합군은 휴전 당일까지도 독일 영토에는 거의 발을 들여놓지 못하고 있었다. 히틀러는 좌익, 곧 공산주의자들을 척결 대상 1호로 지목하였다.

유대인 카를 마르크스가 주도한 독일 공산혁명

당시의 상황을 보자. 1918년 독일 혁명은 유대인들이 주도하였다. 그 무렵 독일은 1년 전의 러시아 혁명과 마찬가지로 유대인 마르크스주의자들이 주동하는 혁명의 소용돌이에 휩싸였다. 독일에서 태어난 유대인 카를 마르크스는 자본주의에 대한 전쟁을 선포했다. 그리고 또 다른 유대인 라쌀은 독일의 민중을 조직했다. 유대인 공산주의자들의 활동은 맹렬했다. 에두아르 번스타인은 공산주의 이념을 대중에게 유행시켰고 칼 리쁘끄네히트와 로자 룩셈부르크는 스팔타쿠스단의 폭력혁명을 주동했다. 당시 미국의 참전으로 서부전선에서 막대한 사상자를 내며 패색이 짙어가던 상황에서 사회주의 정당인 독일 사민당SPD은 패배주의 여론을 조장하면서 황제(카이저)를 흔드는 데 총력을 기울였다.

1918년 10월 30일, 독일의 패전이 확실해졌음에도 킬Kiel 군항에 정박 중인 함대에 출동 명령이 내려졌다. 수병들은 명령을 거부하고 집단적인 폭동을 일으켰다. 이를 시작으로 유대계 유력 일간지들의 선동적인 보도로 유혈 소요사태를 동반한 총파업이 독일 전 지역으로 확산되었다. 3일 만에 전 독일은 혁명군의 수중에 들어갔다. 11월 7일 바이에른 왕국이 혁명으로 무너졌다.

이튿날 독립사회당의 유대인 쿠르트 아이스너가 바이에른을 공화국으로 선포하고 대통령에 취임하였다. 다음 날 독일 총리 막시밀리안 폰 바덴 공은 사회민주당 당수 프리드리히 에베르트에게 자리를 물려주고 사임하면서 독일 황제 빌헬름 2세의 퇴위를 발표했다. 이로써 빌헬름 제국은 끝났다. 같은 날 사민당은 기타 마르크스주의적 정당들과 연대하여 사회민주주의공화국, 곧 바이마르 공화국을 선포했다. 2일 뒤 독일은 제1차 세계대전을 끝내는 휴전협정에 조인했다.

독일은 제헌의회를 구성하기 위해 이듬해 1월 19일에 선거를 치렀다. 이 선거에서 사회민주당은 163석, 가톨릭 중앙당은 89석, 그리고 새로 창설된 진보주의적 정당인 민주당은 75석을 얻었다. 나머지 정당들은 그보다 적은 수의 의석을 얻었다. 다수 의석을 차지한 3정파는 곧 제휴를 맺었다.

제헌의회는 사회민주당의 에베르트를 신생 공화국의 초대 대통령으로 선출하였다. 의회는 1919년 2월 6일에 엘베 강 연안의 바이마르에서 열렸다. 이렇게 바이마르에서 제헌의회가 개원함으로써 바이마르 공화국이란 명칭은, 베를린의 정치적 소란을 피해 국민회의가 바이마르로 옮겨 갔던 데서 연유했다.

이러한 혁명의 와중에 뮌헨에서 볼셰비키 혁명을 주동하여 바이에른 사회주의공화국을 탄생시킨 유대인 쿠르트 아이스너는 승리에 도취하여 감격에 겨운 목소리로 "11인의 왜소한 사나이들이 이 위대한 혁명을 달성했소!"라고 선포하였다. 바로 이 '위대한 혁명'을 성취했다는 '11인의 왜소한 사나이들'이 모두 유대인이었다. 나중에 바이에른 공화국이 바이마르 공화국의 한 주로 편입되면서 그는 바이에른 공화국의 초대 대통령이자 마지막 대통령이 되었다. 그리고 많은 수의 유대인 정치가들이 여러 정당을 이끌며 바이마르 정부에서도 주도적인 위치를 차지했다.

등 뒤에서 비수 꽂기

공화국 선포 이틀 후 연합국과의 휴전에 서명한 신정부는 군대의 해산을 명령했다. 이 때문에 독일은 남은 군사력을 담보로 평화 조건을 협상하는 대신 굴욕적인 베르사유 조약을 받아들일 수밖에 없는 처지에 몰리게 되었다. 이 사건은 많은 독일인으로 하여금 독일 유대인들에게서 영원히 등을 돌리게 만드는 결정적인 계기가 되었다. 히틀러는 군대 해산을 명령한 사민당의 정치인들을 '11월의 범죄자들'이라고 불렀다. 이러한 일련의 사태는 독일인들에게 곧 '등 뒤에서 비수 꽂기'로 불리게 되었다.

일단 군대의 해산으로 잠재적인 반혁명 세력이 제거되자 유대인 로자 룩셈부르크, 칼 리쁘끄네히트, 쿠르트 아이스너, 레오 조기쉬스, 프란츠 메링, 클라라 제트킨 등의 급진파가 표면으로 부상하여 러시아 볼셰비키들의 전철에 따라 혁명 장악을 시도했다. 소련으로부터 무기와 자금을 지원받은 로자 룩셈부르크와 칼 리쁘끄네히트의 스팔타쿠스단은 1919년 초 베를린에서 대대적인 무장반란을 일으켰다. 그러나 폭력혁명은 우익 장교단이 지휘한 시가전 끝에 격퇴되었고 주동자인 룩셈부르크와 리쁘끄네히트는 체포되어 처형되었다. 이들 사후 제3차 인터내셔널은 독일 공산당 당수로 유대인 칼 라덱을 임명했고 그의 뒤를 이어 역시 유대계 여류 공산주의자 루스 피셔가 1924년까지 공산당을 이끌었다.

대공황을 계기로 정권 잡은 히틀러

정권 장악을 위해 히틀러는 반유대주의보다 좌익에 대한 공격을 우선하였다. 하지만 좌익을 대부분 유대인들이 이끌고 있었기 때문에 이것은 반유대주의의 시작이나 마찬가지였다. 1923년 11월에 시도했던 뮌헨 쿠데타에서 좌절을 맛본 후 합법적 절차를 통해 정권 장악을 모색하기로 한 히틀러에게는 국회를 장악한 좌익세력에 대한 투쟁에서 승리하는 것이 가장 급했다. 이로써 나치당의 모든 노력은 좌익투쟁에 몰두한다. 그렇다고 유대인을 잊은 것은 절대 아니었다. 숨기지도 않았다.

이후 좌익을 공격하는 것만으로 부족한 나치당은 2차 목표를 유대인으로 삼게 된다. 이미 독일 경제를 유대인 대자본가들이 장악하여 독일인 실업자들이 취직을 못 하고 있다는 식으로 몰아붙이던 나치당이었다. 보유 역량의 대부분을 좌익과의 투쟁에 돌리면서도 반유대주의 선전은 절대 줄어들지 않았다. 고리대금업자, 부르주아 자본가, 돈으로 게르만 처녀를 사는 돼지 등으로 묘사한 유대인에 대한 악선전은 계속되었다.

이처럼 정권 장악 이전에는 공산주의 세력과의 투쟁에 우선하여 반유대 선전은 상대적으로 강도가 낮았었다. 독일 경제가 회복되어 갈 때에는 거의 지지를 얻지 못했던 나치당은 1929년의 대공황으로 다시금 일어설 수 있었다. 1929년에 미국 월스트리트의 증권시장이 무너져 미국 자본의 유입이 사실상 끊겼다. 설상가상으로 미국인들은 국내의 빚을 갚기 위해 이듬해에는 유럽에 직접 투자했던 자본도 모조리 빼내 갔다.

그 때문에 가장 심한 타격을 받은 나라는 독일, 오스트리아, 영국이었다. 당시 바이마르 공화국은 대공황으로 치명상을 입었다. 미국 은행들이 해외 대출금 회수에 나서면서 휘청거리기 시작한 독일 경제는 이내 불황의 늪으로 빠져들었다. 기업들이 연달아 파산하고 실업자가 급증했으며 서민들은 생계마저 위태롭게 되었다.

에른스트 텔만이 이끌던 공산당이 지지를 얻기도 하였지만 부유한 자본가들은 나치당을 지원하기 시작했다. 대공황은 파업과 거리의 시위를 야기시켰다. 경찰은 나치당의 거리 시위대를 눈감아주었다. 만약 대공황이 일어나지만 않았더라도, 나치가 정권을 획득하는 사태는 벌어지지 않았을 것이다. 대공황은 다른 어느 나라보다도 독일에 가혹하게 들이닥쳤기 때문이다. 독일과 미국 양쪽에서 양국의 국민은 일찍이 볼 수 없었던 엄청난 규모로 발생한 실업률을 기존 정치세력 탓이라고 생각했다.

경제가 어려우면 국민은 돌파구를 열어줄 새로운 정권을 원한다. 이러한 위기 상황으로 파시스트들, 곧 히틀러와 나치가 정치적으로 득세하는 계기가 되었다. 히틀러 자신도 깜짝 놀랄 정도로 지지세력이 급증하였다. 독일 노동당의 후신으로 히틀러가 이끄는 나치가 1930년 12월 선거에서 107석을 차지했다. 12석밖에 보유하지 못했던 군소정당이 제2당으로 급부상한 것이다.

이어 1932년 선거에서는 사회민주주의당을 이기고 230석을 차지함으로써 최대 정당으로 올라섰다. 이를 바탕으로 1933년 1월 30일 총리로서 정권을 장악하게 된다. 다음 해 그는 '제3공화국'이라고 부른 국가의 최고 통치자가 된다. 제3공화국이란 앞선 신성 로마 제국과 빌헬름 1세의 독일 제국을 계승한다는 의미다.

집권에 성공한 히틀러는 서구 근대사에서 독점 자본주의와 마르크스-레닌주의로 대변되는 유대인의 정치, 경제, 사회, 문화 권력에 국가적 차원의 제동을 가한 최초의 인물이었다. 집권 초기부터 나치 정부의 일관된 목표는 일련의 차별적인 법적 장치들을 통해 독일 사회에 대한 유대인의 영향력을 점진적으로 감소시키는 한편 독일 유대인 인구의 국외 이민을 최대한 유도하는 것이었다. 한편 히틀러는 정권을 장악하면서 좌익은 철저하게 분쇄하였다. 좌익계 노동조합을 일제히 해체하면서 노조 지도자들을 모조리 잡아가고 로베르트 라이를 지도자로 하는 새로운 독일 노동전선의 설립을 발표하였다. 이로써 독일에서 좌익은 정치세력으로서 씨가 말랐다.

나치의 5단계 반유대주의

　산업혁명을 계기로 유대인들이 여러 산업 분야에 진출하여 성공하였다. 19세기 전반에 걸쳐 독일 내 유대인은 독일의 경제발전에 많은 기여를 했다. 이 과정에서 적지 않은 유대인들이 독일인의 자존심을 건드렸다. 독일인들은 유대인들이 자기 분수를 모르고 너무 나선다고 느끼게 되었다. 더구나 제1차 세계대전에서 독일이 패하여 위축되자 독일에 살고 있었던 유대인들의 경제활동 폭이 더 넓어지고 활발해졌다. 예전에는 아래로 보았던 하등 민족으로 돈은 좀 있었지만 지위가 낮은 민족이라고 생각했었는데, 어느 날 대등해지더니 언젠가부터 자기들보다 높은 지위에 올라 큰 영향력을 행사하고 있었던 것이다. 더러는 오만한 태도로 자신들이 독일의 실질적 지배계급인 듯 행동했다.

　이를테면 주객이 전도된 모양새를 보였다. 독일인들은 오랜 기간 유대인을 혼내주려고 벼르고 있었다. 히틀러는 이러한 대중의 반유대적인 공감대를 잘 이용하여 정권의 기반으로 삼고 나아가서는 홀로코스트라는 인류 최대의 재앙을 연출했다.

1890년대까지의 인종주의적 반유대주의가 유럽뿐 아니라 미국에서도 중요한 문화적·정치적인 힘으로 발전했다. 세계적이고도 일반적인 구조적 현상이 된 것이다. 이로써 많은 반유대주의적 정당, 결사, 선전기구가 생기면서 반유대주의가 제도화되었다. 그리고 그것은 1920~1930년대의 대대적인 확산을 통해 결국 나치의 유대인 학살을 예비하게 된다.

히틀러는 세계사를 '적자생존'의 원칙에 의해 지배되는 인종들 사이의 끝없는 생물학적 투쟁으로 파악했다. 그리고 그 투쟁에서 아리아족의 유럽이 위험에 처해 있다고 믿었다. 그에게 유럽의 주된 적은 국제적인 유대인 집단이었다. '국제적 금융자본주의'와 '국제적 사회주의'가 유럽을 불안정하게 만들고 있다고 보았다. 더 나아가 이 두 요소가 유럽 사회를 뒤집어엎으려는 유대인들의 두 핵심 무기라고 보았다. 유대인이 중요한 역할을 하는 미국의 자본주의와 유대인들이 뒤에서 조종한다고 믿은 볼셰비즘을 아리아 인종에 대한 주된 위협요인으로 본 것이다. 아돌프 히틀러의 유대인 박해는 그가 1933년 1월 30일 총리가 된 지 1개월 만에 시작되었다. 나치의 반유대주의는 5단계의 과정을 거쳐서 전개되었는데, 단계마다 그 강도는 강화되었다.*

❖ 막스 디몬트 지음, 김용운 옮김, 《유태의 역사》, 대원사, 1990

제1단계: 노골적인 유대인 박해를 시작하다

제1단계는 나치가 정권을 획득한 1933년에 시작되었다. 주로 유대 상점의 약탈, 유대 상점에 대한 불매운동, 유대인에 대한 산발적 폭행 등으로 나타났다.

❖ 유대인 상점을 폐쇄하는 나치

제3제국의 탄생

정권을 장악하는 과정에서 좌익세력을 척결한 히틀러는 이로써 완전한 독재정권을 수립하였다. 그는 1934년 제3공화국 총통에 오른 히틀러는 게르만 민족에게는 신성 로마 제국이 제1제국이고

1871년 통일제국이 제2제국이며 자신이 수립한 나치 체제가 독일 민족이 세운 세 번째 제국으로서 앞으로 1000년은 지속될 것이라고 주장했다.

"위대한 독일 제국의 국민들이여, 본인은 지금 이 시간부로 베르사유 조약을 전면 폐기할 것을 선언한다! 이제 독일 제국군은 무제한으로 무장할 것이며, 전쟁 배상금은 단 한 푼도 지불하지 않겠다!" 히틀러 총통은 1935년 베르사유 조약의 파기를 선언하고 재

무장을 천명했다. 노골적인 전쟁 준비에 들어간 것이다.

제1차 세계대전의 패전으로 국민적 자존심이 바닥을 기고 있던 찰나에 점차적으로 자국의 위상을 드높임은 물론 자신들의 굶주림을 해결해주고 있었으니 자연 히틀러 총통과 나치스당에 대한 지지는 절대적이었고 종전 이후 10만 명 안팎으로 유지되던 독일군은 순식간에 60만 명 이상으로 불어났다.

제2단계: 뉘른베르크법

제2단계는 1935년 뉘른베르크법의 제정에서 시작되었다. 세계 역사상 유례를 찾아보기 어려운 인종차별적인 내용을 담고 있는 법안이었다. 유대인 학살의 최초 법적 근거가 된 이 법은 독일인과 유대인을 철저히 분리시키고 있었다. 이 법의 전문은 독일 혈통의 순수성을 독일 민족이 존재하기 위한 전제조건으로 규정하고 있다. 법 내용을 보면 기가 막힌다.

1조 1항에서는 독일인과 유대인의 결혼을 금지했다. 독일 내뿐만 아니라 외국에서의 결혼도 무효화했다. 독일인과 성관계를 가진 유대인은 강제수용소로 보내졌다. 성관계를 맺은 독일인도 3개월 동안 정신교육을 받아야 했다. 이 법에 따라 유대인과 입을 맞추거나 손을 잡는 행위도 처벌받았다.

또한 유대인은 공공 의자에 앉지 않는 것이 금지되었고, 그 외에도 국립학교의 유대인 자녀 입학 금지, 의사나 검사 자격의 박탈, 유대인임을 표시하는 황색별 부착에 이르기까지 유대인들은 자신들의 권리를 박탈당했다.

유대인의 피를 받은 자는 모두 공
민권이 박탈된다고 규정한 이 법으
로 인해 유대인은 직장에서 쫓겨나
고 사업체를 박탈당했다. 조부모 중
에 한 사람이라도 유대인이라면 손
자까지 그 대상이 되었다. 이후 유
대인임을 가리는 기준이 조부모 중

✦ 마치 멘델의 우열의 법칙을 설명한 것처럼 보이는
위의 그림은 나치가 뉘른베르크 법을 설명하기 위
해 만든 그림이다. 왼쪽부터 첫 번째가 독일인이고
나머지가 조부모 중에 유대인의 피가 어느 정도 섞
였는지에 따라 유대인 혼혈등급을 매긴 것이다.

에 유대인이 있느냐 없느냐의 여부로 자리 잡았다. 유대인 소유 기업
은 배척받아 파산했으며 유대인은 지방정부와 법원, 대학에서 쫓겨
났다.

이 법의 3조는 독일인은 45세 이하의 유대인 여성을 가정부로 두
는 것을 금하였다. 실제로 60세 된 독일 노인이 과거에 자기 집의 하
인으로 있던 30세의 유대인 여성에게 가볍게 입을 맞추었다가 사형
당한 경우도 있었고, 자기 집에 초대한 유대인에게 "외투를 벗고 편
히 앉으라"고 말했다가 처벌당한 독일인도 생겨났다. 4조 1항은 점입
가경이다. 이 조항은 유대인이 독일 국기를 게양하는 것을 금지했다.
이 법을 어긴 자는 강제 노동형에 처해졌다. 유대인은 더 이상 독일
국민이 아니었다.

1933년부터 1938년 사이에 이루어진 일련의 법령, 몰수, 대학살로
히틀러는 독일 유대인의 정치적·경제적 기반을 무너뜨리는 데 성공
했다. 나치 독트린에 따르면 그 가운데는 유대인 혈통을 가진 수천 명
의 독일 그리스도교도도 포함되어 있었다.

1935년 미연방 의회는 나치의 박해를 피해 이주하는 유대인들을

주축으로 하는 망명객들에게 이민을 허용하는 이민 법안을 통과시켰다. 이로 말미암아 1935년부터 1945년 사이에 유대인을 포함한 약 30만 명의 이민자들이 미국에 정착하게 된다.

제3단계: 반유대주의를 전 유럽으로 확산하다

제3단계는 조직적인 폭력이 이루어지고 대량으로 체포되어 강제 수용소로 보냈던 시기다. 그 이전까지만 해도 유대인의 팔레스타인 이민을 촉진하기 위해 독일 정부는 일부 시온주의 단체들과 긴밀하게 협력하기도 했으며 1938년에는 유대인 국가 건국을 위해 아프리카 동남부의 마다가스카르 섬을 세계 시온주의 의회에 공식 제안하기도 했다. 결론적으로 전쟁 발발 전 국가사회당 정부의 유대인 정책 주안점은 격리와 국외 이민이었다. 반유대인에 대한 여러 선전활동이 성공을 거두자, 나치는 반유대주의가 독일이 다른 유럽 국가에 진출하는 데 유용하게 적용될 수 있다고 확신하게 되었다. 1938년 9월 이탈리아의 파시스트 무솔리니는 독일의 반유대주의 종족법을 본보기로 반유대법을 공포했다.

상황은 점점 악화되어 간다. 1938년 독일과 오스트리아의 합병으로 오스트리아 유대인들도 독일법의 적용을 받게 됐다. 모든 유대인 남자는 공식 문서의 이름과 성 사이에 '이스라엘'을, 여자는 '사라'를 써넣어야 했다. 유대인이라는 것을 표시하기 위해서였다. 10월에는 모든 독일 유대인의 신분증이 회수됐다. 이제야 상황을 파악한 수많은 유대인이 인접한 폴란드로 피난길에 올랐다. 하지만 폴란드는 국경을 열어주지 않았다. 1만 5000여 명의 유대인이 국경에서 노숙하며 추위와 굶주림에 시달려야 했다. 그런데 이때 엄청난 사고가 터진다. 1938년 11월 초 17세의 한 청년 유대인 망명자가 파리 주재 독일대사관의 참사관을 살해한 것이다. 독일의 유대인 학대에 대한 한 젊은 청년의 항거였다.

대학살의 서막, '제국 수정의 밤'

히틀러는 이 기회를 놓치지 않고 선동적인 반유대주의 선전을 펼쳐나갔다. 그는 이 사건을 세계 유대주의의 음모로 돌렸고 각 학교와 기업체에서 거대한 장례식, 베토벤 음악, 선동적 애도 등으로 이루어진 행사를 펼쳐나갔다. 그리고 나치 돌격대가 마지막 역할을 맡았다.

1938년 11월 9일 저녁 나치 당원들과 돌격대원이 앞장서고 평범한 독일 시민까지도 합세해 손에 횃불과 벽돌 조각과 몽둥이를 들고 유대인 사냥에 나섰다. 나치는 스스로 이 날을 '제국 수정의 밤 Reichs kristall nacht'이라는 아름다운 이름으로 불렀다. 산산이 부서져서 거리에 널린 유대인 상점의 유리조각들이 수정처럼 빛났기 때문에 그렇게 이름 붙였다고 한다. 나치의 그로테스크한, 변태적인 시적 재능이다. 그러나 당시 'Kristall'은 수정이 아니라, 불타는 가옥의 유리창이 터져 나오는 광경을 뜻하는 것이므로 영어로는 흔히 'Night of Broken Glass'라고 번역한다.

이날 저녁 독일 전역에서 200여 유대 교회당과 유대인 묘지, 수천의 유대인 주택과 상점이 파괴되고 불탔다. 이날 최소한 유대인 91명이 살해되었고 3만 명이 체포되어 강제수용소에 감금되었다. 대다수 독일 국민은 이 장면을 지켜보고 있었다. '크리스탈 나흐트' 대학살

결과 이틀 사이에 독일과 오스트리아에 있었던 거의 모든 유대교 회당과 유대인 기관이 불에 타고 파괴되었다. 8000여 곳의 유대인 상점이 약탈당했으며, 2만 5000여 명의 유대인들이 강제수용소로 끌려갔다. 이 사건은 아돌프 히틀러가 지시한 유대인 대학살인 홀로코스트의 서막이었다.

그 뒤 독일과 오스트리아 유대인의 재산 대부분은 가혹한 벌금과 기타 강제징수로 몰수되었다. 그리고 독일은 1939년 체코슬로바키아를 합병해 이들 나라의 유대인을 구속시켰다. 반유대주의의 역사를 가지고 있던 헝가리도 1938년 히틀러의 법을 모델로 하여 처음으로 반유대 법령을 제정했다. 루마니아에서도 1939년 11월 유대인의 3분의 1 이상이 공민권을 박탈당했다.

과격한 공산주의와 유대인

그러면 히틀러는 왜 유대인을 몰살하려 했는가. 그 배경은 제1차 세계대전에서 찾을 수 있다. 제1차 세계대전에서 패배한 독일은 러시아에서 피난 온 독일인들로부터 과격한 볼셰비키 혁명을 주도한 유대인들에 대한 이야기를 들은 후 태도가 돌변하였다. 당시 러시아는 독일에 가장 강력한 위협적 존재였다. 독일인은 유대인을 볼셰비키 혁명과 관련지어 생각하게 되었다. 당시 공산주의의 배후는 유대인들이라는 것이 유럽인들의 보편적 시각이었다. 히틀러는 어떻게든 독일의 공산화는 막아야겠다고 생각했다. 그러기 위해서는 국내외를 막론하고 볼셰비키 유대인들의 뿌리를 뽑아야 한다고 믿었다. 이것이 훗날 러시아 침공의 가장 주된 이유였다.

당시 교황의 유대인관

히틀러 집권 시기의 교황 비오 11세(1922~1939년)도 공산주의의 혁명과 확산 뒤에는 이를 조종하는 유대인들이 있다고 보았다. 교황은 유대인을 가리켜 "그들 극소수의 손에 엄청난 권력과 경제적 독재권이 집중되어 있다. 그들은 세상의 돈을 소유하고 마음대로 조작하며 여신을 통괄한다. 이처럼 경제와 사회 전체의 핏줄을 움켜쥐고 있어 그들 앞에서는 감히 아무도 숨조차 제대로 쉬지 못한다"고 혹평했다.

교황의 이야기를 직접 들어보자.

"그 사악함과 간교함에 있어 인류의 역사상 유례를 찾아보기 어려운 공산주의 이념이 빠른 속도로 확산되는 데는 공산주의자들의 거짓된 선전과 선동 이외에도 또 다른 원인이 있다. 공산주의는 하나로 통일된 어떤 중앙권력의 조종 아래 여러 민족의 문화와 특성에 따라 교묘하게 변형된 형태로 전파된다. 공산주의를 퍼뜨리는 핵심 세력의 손끝에는 막대한 금융자원과 셀 수 없는 단체들, 조직들, 국제기구들, 철저하게 훈련된 공작원들, 언론사, 출판사, 영화사, 연극무대, 라디오, 각급 학원들, 그리고 대학교들이 놓여 있다. 오랜 시간에 걸친 이 거대한 네트워크의 일관된 노력으로 공산주의 사상은 조금씩 모든 계층 사람들의 머릿속에 파고든다.

공산주의의 확산을 설명해주는 또 다른 주된 원인은 공산주의 이념이 불러온 재앙에 대한 세계 주요 언론의 의도적인 침묵이다. 우리가 의도적인 침묵이라고 부르는 이유는 일상에서 일어나는 사소한 일들까지 기사화하여 독자들의 시선을 끌려 애쓰는 이들 언론이 러시아와 멕시코에서 일어났던 엄청난 비극과 현재 스페인에서 저질러

지고 있는 공산주의자들의 반인륜적인 만행에 대해, 또는 러시아의 공산정권과 같은 거대한 국제공산주의 조직에 대해서는 신기하게도 일언반구가 없기 때문이다. 이들이 침묵을 지키고 있는 이유는 이들 언론사를 지배하는 오컬트 세력(프리메이슨) 때문으로, 이들의 변함없는 목표는 과거와 다름없이 기독교의 말살과 기독교적인 사회질서의 전복이다. (중략)

이들이 퍼뜨리는 공산주의 프로파간다의 해악은 바로 지금 우리의 눈앞에 있다. 유명한 공산주의 이론가들이 이미 공개적으로 천명했듯이 그들의 목표는 기독교 서구 문명과 기독교 종교의 말살이며 인간, 특히 젊은이들의 마음속으로부터 신에 대한 기억을 추방하는 것이다. (중략)

스페인에서 공산주의자들은 그들의 손이 미치는 모든 성당과 수도원들을 파괴하고 불살랐으며, 노동계층과 가난한 사람들을 위해 헌신했던 수천 명의 남녀 성직자들을 잔인하게 학살했다. 그러나 공산주의자들이 저지른 만행의 희생자들 대다수는 일반 양민들로 이들은 야만적인 방법들로 살해되었다. 꼭 정치 지도자들이 아닌 평범한 사람이라도 양식이 있다면 지금 스페인에서 일어나고 있는 일들이 내일은 또 다른 문명국가에서 되풀이될 수도 있다는 생각에 몸서리치지 않을 수 없을 것이다. 한 개인으로서, 또 한 사회의 일원으로서 모든 인간에게 어느 정도의 속박과 자기절제는 필수적인 것이다. 그러나 신을 인간의 마음에서 지워보라. 그러면 그들은 정욕이 이끄는 대로 그 어떤 끔찍한 만행까지 마다치 않는 짐승들로 변모하게 되는 것이다.”[*]

이렇듯 교황조차도 공산주의자들의 배후에는 유대인의 조직적 개입과 그들의 결사조직인 ‘프리메이슨’이 있다고 보았다. 또한 유대인의 궁극적인 목표는 ‘기독교의 말살’이라고 여겼다. 프리메이슨이란 18세기 초 영국에서 시작된 세계 시민주의적인 의식과 함께 자유주의적·개인주의적·합리주의적 입장을 취하며 인도주의적 우애를 목적으로 하는 단체이나 외부의 시각은 유대인들이 세계 각국의 엘리트를 포섭하여 세상을 지배하려는 비밀단체로 보았다. 특히 유대교의 신비주의적 색채가 강하다고 본 것이다. 그 때문에 기존의 종교 조직들, 특히 로마 교황청을 주축으로 하는 로마 가톨릭으로부터 대대적인 탄압을 받게 되어 지금과 같은 비밀결사적인 성격을 띠게 되었다. 교황의 이야기는 당시 유

⁂ 교황 비오 11세

❖ Divini Redemptoris, March, 1937

럽인의 유대인관(觀)을 엿볼 수 있는 대목이다.

히틀러, 유대인은 곧 좌익이라는 등식을 만들다

히틀러에게 이론상 빌미는 레닌과 독일 내 유대인 공산주의자들이 제공했다. 레닌은 유대인이었으며 러시아 혁명의 많은 지도자가 유대인이었다. 그 뒤 독일 혁명도 유대인에 의해 주도되었다. 이 점에 착안하여 히틀러는 이를 아예 '유대인=좌익'이라는 공식으로 만든 것이다. 실제 독일 사회주의자들 가운데 유대인이 많았다. 유대인은 러시아 사회에서도 엄청난 반유대주의에 시달렸고 실제로 우크라이나 등지에서 무참하게 학살당하였다. 이후 독일 등 유럽 내 자본가 계층, 곧 부르주아 계급인 유대인들도 모두 공산주의자로 몰린다.

요제프 괴벨스

당시 직접적으로 반유대 정서에 불을 지피고 유대인 학살을 주도한 건 요제프 괴벨스(Joseph Goebbels)였다. '히틀러의 스피커'라는 별명으로 유명한 요제프 괴벨스는 언론 장악이 얼마나 무서운 것이며 권력 장악에 있어 대중을 사로잡는 가장 강력한 도구가 될 수 있음을 보여준 인물이다. 그는 대학교 철학박사 출신으로 기자로 들어가려 했으나 유대인들이 언론을 지배하던 현실이라 승급이 되지 않아 금융업에 발을 들였다. 그런데 그곳도 유대인들이 모두 차지하고 있었다. 한편 은행에서 살인적인 인플레이션과 뻔뻔한 투기자들을 목격했다.

결국 그는 나치스의 중앙언론에 들어갔으며 1933년 홍보장관이 되었다. 나중에 총통대리까지 올라간 인물이다. 선동의 천재였던 그

는 라디오와 TV를 통해 정치선전을 했는데, 정기
적인 TV 방송으로 선전한 것은 세계 최초였다. 그
는 수화에도 소질이 있어 연설할 때 수화를 같이
했다. 그의 수화는 매우 현란했기 때문에 사람들
이 괴벨스에게 마음이 뺏겼다고 한다. 선전 방송
을 들은 당시 독일 국민들은 패전의 상황에서도
승리를 확신할 정도였다.

∴ 요제프 괴벨스

　태어날 때부터 절름발이였던 그는 유대인에 대
한 분노로 뭉쳐 있었다. 그는 "유대인은 이 세상에서 사라져야 할 인
종"이라고 광적으로 독일 국민들에게 가르쳤다. 괴벨스가 독일 국민
을 선동한 키워드는 '하나의 민족'이었다. 그는 산적한 사회문제를 해
결한다는 '민족 공동체' 개념을 앞세워 대중의 감정과 본능을 흔들
었고, 전략은 적중한다. 당시 독일 국민들은 모든 것을 차지하는 유
대인들이 맘에 들지 않아 괴벨스의 주장에 현혹되었다.

1939년 1월 30일, 히틀러의 제국의회 연설

　히틀러는 전쟁의 배후에는 유대인의 음모와 이를 지원하는 유대
금융 자본가들이 있다고 보았다. 그는 재앙을 예고했다. "유대인 문
제가 해결되지 않는 이상 유럽의 평화는 기대할 수 없는 것입니다. 세
계는 원만한 합의에 이를 도량을 가지고 있습니다. 그러나 신의 선민
이라면서 다른 민족들의 몸체에 기생하면서 그들의 생산적인 노동
을 착취하는 행태는 더 이상 용납할 수 없습니다. … 다른 민족들처
럼 유대인도 정직하고 생산적인 노동으로 그들의 삶을 꾸려가는 방
법을 터득해야 할 것입니다. 그렇지 않은 이상 그들에게는 상상할 수

없을 정도의 재앙이 닥칠 것입니다. … 만약 유대 국제금융자본이 다시 한 번 유럽의 국가들을 세계대전으로 내모는 데 성공한다면 그 전쟁의 결과는 유대인의 승리가 아니라 유럽 유대인의 전멸이 될 것입니다!"

제4단계: 게토에 수용하다

제4단계는 1939년 9월 제2차 세계대전 발발 이후다. 1939년 9월, 독일의 폴란드 공격으로 제2차 세계대전이 시작됐다. 포성이 폴란드를 뒤흔들었다. 이제 유럽 전체가 전쟁의 소용돌이에 휩싸이게 된다. 전쟁이 일어나자 유대인은 더 이상 시민이 아니었다. 공립학교에 다닐 수 없었다. 실제로 사업을 하거나 직업을 가질 수도 없었다. 또 토지를 가질 수도 없었다. 유대인이 아닌 사람과는 사귈 수도 없었다. 공원이나 도서관, 박물관에조차 갈 수 없었다. 그래도 1939년까지는 독일 정부에 돈만 내면 유대인은 독일을 떠나는 것이 허용되었다. 그리하여 그해까지 독일에 거주하는 50만 유대인 중에서 30만 명이 독일을 떠났다.

1939년 9월 제2차 세계대전 발발 후부터 모든 독일계 유대인과 오스트리아 유대인들이 폴란드에 마련한 게토에 보내졌다. 그들은 유대인 거주지역인 게토 안에서만 살라는 명령을 받았다. 그곳에서 유대인들은 병들고 굶어 죽어갔다. 폴란드에 살고 있던 300만여 명의 유대인들의 삶은 비참했다. 저녁 8시 이후 외출이 금지됐다. 대중교통도 이용할 수 없어 걸어 다녀야 했다. 모든 가정집의 전화기가 압수됐으며, 공중전화 박스에는 '유대인 사용 금지'라는 경고 문구가 붙었다. 식량 배급에서도 제외되어 가지고 있던 것을 서로 나눠 먹으며 하루하루를 버텼다. 가장 견디기 어려웠던 것은 차별이었다. 6세 이상 모든 유대인은 가슴에 노란색 바탕에 검은색으로 '유대인Jude'이라는 글씨가 적힌 다윗의 별을 착용해야 했다.

당시 독일 점령 지역에는 1634개의 집단수용소와 900개의 강제노동수용소가 있었는데 많은 수의 유대인들이 그곳에서 굶주림과 과도한 노동으로 죽어갔다. 노동의 강도는 가히 살인적이었다. 강제 노동에 동원된 노동자들의 수용 이후 평균수명이 3개월에 불과했다는 기록도 있다. 1941년에는 이주 금지령도 내려졌다. 다행히 그전에 독일과 폴란드를 빠져나가 목숨을 구한 행운아들도 있었다. 도망치지 못한 유대인

들은 꼼짝없이 앉은자리에서 죽음을 맞이해야 했다.

제5단계: 대학살을 감행하다

제5단계는 1941년 러시아 침략 이후 강제수용소의 목적이 구금에서 살인으로 변한 시기다. 전쟁에 돌입한 천년제국은 국민적 지지를 더욱 확고히 강화할 필요를 느꼈다. 이를 위해서는 민족적 단합을 주도할 새로운 희생거리가 필요했다. 민족의 우수성과 순수성을 지키기 위해서는 독일 내 비독일인을 소탕해야 한다는 주장을 폈다. 이것은 곧 인종청소라는 이름으로 시작되었다.

1940년과 1941년을 통해 폴란드에서 다수의 유대인이 계속해서 죽어간 것도 엄청난 일이지만, 진정한 의미에서 대량 살육이 시작된 것은 1941년 6월 22일, 히틀러가 러시아 침공을 개시하고 난 다음의 일이다. 이 작전의 목적은 유대 적색혁명의 총본산을 섬멸해서 당시 소련의 지배 아래 있었던 500만 명의 유대인을 수중에 넣는 일이었다. 1941년 3월 3일, 요들 장군은 군사일지에 대소련 작전이 개시되는 날에는 '유대-볼셰비키 지식계층' 박멸을 위해 친위대 헌병 조직을 육군 최전선 지역으로 전개할 필요가 있다고 한 '히틀러의 결정'

을 기록하고 있다.

소련 영토 안의 유대인 가운데 400만 명은 독일 육군이 1941년부터 1942년에 걸쳐 제압한 지역에 살고 있었다. 이 가운데 250만 명은 다행히 독일군이 도착하기 전에 탈출했다. 나머지 주민의 90%는 도시에 있었기 때문에 나치 특별 행동대에 의해 90만 명 이상이 살해되었다. 거의 모든 유대인은 시 교외에 있는 웅덩이 곁에서 사살되었고, 웅덩이는 그대로 무덤구덩이가 되었다. 1942년부터는 유대인은 무엇을 잘못했기 때문이 아니라 유대인으로 태어났다는 이유만으로 죽어야 했다.

일반인에게 잘 알려진 아우슈비츠의 가스실은 하루 1만 2000명까지 처리할 수 있었다. 그 가스실에서 수많은 유대들이 시체로 변해 갔다. 폴란드 바르샤바에서는 순전히 학살을 위해 매일 6000명씩 유대인을 선발해 이동시키는 수용소행 열차가 운행됐다. 가스실은 '샤워실'로 불렸다. 유대인들이 샤워를 한다는 말을 듣고 가스실로 향했기 때문이다. 아우슈비츠에는 5개의 가스실이 있었다. 하루에 6만 명

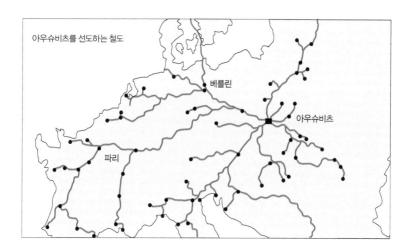

아우슈비츠를 선도하는 철도

베를린

아우슈비츠

파리

을 살해할 수 있는 시설이었다. 아우슈비츠에서만 그렇게 200만 명 이상 살해됐다.

유럽에서 직접 혹은 간접적으로 나치의 통제 아래 있었던 유대인은 약 900만 명이었다. 나치는 이들 가운데 600여만 명을 학살했다. 나치는 자신의 손아귀에 있었던 유대인의 67%를 죽인 셈이다. 1939년부터 1945년까지 희생당한 유대인은 당시 유럽과 러시아에 거주하던 모든 유대인 1100만 명의 절반이 넘는 숫자다. 나라별로 대략 폴란드에서 300만, 러시아 120만, 루마니아 35만, 헝가리 30만, 체코 27만, 독일 18만, 리투아니아 13만, 네덜란드 10만, 프랑스 9만, 그리스 6만, 유고 6만, 오스트리아 6만 명 등이었다.

유대인의 피해가 적었던 이탈리아

특이한 것은 무솔리니가 집권해 있었던 독일의 동맹국 이탈리아에서는 의외로 유대인의 피해가 적었다는 점이다. 이탈리아에서도 반유대법이 시행되기는 했지만 주민들이 알음알음으로 유대인들을 감싸주었기 때문이다. 이러한 분위기는 이탈리아 통일 당시 유대인들의 공헌 덕분이었다. 유대인들은 이탈리아 통일을 위해 1800년대 초부터 비밀결사대 '카르보나리당'에서 이탈리아인과 함께 싸웠다. 반란은 좌절되었으나 이후에는 마치니의 청년 이탈리아당에서 결집했다. 이 혁명 역시 참패로 끝났다. 그러나 마치니와 함께 투쟁했던 주세페 가리발디가 1849년 이탈리아를 통일하는 데 성공했다.

유대인은 투쟁 때와 마찬가지
로 헌신과 희생으로 공화국에
충성했으며 정부의 요직을 맡았
다. 그러나 공화국은 또다시 '신
성동맹'에 의해 분열되었다. 그럼
에도 좌절하지 않고 통일을 위
한 지하운동은 계속되었다. 이

때 베르디의 오페라 〈나부코〉에 나오는 나라 잃은 유대 노예들의 합
창은 이탈리아인들의 심금을 울렸다. 유대인도 가리발디의 혁명당원
과 함께 마치니의 군대에 가담하여 싸웠다. 마침내 혁명이 성공하고
1861년 새로운 입헌군주제가 선포되었다.

새로운 이탈리아에서 유대인은 주도 세력에 설 수 있었다. 유대인
루이자 루자티는 총리가 되었고 5차례나 재무대신을 역임했다. 주세
페 오토렝기는 군사대신이 되었고 시드니 손니노는 총리를 두 번이
나 지냈다. 루드비코 모르타니는 법무대신과 대법원장을 지냈다. 이
렇게 이탈리아인들과 함께 싸우며 통일을 쟁취한 건국의 지도자로
서 유대인들을 기억하고 있는 이탈리아인들이 히틀러의 압박 속에
서도 유대인을 가슴으로 감싸고 도운 결과였다.

히틀러의 3대 적: 공산주의자, 유대인, 슬라브족

이때 희생당한 것은 유대인뿐만이 아니었다. 히틀러는 3대 적을 전
멸시킬 인종청소 계획을 갖고 있었다. 그 첫 번째가 공산주의자요,

두 번째가 러시아의 공산체제를 주도적으로 세운 유대인이었으며, 그리고 세 번째가 슬라브족이었다. 이 세 가지 요소를 함께 없애려 작정했다.

유럽 각국에서 잡아온 유대인, 집시, 공산주의자 및 비유대인 노약자 등 인종청소를 위한 대량학살이 시작되었다. 중세기부터 시작된 기독교 사회의 유대인 박해는 여러 가지 형태가 있었지만 홀로코스트만큼 그 규모나 잔혹성이 두드러진 적은 없었다. 그리고 집권 이듬해에 '유전 위생법'이란 것을 공포했는데 나치는 이를 바탕으로 유대인 이외에도 집시, 러시아인 등 1000만 명 이상을 학살하였다.

눈앞의 비극에 침묵한 유럽 사회

눈앞에서 벌어지는 이런 비극을 뻔히 보면서도 유럽 사회는 침묵했다. 가톨릭교회도 침묵했다. 당시 바티칸은 유대인 학살에 대해 한마디 발언도 하지 않았다. 1943년 9월부터 1944년 6월까지 독일이 로마를 점령하는 기간 동안 독일은 교황이 보는 앞에서 약 2000명의 유대인들을 아우슈비츠 등으로 실어 갔다. 이들 중 10여 명만 제외하고 모두 살해됐다. 물론 교황이 바티칸에 477명의 유대인을 대피시키긴 했지만, 이는 지극히 소극적인 태도였다.

유대인들 스스로도 이러한 사실을 믿으려 들지 않았다. 유대인의 저항을 최소한으로 억제하기 위해 독일인은 거짓말을 하고, 정교한 속임수를 구사했다. 게토에서의 이송은, 언제나 공장으로의 이동이라고 이야기했다. 숲 속의 호수가 그려진 엽서를 대량으로 인쇄해서

∴ "노동이 너희를 자유롭게 하리라"라는 역설적 문구가 걸려 있는 아우슈비츠 수용소 입구

이를 강제수용소의 유대인들에게 사용하게 했다. '잘 있다. 일도 잘
하고 건강하다'고 쓰게 했다. 수용소로 향하는 도중에는 기차표 매
장이 있는 가공의 역까지 건설해놓고, 역사에는 손으로 그린 시계와
'비알리스토크 방면'이라고 쓴 표지까지 걸어놓았다.

샤워룸으로 보이게 위장해놓은 처형실 문짝에는 적십자 마크를
붙여놓았다. 친위대는 때때로 유대인이 '샤워룸'을 향해 정렬하는 사
이에 '죄수'들로 구성된 오케스트라에게 음악 연주를 하게 했다. 그
들은 이런 거짓을 마지막 단계까지 했다. 어떤 희생자의 주머니에서
발견된 메모에는 이렇게 씌어 있었다. "오랜 여행 끝에 간신히 여기에
도착했다. 입구에는 '목욕실'이라는 표지가 걸려 있다. 밖에서는 사
람들이 비누와 수건을 받아 들고 있다. 놈들은 이제 우리에게 무슨
짓을 하려는 것일까."

1942년 8월 18일, 친위대의 소독 전문가였던 쿠르트 거슈타인은

가스실로 차례차례 들여 보내지고 있는 유대인 성인과 어린이들을 향해 어떤 친위대 장교가 노래하듯 이렇게 말하는 것을 들었다. "전혀 아프지는 않단다. 자, 숨을 한껏 들이쉬렴. 허파가 강해진단다. 전염병에 걸리지 않게 하기 위해서지. 정말 좋은 소독제니까." 이런 거짓말을 유대인 대다수는 믿었다. 그들 자신이 속고 싶다는 마음을 가지고 있었으니까. 이 사람들은 희망을 필요로 하고 있었다. 친위대는 일부 유대인만이 수용소로 보내질 것이라는 거짓말을 게토에서 교묘하게 퍼뜨렸다. 그리고 열심히 협력하면 할수록 살아남을 기회가 늘어난다는 소리를 유대인 지도자에게 불어넣었다. 게토의 유대인은 절멸 수용소의 존재를 좀처럼 믿으려 하지 않았다. 1942년 유대인 젊은이 두 명이 헤움노 수용소에서 탈출하여 그곳에서 본 것을 이야기했을 때, 너무 고생을 많이 해서 실성한 모양이라고 하는 사람이 있었고, 그들의 보고를 지하조직의 신문에서는 덮어두고 말았다. 4월 들어 벨제츠에서 온 보고가 헤움노의 이야기와 부합한다는 것이 확인되면서 비로소 바르샤바 유대인들은 유대인 절멸 음모가 있다는 것을 이해하게 된다.

이러한 무관심 속에서 폴란드 유대인의 90% 이상이 살해됐다. 벨기에에서는 6만 5000명의 유대인 가운데 4만 명이 죽었다. 네덜란드에서는 유대인을 보호하기 위한 총파업까지 있었지만 70% 이상의 유대인이 학살됐다. 우크라이나, 벨기에, 유고슬라비아, 루마니아, 노르웨이에서는 거주 유대인의 50% 이상

이 죽었다. 그리스에서는 6만 유대인 중 5만 4000명이 살해되어 고대로부터 이어온 그리스 유대인 사회가 붕괴됐다.❖

유대인 과학자의 두 얼굴

19세기 유럽의 폭발적인 인구 증가는 식량 문제를 야기했다. 식량 증산을 위한 비료가 모자랐다. 땅속의 질소 화합물은 식물이 자라는 데 필수요소인데 이를 대신할 질소화합물은 칠레산 초석이었으나 그나마도 고갈되어 가고 있었다. 단백질과 핵산의 성분인 질소는 생물에게 꼭 필요한 원소다. 대기의 78%가 질소기체로 구성되어 있지만 대부분은 유기체에 유용하지 않은 형태로 존재한다. 다만 미생물에 의한 변환을 통해 질소는 식물에 유용한 형태로 변한다. 공기 중에 78%의 질소가 포함되어 있음에도 정작 식물에 필요한 질소를 얻을 수 없다는 것은 참으로 아이러니한 문제였다.

자연에서는 콩과식물의 뿌리에 기생하는 뿌리혹박테리아 등에 의해 질소고정이 일어난다. 과거에는 콩을 다른 작물과 번갈아 심거나 콩과식물이 자란 후에 갈아엎는 등의 방법을 통해 농업생산량을 늘릴 수 있었다. 그러나 이런 방법으로 질소를 얻는 것은 한계가 있어 농업생산량은 더 이상 늘 수 없었다. 이 문제를 해결하기 위해 우선 과학자들은 산화질소NO라는 화합물을 만들 방법을 찾기 시작했다.

❖ 폴 존슨 지음, 김한성 옮김, 《유대인의 역사》, 살림, 2014;
우광호, 〈유대인 이야기〉, 《가톨릭신문》 등

번개가 칠 때 우연히 산화질소가 만들어진다는 사실을 발견했기 때문이다. 즉 전기를 이용하면 질소 화합물을 만들 수 있다는 것이다. 그런데 이때 필요한 전기 스파크 온도가 2000~3000도의 고온이었기에 현실성이 없었다. 그래서 과학자들은 공기의 약 80%를 차지하는 질소를 수소와 반응시켜 암모니아로 합성하는 방법을 그 대안으로 생각하였다. 많은 연구가 있었지만 대부분 개발한다 해도 경제성이 없거나 실현 불가능한 것들이었다.

이런 상황에서 1995년 유대인 프리츠 하버Fritz Haber가 1000도에서 철을 촉매로 사용해 질소와 수소로부터 암모니아를 합성하는 데 성공했다. 대단한 발견이었다. 그 뒤 하버는 촉매를 오스뮴 가루로 바꿔 1000도에서 500도로 생성 온도를 낮춰 암모니아를 생성하였다. 더 경제성 있는 암모니아 합성법을 완성시킨 것이다.

이에 힘입어 한 비료회사와 합작해서 하루 20톤 이상의 암모니아 비료를 생산하였다. 그는 인류의 식량난을 해소한 위대한 과학자였다. 그 공로를 인정받아 1918년에는 노벨 화학상을 받았다. 물론 그에게는 부富도 따랐다. 엄청난 기술료를 비료회사로부터 받았기 때문이다. 그러나 이 암모니아 합성법은 또 다른 얼굴을 가지고 있었다. 바로 무기 개발에 활용된 것이다. 제1차 세계대전이 길어지자 독일은 탄약 원료인 니트로글리세린이 부족하게 되었다. 이때 하버의 암모니아 합성법을 활용해 대량의 질산을 생산함으로써 그 문제를 해결하였다. 즉 인류의 식량 문제를 해결한 암모니아 합성법이 이번에는 인간을 죽이는 살생용 무기로 탈바꿈한 것이다.

하버는 이에 그치지 않고 염소를 이용해 독가스를 개발했다. 그에게 '독가스의 아버지'라는 오명은 여기에서 기인한 것이다. 독가스로 인해 연합군 병사들은 무수히 죽어갔고 전쟁의 향방은 독일의 승리로 매듭짓는 듯했다. 그러나 연합군 측에서도 이에 대응하는 독가스와 보호 마스크를 개발하여 전투에 임했다. 결국 독가스 전쟁은 양측 모두에게 큰 피해를 가져다주었다.

암모니아 합성법이 두 얼굴을 가진 것과 마찬가지로 개발자인 프리츠 하버 또한 두 얼굴을 가지고 있었다. 그는 원래 유대인이었으나 유대인으로서의 정체성을 버리고 독일인보다 더 독일인답고 싶어 했다. 유대인이라는 사실이 출세에 장애가 된다는 이유로 기독교도가 되어 독일 국민임을 스스로 자부하며 살았다. 그리고 독가스는 그의 동족인 유대인 학살에 쓰였다. 그러나 이러한 과정에서 그의 아내는 자살했고 후에는 자신이 그토록 사랑했던 독일로부터도 배신당하였다. 또한 전범자 명단에 올라 숨어 다녔다. 결국 그는 스위스의 어느 초라한 호텔방에서 심장마비로 생을 마감했다.❖

유럽의 반유대주의를 불러온 이유들

그럼 반유대주의는 히틀러와 독일 국민들만 가진 것이었을까? 유럽에서 반유대주의의 전통은 유구하다. 반유대주의 사례 가운데 제일 먼저 기록된 것은 기원전 5세기에 이집트 승려들이 나일 강에 자리하고 있던 유대교 사원들을 마구 파괴한 사건이다. 그 뒤로 유대인들과 유대교에 대한 박해가 시작되었다. 반유대주의의 원인은 유대

❖ 임성아,〈암모니아 합성법의 두 얼굴〉,《한겨레》

인들의 종교와 독특한 문화였다.

여러 신을 믿는 종교들 사이에서 유일신을 믿는 유대교는 몰이해와 편견을 낳을 수밖에 없었다. 자연히 유대인들은 질시와 증오의 대상이 되었다. 그 뒤로 유럽의 유대인들은 끊임없이 혹독한 박해를 받았다. 유대인들의 학살과 추방은 유럽의 일상적인 풍속으로 자리 잡았다. 이슬람과 기독교 양쪽에서 마찬가지였다. 유대인에 대한 법적·정치적·사회적 제약은 빠르게 늘어갔다. 러시아 제국과 같은 그리스정교에서도 반유대주의는 거셌고 무자비했다.

중세에 특히 반유대주의가 강했던 이유는 먼저 유대교와 기독교간의 교리상의 차이다. 유대교는 예수 그리스도를 구세주로 인정하지 않는다. 유대교도들은 구세주는 아직 오지 않았고 자신들만이 구원을 받는다고 믿었고, 지금도 그들은 그렇게 믿고 있다. 유대교 입장에서는 극단적으로 말해 예수 그리스도는 유대교를 훼손하여 이방인들을 신자로 받아들인 배신자인 셈이다. 유대인은 그리스도를 다만 여러 예언자 중의 하나로밖에는 인정하지 않는다.

기독교는 예수 그리스도를 삼위일체의 신으로 모신다. 기독교 입장에서는 구세주를 십자가에 못 박혀 죽게 한 유대인을 증오할 수밖에 없다. 예수를 죽이라고 로마 총독을 부추기고 요구한 것이 바로 유대인들이었기 때문이다. 당시 로마 총독은 유대인들을 진정시키기 위해 그들의 요구대로 예수를 십자가형에 처했을 뿐이다. 로마 제국 입장에서는 예수라는 유대인과 또 다른 유대교 보수파 간의 갈등은 이해하기 어려운 그들만의 갈등일 뿐이었다. 다신교이며 정복지의 신도 자신들의 신으로 편입시키는 전통을 지닌 로마로서는 예수가 신이냐, 예언자이냐와 같은 교리 논쟁은 이해할 수 없는 일이었다.

313년 로마 제국의 기독교 공인 이래 기독교 교세가 커졌다. 476년 서로마 제국 멸망 이후 이제 유럽은 기독교가 모든 것을 지배했다. 다른 어느 종교에서도 찾아볼 수 없는 종교재판과 마녀사냥이 성행하였다. 이 종교재판으로 숱한 유대인이 죽었다.

두 번째는 유대인들의 폐쇄적인 생활 태도에 있다. 그들은 토라와 탈무드만을 읽으며 그들의 고유 생활방식을 지독스레 고집한다. 그들은 기독교인들의 도시에 살면서 비록 타의적인 전통에 의한 것이긴 하였지만 그들만의 공간인 게토에 모여 따로 살았다. 기독교도와의 교류보다는 자신들의 생활방식을 고집하며 어울리지 않았다. 중세에 흑사병이 유행했을 때도 유대인들의 피해는 상대적으로 적었다. 이는 유대인들의 주변을 청결하게 하는 그들의 율법이 가리키는 생활습관 덕분이었다. 당시 위생 관념이 비교적 낮았던 유럽인들에게는 그런 유대인들이 두려움의 대상이자 질시와 저주의 대상이기도 하였다.

기독교인들과 어울리지 않는 배타적인 공동생활에 덧붙여 여기에 마지막으로 가장 중요한 원인이 더해진다. 샤일록의 이미지에서 연상되듯 유대인들은 가는 곳마다 지역경제를 장악해왔다. 일단 나라를 잃고 떠돌이 생활을 하게 된 유대인 입장에서는 지식과 돈 이외에는 자신을 지킬 수 있는 방도가 없었다. 당시 열악한 경제활동 여건에서 돈을 벌기 위해서는 다른 방도가 없었다. 샤일록처럼 대부업과 상업이 주종이었다.

게다가 중세 유럽의 토지에 기반한 봉건제 하에서 귀족이나 사제 집단은 상업을 천한 것으로 생각하여 직접 손을 대지 않았다. 상업 자체가 낙후되어 있었고, 농민은 무조건 농사를 지어야 했다. 귀족은 전투와 지배, 무력으로 질서 유지를 하는 고귀한 신분이었고, 승려 계급은 신에게 봉사하는 집단이었다. 시민 계급이 형성되기 전에 돈을 다루는 일을 할 사람이 유대인 말고는 없었기 때문에 유대인들이 경제권을 장악할 수 있었다.

중세 이후로 유대인들이 지역 상권을 장악하였다. 16~18세기에 들어와 소위 말하는 '초기 자본주의proto capitalism'가 태동하고 자본주의가 확산되면서 유대인들에 대한 부정적 인식은 더 커져 갔다. 18세기 말의 프랑스 혁명을 전환점으로 하여 유대인들의 경제력 추세는 강렬한 기세로 유럽 전역을 휩쓸었다. 각지에서 그들과 민족 이익을 지키려는 사람들과의 사이에서 끊임없는 충돌이 이어졌다. 당시 독일은 전체 국부의 8분의 7을, 인구수로는 3%밖에 되지 않는 유대인들이 차지하고 있었다는 주장도 있다. 다른 나라도 정도의 차이만 있을 뿐 마찬가지였다.

자본, 곧 돈을 무기로 국내와 세계 경제는 물론 정치를 뒤흔드는 유대인에 대한 반발과 함께 그 혐오가 심화됨으로써 반유대주의가 전 유럽에 번졌고, 그 열병을 국내 정치에 악용한 국가 테러가 히틀러의 유대인 대학살이다. 결국 이 반유대주의 전통은 독일에서만의 일이 아닌 것이다. 프랑스의 지성으로 자처하던 볼테르는 1746년에 발간된 그의 《철학사전》에서 '유대인은 한마디로 말해 약탈 민족이다'라고 정의하였다.

미국의 마크 트웨인도 반유대 정서에 대해 이렇게 표현하였다. "프로테스탄트는 가톨릭교도를 박해했지만 그들의 생계를 앗아 가지는 않았다. 가톨릭교도 또한 프로테스탄트를 박해했지만 그들이 농업과 수공업에 종사하는 것을 막지는 않았다. 내 생각에 예수의 수난은 유대인을 바라보는 세계인의 시각과는 별로 상관이 없다. 유대인에 대한 반감은 그보다 훨씬 더 오래된 것이다. … 종교적인 이유만으로는 유대인 박해를 설명할 수 없다. 유대인이 증오받는 이유는 그들이 불로소득자들이기 때문이다. 유대인의 인생 목표는 돈이다. 그들은 로마에서도 그랬고 그 후로도 그렇게 살아왔다. 그들의 성공은 전 인류를 그들의 적으로 만들었다."

포그롬: 러시아의 유대인 박해

러시아는 피터 대제 이후 근대 국가를 만드는 과정에서 폴란드 등 동부 유럽 각지의 재능 있는 유대인들을 불러들였다. 그들은 러시아 왕실과 상류 사회에 지식과 책략을 제공하며 러시아의 발전에도 적지 않은 기여를 하였다. 한동안은 소수 유대인이 국정에도 직접 참여하는 등 제정 러시아 전반기에는 이들의 국가적 역할이 많이 부각되었다.

그러자 성공한 유대인 중 일부는 교만에 빠져 슬라브 민족의 자존심을 건드리고 자신들이 국가의 주역이 된 것으로 착각하게 된다. 이에 국민의 반유대적 경향을 주시하던 러시아 왕실도 태도를 돌변하여 유대인 박해에 나선다. 19세기 말과 20세기 초에 절정을 이루었다. 이전에도 러시아와 우크라이나를 비롯한 동구와 서유럽 각국에서 유대인 학살은 자행되어 왔다. 러시아에서 유대인에 대한 대박해, 즉 '포그롬'이 있었다. 포그롬은 러시아어로 '파괴' 또는 '학살'이라는 뜻이다. 주로 러시아에서 일어난 유대인 공격을 지칭한다.

∴ 알렉산드르 3세 러시아 황제

최초의 대규모 포그롬은 1881년 러시아 황제 알렉산드르 2세의 암살에 뒤이어 일어났다. 암살자가 유대인이란 소문이 돌았기 때문이다. 이 소문이 러시아 군중을 자극해 200여 도시와 마을에서 유대인들이 공격을 받고 재산 피해를 입었다. 그의 아들 알렉산드르 3세는 분노하며 말하였다.

"그동안 우리 정부는 유대인들과 제국 백성들 간의 관계를 큰 관심을 갖고 지켜봐 온바, 부당한 상행위를 통해 유대인들이 이 땅의 기독교인 백성을 비참한 상황으로 내몰았다는 사실을 부인할 수 없다는 결론에 이르렀다. … 개별적인 소수 사례를 제외하고, 유대인들은 한 집단으로서 이 나라의 번영과 발전에 기여하는 대신 그들의 간악함을 무기로 특히 빈곤한 민중들의 재산을 약탈해왔고 그들에 대한 백성들의 원성은 끊이질 않았다. … 문제가 심각하다는 판단 아래 정부는 민중에 대한 유대인들의 억압적이고 부도덕한 행태를 근절하고자 엄격한 조치들을 발동했던 것인데 이에 대해 유대인들은 체제를 전복하고자 하는 불순한 모의를 주동함으로써 정부에 맞서고 있다."

이후 20년 동안 포그롬은 점차 수그러들었으나 1903~1906년 다시 전국적으로 자행되었다. 그 뒤 제정 러시아가 몰락할 때까지 유대인들에 대한 공격이 가끔씩 일어났다. 당시 중동부 유럽 아슈케나지 유대인은 650만 명에 육박하였으며 홀로코스트 바로 직전인 1939년, 유럽의 유대인 인구는 약 850만 명이었다. 러시아 유대인까지 합쳐 1100만 명 수준이었다.

마크 트웨인의 성토

마크 트웨인Mark Twain은 당시의 상황을 이렇게 표현하였다.

"지금 러시아에서는 유대인의 자유를 제한하는 법안들이 속속 마련되고 있다. 그 이유는 간단하다. 기독교도 농민은 도저히 유대인의 상업적 능력을 따라갈 수가 없기 때문이다. 유대인은 항상 수확될 작물을 담보로 돈을 빌려준다. 빚을 갚는 날이 되면 유대인은 추수된 작물을, 그리고 이듬해에는 농장을 소유했다. 마치 애굽의 요셉이 그랬던 것처럼 말이다. 존 왕 시절의 영국에서도 유대인에게 빚을 지지 않은 사람이 없었다. 당시 유대인은 수익률이 좋은 사업은 뭐든지 손아귀에 끌어모았고 상업의 왕이 되었다. 마침내는 그들을 왕국에서 추방할 수밖에 없었다. 같은 이유로 그들은 400년 전 스페인에서, 그리고 몇백 년 후 오스트리아에서 쫓겨났다. (중략)

전 시대를 거쳐 기독교 유럽은 유대인의 행동을 제약해야만 했다. 어떤 업종에 유대인이 뛰어들면 기독교도들은 그 업종에서 물러나야 했다. 유대인이 의사가 되면 기독교도 의사들은 일자리를 잃었다. 그리고 유대인이 농업에 손을 댔을 때 그들은 생계수단을 빼앗겼다. 기독교도들이 빈곤층으로 전락하는 것을 막기 위해서는 법적인 제도가 개입할 수밖에 없었다. 유대인은 또한 다른 업종들로의 진출이 막혀 있었을 때도 돈을 벌어들일 방법을 찾아냈고 일부는 부자가 되기도 했다. 유대인의 역사는 실로 천박한 상업적 탐욕으로 점철되어 있다. 유대인의 종교에 대한 편견이 이들의 수난에 차지하는 비중은 10분의 1 정도에 불과하다. 나머지 10분의 9는 다른 곳에서 찾아볼 수 있다."

에즈라 파운드의 성토

"그나저나 당신네 미국인들에게 무슨 자유가 있나? 미국은 데모크래시democracy의 수호자인가, 아니면 쥬데오크래시judeocracy의 수호자인가? 당신들의 통치자를 통치하는 자들은 누구인가? 국민의 책임은 어디서 시작하고 어디서 끝나는가? 미국이 인종적으로 더럽혀지고 지적으로 무기력해지는 데 대한 책임은? 통치자를 선택하는 데 과연 당신들은 얼마나 큰 권한을 가지고 있는가? 또한 정책을 결정하는 일은? … 전쟁이 계속되는 날 매일 하루는 죽은 날이요 또한 죽는 날이다. 유대인이 일으킨 전쟁에서 더 많은 피를 뿌릴수록 앞으로 그들에게 더욱 굴종할 수밖에 없으며 자유는 갈수록 희귀한 것이 되어갈 것이다."

에즈라 파운드Ezra Found(1885~1972년)는 미국의 시인이자 문예 비평가이다. 아이다호 주에서 출생하여 펜실베이니아대학에서 수학하였다. 1909년 영국으로 건너간 뒤에 신문학 운동의 중심인물이 되어 T. S. 엘리엇과 제임스 조이스 등을 세상에 소개하였다. 제2차 세계대전 중에는 무솔리니에 봉사하며 조국을 배반한 반미 활동 혐의로 오랫동안 정신병원에 연금되었으나 시인들의 운동으로 풀려났다. 그는 유대인에 대한 편견과 유대인 문제는 별개로 생각해야 한다는 것을 강조했다.

"유대인에 대한 편견과 유대인 문제에 대해 심각하게 고민하는 것은 별개의 일이다. 나는 묻는다. 고리대금업의 메커니즘으로 다른 사람의 재산을 계속 강탈하면서도 스스로를 '이웃'으로 생각해달라는 유대인들의 요구가 가당키나 한 것인가? 고리대금업은 이 세상의 암

적 종양이다. 오직 파시즘이라는 외과의사의 칼
만이 그 종양을 모든 국가의 몸체에서 도려낼 수
있을 것이다."

.˙. 에즈라 파운드

에즈라 파운드, 스콧 피츠제럴드와 함께 영국
시인 T. S. 엘리엇은 근대 서구 문화에 유대인들이
끼치는 영향에 대해 부정적인 견해를 공개적으로
피력한 대표적인 문인이었다. 그는 자신의 작품
들에서 소리 없이 파급되는 배금주의적 가치관이 가져온 근대 유럽
인의 황폐화된 영혼과 인간 소외를 자주 개탄했다. 이런 목적을 위해
엘리엇은 음습한 모습으로 그려진 유대인 캐릭터를 서구 문명을 침
식하는 유대적인 요소의 메타포로 이용한다. 그러나 그는 자신의 과
거 반유대적인 발언과 작품들에 대해 사과하라는 유대인 사회의 끈
질긴 요구엔 끝내 굴복하지 않았다.

이렇듯 당시 유럽 사회에서 반유대주의는 지성인들까지 가담하였
다. 제정 러시아 시대부터 러시아의 유대인들은 박해를 받고 있었다.
공직을 가질 수 없을 뿐만 아니라 국내에서의 이동조차도 자유롭게
할 수 없었고 짜르 압제 하의 밑바닥에서 억눌려 살고 있었다. 거의
대부분의 유럽 국가에 이러한 크고 작은 반유대주의가 광범위하게
퍼져 있었다. 히틀러는 본래 유럽 전역에 광범위하게 퍼져 있던 반유
대주의를 권력 유지와 강화 차원에서 이미지를 더욱 조작하여 악용
한 것이다. 그것도 대규모 국가권력을 조직적으로 동원하여 정권 강
화에 적극 활용했다.*

❖ 가우리의 블로그 정보센터

독일의 반성

　종전 후 독일연방공화국(서독)은 당연히 자국의 역사로서 나치스의 민족말살 계획을 중대한 범죄로 인지하고 전범들을 철저히 찾아내어 법정에 세웠다. 독일은 패전 후 일찌감치 나치스를 전승국이 심판하기보다는 독일인 스스로가 나치스의 행위를 범죄로 다루어 독일의 법원에서 심판하는 것이야말로 독일 민주주의의 재생에 있어서 대단히 중요하며 커다란 의미를 갖는다고 여겨왔다. 그리고 후대에 다시는 이런 일이 발생하지 않도록 교육에서도 철저히 다루고 있다.

　독일·폴란드·프랑스 세 나라는 공동 교과서를 집필하고 있다. 독일의 학생들은 학교 수업을 통해 나치 독일의 만행을 그대로 배우고

있다. 또한 전쟁 이후 독일의 지도자들은 기회가 있을 때마다 그들의 과오를 사죄했다. 1970년 서독의 빌리 브란트 총리는 폴란드를 방문해 바르샤바 게토 앞에서 무릎을 꿇고 나치스의 범죄에 대해 깊은 사죄의 자세를 표했다. 그리고 지금도 독일의 과거사 청산은 계속된다.

홀로코스트 추모관에 새겨진 글귀

유대인의 역사를 살펴보면 유대 민족은 형극의 역사를 반드시 영광의 역사로 돌려놓는 힘을 갖고 있다. 유대인들은 홀로고스트의 역사를 절대 잊지 않는다. 이스라엘은 독립기념일 전날을 홀로고스트의 날로 지킨다. 독립을 자축하기 이전에 민족의 고난을 잊지 않기 위해서이다. 예루살렘에 있는 홀로고스트 추모관인 야드 바셈Yad Vashem에는 이런 글귀가 있다. "용서는 하지만 망각은 또 다른 방랑으로 가는 길이다."

유대인의 고난과 형극의 역사

고대 애굽(이집트)에서부터 시작된 반유대주의는 역사의 굽이굽이에서 유대인들을 괴롭혔다. 아시리아, 바빌론, 로마 제국을 거쳐 중세로 넘어오면서 그 도를 더해갔다. 근대에 와서는 히틀러의 유대인 600만 명의 대량 학살로 절정에 이른다. 그리 멀지 않은 65여 년 전의 일이었다. 문제는 반유대주의 정서가 아직도 끝나지 않았다는 데 있다. 토인비는 그의 저서 《역사의 연구》에서 "역사는 도전과 응전의 반복이다"라고 갈파하였다. 바로 유대인에게 역사는 고난으로 점철된 도전과 응전의 반복이었다. 《유태의 역사》를 쓴 막스 디몬트가 밝힌 바와 같이 세계사에서 유대인에게 닥쳤던 6차례의 위기와 도전을 살펴보자.

(1) 고대 시대의 고난: 이교 세계에서 살아남다

유대인의 존속을 위협한 첫 번째 도전은 고대 시대 이교도인 주변 강국들이었다. 원래 고대 유대인을 지칭하는 '히브리인Ivrim'이란 말속에는 차별적인 의미가 내포되어 있다. 이는 히브리어로 이브리ibri, 곧 강 '건너온 사람들'이란 뜻이다. 우리와 다른 인종이란 의미다. 유대 민족의 고난은 애굽(이집트)의 노예생활에서부터 시작되었다. 애굽을 탈출하여 40년간의 광야의 시련을 겪고 가나안으로 돌아온 후 가나안 땅에서 다른 부족들과 어울려 약 800년을 살면서 크고 작은 전쟁을 치른다. 전쟁의 소용돌이 속에 바빌로니아, 아시리아, 페니키아, 이집트, 페르시아 등 강대국 틈바구니에서 정복당하고 끌려가고 헤어지며 온갖 핍박과 수난을 당하면서도 기적적으로 살아남아 민족의 생명력과 신앙을 잃지 않고 지켜냈다. 강대한 정복 국가들은 역사에서 사라졌지만 피압박 민족인 유대인들은 1700년의 유랑과 노예생활, 전쟁과 살육과 추방이라는 역경 속에서도 살아남은 것이다.

잡혀갔던 사람들은 성전 예배가 불가능해지면서 새로운 예배 양식과 공동체를 창조해내지 않으면 안 되었다. 그 결과 성전보다 율법이 중시되었다. 여기서 성전의 제사장 지위에 버금가는 율법교사의 지위가 부각되었다. 율법교사는 사제가 아니라 평신도라는 점이 다를 뿐이다. 새로운 공동체의 재건은 율법을 통해 이룩될 수 있음이 강조되고 율법교사인 랍비가 공동체를 이끌었다. 이 시기에 공동체의 신앙을 위해 성문화된 모세오경, 즉 '토라'가 집대성되었다.

(2) 헬레니즘 문화의 도전

두 번째 도전은 그리스-로마의 압제였다. 기원전 332년 그리스의 알렉산더 대왕이 팔레스타인을 정복하였다. 이로써 페르시아는 역사의 무대에서 사라진다. 아리스토텔레스의 가르침을 받은 알렉산더 대왕의 꿈은 동서 세계의 통합이었다. 스토아 철학에 기초한 그의 이상은 하나의 세계, 하나의 시민을 목표로 하는 문화와 문명의 통합이었다. 이를 일컬어 헬레니즘이라 부른다. 특히 팔레스타인은 지정학적 위치 때문에 이러한 역할을 수행하는 길목이었다. 먼저 팔레스타인에 그리스식 도시가 건설되었다. 인구가 집중되면서 새로운 도시 문화가 형성되었다. 극장과 목욕탕, 경기장과 각종 체육시설이 들어섰다. 유대인의 이름조차 그리스식으로 바뀌면서 시민권이 부여되었다. 원로원이 생기고 소위 의회민주제도가 시작되었다. 유대인들은 히브리어와 그리스어를 공용어로 사용하였다. 그리스어는 정치와 행정, 상업과 철학을 위한 언어로 빠르게 자리잡아나갔다. 이러한 헬레니즘의 영향으로 유대인들의 생활양식은 물론 신앙과 철학 등 정신문화도 빠르게 바뀌어갔다. 무력보다 강력한 문화의 침투가 유대인의 정체성을 혼란스러운 시험에 들게 하였다.

기원전 175년에 왕위에 오른 안티오쿠스 4세는 유대인들에게 올림피아의 제우스신을 숭배하도록 명령하였다. 예루살렘에 제우스 신전을 짓고 헬라화 정책을 강압적으로 펼치기 시작하였다. 이 정책에는 유대인에게 돼지고기를 먹게 하고 안식일을 지키지 못하게 하며 할례를 받지 못하게 하는 등 반유대 정책이 주류를 이루었다. 당연히 보수적인 유대인들의 격렬한 반발이 일어났다. 급기야 찬반으로 나뉜 유대인들 사이의 내분이 시민전쟁으로 비화되었다.

기원전 167년 유대인들은 의병을 조직하고 헬라주의자들과 맞서 싸웠다. 주요 전투에서 승리를 쟁취하고 이어 예루살렘의 제우스 신상을 제거하였다. 유대의 영웅 마카비가 전사하자 그의 아우 요나단은 게릴라전에 돌입하였다. 그는 나중에 외교적 타협으로 속국이나마 유다 왕국을 인정받고 대제사장이 된다. 그 뒤 오랜 갈등과 우여곡절 끝에 독립국가가 된 예루살렘은 79년 동안의 독립을 유지하였다. 그러나 사두개파와 바리새파 사이의 갈등과 반목이 심하였다. 결국 유다 왕국은 그리스를 제압한 로마 제국의 군화에 심하게 유린당한다. 기원전 63년 3개월간의 성전 포위 끝에 함락되어 1만 2000여 명의 사상자를 내고 성전은 파괴되었다. 헬레니즘의 시대에는 그리스와 접촉한 모든 나라와 민족은 마치 마술처럼 그리스화되었다. 그러나 유대인들은 달랐다. 힘이 아닌 사상으로 그 투쟁에서 기적처럼 살아남았다.

이후 헬레니즘과 유대인, 즉 헤브라이인을 원류로 하는 헤브라이즘은 서양 문명의 기반이 된다. 유럽 문화를 대표하는 양대 기둥인 것이다. 고대 지중해 세계가 중세와 그 이후의 세계에 물려준 유산이 헬레니즘과 헤브라이즘이다. 헬레니즘은 알렉산더 제국의 성립으로 만들어진 문화를 가리키기도 하지만 넓은 의미로는 그리스에 원류를 두고 있는 문화를 지칭한다. 그리스 사람들이 다른 민족과 구분하기 위해 자신을 헬레네스라고 불렀다는 사실에서 비롯됐다. 헤브라이즘은 기독교가 헤브라이 민족의 신앙에 근원을 두고 있다는 사실에 유래한다. 헬레니즘과 헤브라이즘은 서로 대립하고 보충하면서 유럽 문화의 원동력을 이루고 있다. "헬레니즘의 최고 관념은 사물을 있는 그대로 보는 것이며, 헤브라이즘의 최고 관념은 선행과 복종이다"라는 19세기 영국의 문명 비평가 매슈 아놀드의 말은 그 양대 원류의 성격을 간명하게 포착하고 있다.

(3) 디아스포라의 시대: 토라와 탈무드가 구심점

제3의 도전은 '디아스포라離散'였다. 기원전 7세기 무렵 바빌론에 의해 예루살렘에서 쫓겨나 19세기 게토에서 해방되기까지 유대인은 작은 커뮤니티로 나뉘어 세계 곳곳에 흩어져 여러 문화 속에 고립되어 살았다.

그러면서도 타 문화에 동화되거나 흡수되지 않고 살아남았다. 과연 무엇이 그들을 살아남게 했을까. 여러 요인이 있겠지만 그 가운데 가장 중요한 것이 바로 토라와 탈무드이다. 토라와 탈무드는 1500년 동안 눈에 보이지 않는 수호자로서 유대인을 보호하고 다스렸다.

유다 왕국이 망하고 바빌론에 잡혀간 유대인들은 기원전 6세기에 이미 거대한 유대인 커뮤니티인 디아스포라를 형성하며 살았다. 바빌론에 끌려 온 지 50년 만인 기원전 539년에 바빌론이 페르시아에 망하였다. 이후 팔레스타인으로 귀환한 유대인보다 바빌론에 더 많은 유대인이 남아 살았다. 이때부터 팔레스타인 바깥의 유대인들 영향력이 팔레스타인 본토 유대인보다 커졌다. 따라서 디아스포라 유대인들은 이방인 세계에서 그들의 정체성을 지켜줄 독자적인 종교, 문화 발전에 더 신경 쓰기 시작하였다. 특히 바빌론 유대인들은 성경과 탈무드의 완성에 큰 기여를 하였다.

서기 70년 예루살렘 성전이 로마 제국에 의해 초토화되었다. 성전과 성벽이 없어지고 유대인들의 출입 자체가 봉쇄되었다. 그들은 사방으로 뿔뿔이 흩어졌다. 이를 제2차 이산이라 부른다. 성전이 무너진 후 랍비회의에서 채택된 히브리 성서는 사방에 흩어진 유대인들이 이방인 세계에서도 생존해나갈 수 있도록 재구성하여 집대성한 것이다. 이 성경 '토라'는 기원전 200년경에 이집트의 알렉산드리아에서 그리스어로 번역되었다. 그 당시 알렉산드리아에도 큰 디아스포라가 형성되어 있었다.

탈무드

또한 6세기경 바빌론에서 편집된 탈무드는 랍비 전통에서 가장 권위 있는 책이 되었다. 탈무드는 유대인을 단결시키는 힘이 되었고 정신적인 구심점이 되었다. 그래서 이 시기를 유대인의 '탈무드 시대'라고 한다. 탈무드란 히브리어로 '가르치다'라는 의미로, 교훈이나 설명이라는 뜻이다. 한마디로 유대인의 생활규범이다. 권수로는 모두 20권이며 1만 2000페이지에 달한다. 기원전 500년 전부터 기원후 500년까지 1000년 사이에 구전되어 왔던 것들을 10여 년에 걸쳐 수집, 편찬한 것이다.

탈무드는 구약성서가 쓰인 뒤 유대교의 법률, 전통적 습관, 축제, 민간 전승, 해설 등을 모아 편찬한 것으로 6부로 구성되어 있다. 농업, 제사, 여자, 민법과 형법, 사원, 순결과 불순의 순서다. 탈무드의 구성에는 법칙이 있다. 반드시 '미시나'로 시작되어야 한다. 미시나는 구전토라인 유대인의 오래된 가르침과 약속을 모아놓은 글이다. 성서 다음으로 유대인들의 정신적인 지주가 되어왔다. 또한 오늘에 이르기까지 유대인들의 생활 속에 깊이 관여하고 있기 때문에 이것은 유대인들의 5000년에 걸친 지혜이며 지식의 보고라고 일컬어진다. 여기에는 유대인들의 종교적 생활만이 아니라 법적 규정이나 판례법까지 포함되어 있으며 당시 유대 민족의 생활양식은 물론 기독교와의 관계를 아는 데도 귀중한 자료가 되고 있다. 미시나를 둘러싼 방대한 논쟁과 토론이 바로 탈무드의 기원이 되었다.

이집트에 사는 유대인들은 지중해로 퍼져나갔다. 기원전 3세기경 북부 아프리카에 유대인 공동체 디아스포라가 건설되었다. 같은 시기 키프러스 섬과 크레타 섬에도 디아스포라가 생겨 알렉산드리아 항구로부터 서쪽으로 많은 지중해 교역이 이루어졌다. 터키와 로마, 그리스 곳곳에도 디아스포라가 건설되었다. 디아스포라에서도 가장 큰 변화는 헬레니즘의 영향이었다. 많은 지역에서 그리스어가 히브리어를 대체하기 시작하였다. 성경과 회당 예배 언어도 그리스어가 자리 잡았다. 유대교의 전통의식과 관습도 바뀌어갔다. 할례나 안식일 같은 종교적 규범도 하나의 상징으로 이해되거나 해석되었다. 기원전 3세기경에 이미 이집트에서는 반유대주의가 싹트기 시작하였다. 반유대적 경향은 헬라화 과정에서 유대교의 전통 문화와의 갈등이 낳은 긴장 때문이었다. 헬라 문명의 통합을 바라는 사람들에게는 유대교의 배타적 분리주의는 문화적인 모욕처럼 받아들여졌다. 반유대주의의 역사적 연원은 뿌리가 깊은 셈이다.

비잔틴 제국 시대의 팔레스타인

서기 132년 유대인 바르 코크바의 반란 직후 팔레스타인은 더 이상 유대인의 땅이 아니었다. 아예 유대인의 출입을 금지시켰다. 이후 325년 로마의 콘스탄티누스 대제가 소집한 제1차 공의회인 니케아 종교회의는 예수의 신성을 기초로 하는 삼위일체설을 공포하며 여러 가지 교회법을 반포하였다. 339년 콘스탄티누스 2세는 유대인과 기독교인의 결혼을 금하였고 유대인의 경제활동, 특히 농업에 많은 제약을 가하였다. 유대인의 법적 지위도 제약을 받았다. 그 뒤 392년 데오도시우스 황제 때 기독교를 로마 제국의 국교로 선포하였다. 기독교가 로마 제국의 국교가 되면서 예수를 죽인 유대인들에게 본격적인 박해가 시작되었다.

395년 로마 제국은 동로마와 서로마로 분열되었다. 이후 476년 서로마가 게르만족에 의해 망하였다. 비잔틴 제국의 관할 아래 있던 예루살렘에 기독교를 믿는 로마인들이 대거 피난 오면서 유대인들의 입지는 더욱 축소되었다. 교황 그레고리 1세는 신학적 입장에서 유대교를 박해하여 유대인이 회당을 새로 짓는 것도 금하였다. 기독교로 개종하지 않은 유대인들을 법으로 차별하기도 했다.

로마를 멸망시킨 중국의 힘

여기서 잠깐 서로마를 멸망시킨 게르만 민족의 이동에 대해 알아보자. 게르만 민족의 이동은 훈족들에게 쫓겨 일어났다. 또한 훈족들은 중국의 힘에 눌려 서쪽으로 쫓겨난 것이었다. 진시황은 기원전 214년에 흉노의 침입을 막기 위해 전국시대에 건축된 수많은 장성을 연결하여 길이 2700km가 넘는 만리장성을 10년 만에 완성하였다. 이후 흉노족은 치열하게 한나라와 대치하다가 남북으로 분열되었다. 한나라에 쫓긴 북흉노족(훈족)은 공포의 훈Hun으로 불리면서 4세기경 서쪽으로 진출하여 375년 흑해 북안 동고트족을 무찔러 그 대부분을 지배하에 두고, 이어서 다뉴브 강 하류의 서고트족에 육박했다. 서고트족의 일부는 훈족의 압박을 피하여 동로마로 이주하였는데 이것이 게르만 민족 대이동의 발단이었다. 게르만족의 입장에서는 375년, 갑자기 훈족이 등장한 것이다. 훈족의 서진으로 동고트족, 서고트족, 알레마니족, 반달족, 부르군트족, 수에비족 등 모든 게르만족이 피난민이 되었다. 이들은 로마로 피난을 떠났다. 로마의 입장에서는 갑자기 게르만족이 쳐들어온 것이다. 로마는 훈족에 쫓긴 게르만족에 의해 멸망하였다. 결국 중국의 힘이 로마 제국을 멸망시킨 결과가 되었다.

유대인 이야기로 돌아가자. 비잔틴 시대 독립을 위해 투쟁하였던 유대인들은 614년 페르시아가 팔레스타인의 변방에까지 이르자 과거 바빌론에서 페르시아로부터 얻은 해방을 기대하며 이들을 적극 도왔다. 유대인들은 페르시아와 연합하여 기독교인들과 맞서 싸워 예루살렘 성을 정복하였다. 이때 유대인들의 협조로 수천 명의 기독교 수도사들이 학살되고 화형에 처해졌다. 기독교인들은 추방되고 수많은 교회와 수도원이 불탔다. 양 종교 간 학살이 시작된 것이다.

그러나 페르시아의 친유대 정책은 3년이 못 가 역전되어 반유대 정책으로 돌변하였다. 유대인 지도자들이 처형되었고 유대인의 지위는 예전으로 돌아갔다. 622년 비잔틴 제국이 다시 팔레스타인을 탈환하였다. 비잔틴 제국과 페르시아 간의 전쟁이 계속되어 양 국가가 힘을 소진하자 아라비아 반도에서 일어난 젊은 세력인 이슬람이 640년 팔레스타인의 새 주인이 되었다.

(4) 이슬람교

제4의 도전은 이슬람교다. 아라비아 반도 메카에 570년, 모하메드가 탄생하였다. 그는 상거래를 위해 외지를 돌아다니면서 유대교와 기독교에 대해 많이 알게 되었고, 자기 민족에 맞는 새로운 종교의 필요성을 느꼈다. 그는 메카와 메디나를 중심으로 이슬람교를 창시하였다. 그 뒤 이슬람은 페르시아와 비잔틴 제국을 차례로 정복하고 바빌론에서부터 스페인에 이르는 광대한 지역에서 제국의 통치를 이어나갔다.

이슬람이 등장한 지 100년도 지나지 않아 이슬람 제국은 서양 문명을 압도하였다. 이슬람은 그리스도교를 배척하였으나 다행히 유대인에게는 관용을 베풀었다. 이는 아마도 마호메트 자신이 유대교 경전인 구약에 의해 결정적인 영향을 받았기 때문인 것으로 보인다. 바로 이슬람교의 핵심인 창조주 유일신 사상 때문이다. 이슬람교의 경전인 코란 속에도 구약성경의 아브라함, 이삭, 야곱, 요셉, 모세의 이야기가 있다. 이슬람교가 유대교의 영향으로 탄생되었다는 이야기도 같은 맥락에서 이해될 수 있다.

역사적으로도 이슬람은 유대인과 인종적으로 친족이었다. 아랍인은 원래 아브라함의 큰아들인 이스마엘의 후손들이다. 그런 점에서도 이슬람의 경전인 코란은 유대교의 여러 전통과 관습을 보존하고 있다. 그래서 이슬람교를 유대인이 만들어낸 또 하나의 종교로 보고 있는 것이다. 그러나 모하메드가 하느님의 마지막 예언자로 이해되는 신앙을 유대인들은 인정할 수 없었다. 결국 두 종교는 상극이 되고 말았다.

이슬람 초기에는 이슬람의 세력이 크지 않아서 기독교도의 도움을 받아 행정을 펼쳤다. 그러나 이슬람 세력이 점점 커져 가고 개종자가 증가하면서 기독교를 탄압하기 시작하였다. 점차 기독교 예배에 참석하는 자를 사형에 처하기 시작하였다. 712년 이슬람 제국이 동쪽 인도 국경부터 이베리아 반도 전 지역까지를 통치하게 되면서 흩어진 대부분의 디아스포라 유대인들은 이슬람의 통치권 안에 들어오게 된다. 이때 유대인은 이베리아 반도에서 이슬람과 공존하면서 문학과 과학 그리고 그 밖의 학문에서 금자탑을 쌓아 올릴 수 있었다. 서구의 문명이 후대에 전해지고 발전을 계승할 수 있었던 것은 당시 유대인들의 공이 크다. 9세기에 들어와 유대인은 거주 이전의 자유를 제한받기 시작했다. 상업활동도 크게 제약받았다. 아랍어가 히브리어를 대체하기 시작하였다. 당시 유대 사상은 대부분 아랍어로 기록되었다. 평화 기간이 깨지고 핍박이 시작되자 유대인은 기독교 국가인 스페인 왕국의 영토로 탈출하였다.

질곡의 팔레스타인

예루살렘은 참으로 복잡한 도시다. 이 도시에 대한 연고권을 유대교, 기독교, 그리고 이슬람교가 모두 주장하고 있다. 유대인들은 예루살렘을 중심으로 한 팔레스타인을 신이 내려준 약속의 땅으로 믿고 있다. 이스라엘의 건국은 세계 각지에 흩어져 있던 유대인들이 조상의 땅인 팔레스타인에 자신들의 국가를 건설하고자 한 시오니즘 운동에서 비롯되었다. 시온Zion은 예루살렘에 있는 언덕의 이름이다. 예루살렘에는 유대교 신전이 있었던 언덕이 있고 그 일부인 통곡의 벽은 유대교도에게 가장 중요한 성소다.

한편 이슬람교도에게도 예루살렘은 메카와 메디나에 이어 제3의 성지다. 코란에 따르면 예언자 마호메트가 메카로 돌아갈 때 알아크사 사원 앞에 있는 바위에서 가브리엘 천사의 날개를 타고 승천했다고 한다. 이슬람의 코란에도 아담과 이브는 물론 가브리엘 천사가 등장한다. 또한 기독교도에게는 예수가 태어나고 공생활을 한 곳이다. 그리고 십자가에 못 박히고 처형되었던 골고다 언덕이 있다. 기독교인들에게도 예루살렘은 당연히 최고의 성지가 된다.

사실 위의 세 종교는 불교나 힌두교와는 달리 서로 친인척 간임을 알수 있다. 비슷한 지역에서 비슷한 논리적 배경을 가지고 있다. 유일신에 대한 믿음도 같다. 각각의 성서에 나오는 등장인물도 거의 비슷하다. 스스로 성지라고 느끼고 있는 상황도 친인척임을 인정할 수밖에 없는 것이다. 그럼에도 가장 친한 종교들끼리 오히려 가장 강력한 증오의 대상이 되고 있는 모순의 이유가 뭘까? 언제부터인지 이들 3개 종파는 그야말로 철천지원수가 되었다. 쉽게 말하면 사촌끼리 서로 치고받고 싸움하고 있는 것이나 다름없다. 셋 모두 아브라함의 자손들인데 지금은 남들보다 더 원수지간이 되었다.

(5) 암흑의 중세

제5의 도전은 중세였다. 이 시기는 유대인들이 가장 조용하게 숨죽이며 역사의 뒤안길에서 살아가던 때였다. 기독교권에서 유대인들은 죄인의 멍에를 짊어지고 3류 시민으로 살아갔다. 동시에 이때가 유대인에게는 멸망의 위협에 맞선 처절한 저항의 시기였다. 그러나 결국 살아남았다. 십자가 앞에 패배당한 비기독교도들이 모두 개종하였지만 유대인만은 개종하지 않았다. 그들은 1200년 동안의 중세 암흑시대를 겪으면서도 고유의 신앙과 정신 그리고 문화를 잃지 않았다. 암흑의 중세 시대를 더듬어보자.

십자군 전쟁

그즈음 400여 년 이상 갈라지고 찢긴 암흑의 서방에도 새로운 세력이 일어났다. 800년 크리스마스에 샤를마뉴 대제는 교황권과 프랑크 왕국을 결합한 새로운 교황국가를 세움으로써 서로마 제국을 재건하였다. 1077년 예루살렘은 중앙아시아에서 쳐들어온 셀주크튀르크족의 손에 떨어졌다. 가톨릭교도들의 예루살렘 성지순례가 방해받기 시작했다. 이

.* 우르반 2세 교황이 클레르몽에서 십자군 원정의 시
작 날짜를 1096년 8월 15일로 정했다.

에 당황한 비잔틴 제국은 서로마 제국의 우르반 2세 교황에게 원군을 요청하였다. 이렇게 해서 이루어진 것이 제1차 십자군 원정이다.

사실 십자군 원정은 성지 탈환이라는 명목으로 출발했으나 그보다는 서로마 교황으로서 동로마를 다시 병합할 수 있을 것이라는 정치적 야망으로 시작되었다. 게다가 이를 통해 유럽에서 교황의 우월적 지위를 차지할 절호의 기회로 삼았다. 우르반 2세는 1095년 프랑스 클레르몽Clermont에서 종교회의를 소집하였다. 기독교 세계 전체를 향하여 예루살렘 성지 회복을 위한 그의 원대한 계획을 발표하였다. 십자군이 소집된 것이다.

교황은 누구나 십자군에 참가하면 이제까지의 모든 죄가 사해진다고 선포하였다. 중세의 엄격한 기독교 사회에서 죄의 사함을 받는다는 것은 천국 가는 것을 보장받게 된다는 의미였다. 또한 이슬람교도들에게서 성지를 회복하고 이를 기독교 기사들이 지배하라는 교시도 내렸다. 기사들의 입장에서는 땅과 전리품을 차지하고 부와 영예가 보장된 것이다. 교황은 기독교를 보호하기 위해 이단자들을 죽이는 것은 십계명에 위배되지 않는다고 선포하였다. 이는 이슬람교도뿐만 아니라 유대교를 포함한 비기독교인들이 무참히 학살되어도 종교적으로 문제가 되지 않는 계기가 되었다. 이로써 십자군이 출발하기도 전에 유럽 전역에서 수천 명의 유대인들이 약탈당하고 학살되었다. 특히 대부업에 종사하던 유대인들이 채무자들에 의해 집단으로 학살당하였다.

1096년 가을 1차로 구성된 십자군을 필두로 약 200년 동안에 걸쳐 8차례나 십자군 원정이 감행되었다. 원정길 도중에 있는 유대인 마을은 곳곳에서 십자군에 의해 약탈당하고 학살되었다. 십자군은 1차 원정길 곳곳에서 치열한 전투를 계속하였고 셀주크튀르크가 동쪽 티무르와의 전쟁에 집중한 시기이자 출발한 지 3년여 만에 예루살렘에 도착하였다. 1099년 십자군은 이슬람에게는 결코 잊을 수 없는 포학한 학살을 자행하고 예루살렘을 정복하였다. 6주간의 전투에서 그들은 이슬람교도와 유대인들을 닥치는 대로 학살하였다. 유대인들은 회당 문을 닫고 스스로 불을 질렀다. 순교였다. 도시에는 피가 가득하였다. 생명을 건진 유대인들도 노예로 팔려가거나 추방당하였다. 그래도 1차 원정이 성지 회복이라는 목적을 달성한 유일한 십자군 원정이었다.

1144년 기독교와 마찬가지로 성지탈환을 외치는 이슬람 세력의 반격이 시작되었다. 이에 1147년 프랑스 루이 7세와 독일 콘트라 3세는 제2차 십자군을 일으켰다. 그러나 다마스커스 정복에 실패하자 전사들은 고국으로 돌아갔다. 기본적으로 갑옷을 비롯하여 중장비를 갖춘 십자군들은 가벼운 무장으로 기동성에서 앞선 사라센 기병들에게 적수가 되지 못하였다. 1187년 이슬람의 살라딘 장군이 예루살렘을 정복하였다. 이 전쟁에서 이슬람 병사들은 십자군 병사들과 달리 보복을 하지 않

았다. 예루살렘이 함락되었다는 소식은 큰 충격이었다. 십자군 사상 가장 막강한 전력으로 당대의 대표적인 국왕들이 참가한 제3차 십자군이 조직되었다.

독일 황제 프리드리히 1세가 먼저 1189년 군대를 출발시켰으나 성지에 도달하기도 전에 소아시아에서 왕은 강물에 익사하고 병사들은 사라센 병사들에게 학살당하였다. 뒤이어 영국의 사자왕 리처드가 1191년 100척의 배에 기병 4000명과 보병 4000명을 싣고 출발하였다. 프랑스 왕 필리프도 배 50척에 군대를 태우고 함께 출진하였다. 전쟁은 리처드 왕과 살라딘 장군 간에 2년이나 끌었지만 끝내 예루살렘은 탈환치 못하였다.

13세기에도 십자군 원정은 계속되었다. 제4차 십자군은 13세기 초 이노센트 교황 주도 아래 성립되었으나 역대 십자군 가운데 가장 추악한 전쟁이었다. 볼드 윈이 이끄는 북프랑스 병사들만 참가하였다. 원래 이집트를 공격하려던 계획이 베네치아 상인들과의 이해관계에 얽혀 같은 기독교 도시인 헝가리 자라시를 공격하였다. 십자군 본래의 의미가 타락한 것이다. 다음에는 동로마에서 추방당한 왕족들의 제안으로 콘스탄티노플을 공격하였다. 완전한 탈선행위였다. 이런 상황에서 등장한 것이 유명한 '소년 십자군'이었다.

1212년에 조직된 소년 십자군의 경우는 더 경악할 만한 사건이었다. 소년 십자군은 성지 탈환에 대한 신의 계시를 받았다는 프랑스의 양치기 소년에게서 비롯되었다. 그 소년이 받은 신의 계시를 널리 알리자 수천 명의 소년들이 그를 따르게 되었다. 처음에는 반대하던 부모, 성직자, 국왕도 소년들의 굳은 결심을 꺾을 수 없었다. 그리하여 소년들이 중심이 된 기이한 십자군이 출발하게 되었다. 이들은 프랑스 남부의 마르세유에서 7척의 배를 타고 출발했다. 그런데 그들을 수송한 선주는 베니스 상인보다 더 비열했다. 폭풍으로 난파된 2척 이외에 5척에 타고 있던 소년들을 모두 이집트의 알렉산드리아에서 이슬람교도에게 노예로 팔았던 것이다. 이슬람교도는 이들을 풀어주었다. 그냥 웃어넘기기에는 엄연한 역사적 사실이다.

이렇듯 추악한 일면을 가진 십자군 전쟁이었지만 오랫동안 유럽인들에게는 성전으로 인식되어 왔다. 물론 200년이란 오랜 기간 전쟁을 수행할 수 있었다는 사실 자체가 당시 유럽인들의 신앙심을 증명해주는 것이기도 하였다. 하지만 막대한 경비와 인력이 드는 전쟁이 그렇게 오랜 기간 수행되었다는 것을 신앙심만으로 해석할 수는 없는 일이다. 도리어 중세 전반기에 급속도로 팽창하던 이슬람 세력에 일방적으로 밀리고 있던 유럽 기독교 세력이 11세기가 되면서 어느 정도 힘의 균형을 찾아 십자군이라는 무력 충돌로 표현된 것이라고 보아야 할 것이다.

맘룩 시대

1258년 바그다드가 몽골군에 의해 점령되었다. 이슬람의 역사에서 가장 뼈아픈 사건이었다. 이집트의 술탄 맘룩은 1260년 무적의 몽골에 맞서 갈릴리 전투에서 승리하였다. 같은 해 그는 다마스커스를 정복하고 기독교인과 유대인을 생매장하거나 학살하였다. 이러한 박해는 계속되었다. 그리고 맘룩은 1291년 성 요한이 이끄는 십자군의 마지막 숨통을 아크레에서 완전히 끊어놓았다. 약 200년간의 십자군 전쟁은 이렇게 막을 내렸다. 십자군 전쟁 기간 동안 유대인들은 기독교와 이슬람교 양쪽으로부터 혹독한 박해를 당한 것이다.

1301년 이슬람 세계에서 기독교와 유대인에 대한 박해는 가중되었다. 카이로에 있는 모든 교회와 회당이 문을 닫았다. 맘룩 정부는 기독교인들에게는 파란 터번, 유대인에게는 노란 터번, 그리고 사마리아인에게는 붉은 터번을 쓰게 하였다. 1354년에는 강제로 개종을 명령하였다. 비이슬람교도는 모두 공직에서 추방하였다. 그 밖에도 기독교인과 유대인은 말을 타지 못하게 하였고 공중목욕탕 출입을 금하였다. 이 시기의 팔레스타인 유대인 공동체는 쇠잔하여 그 이름조차 사라질 지경이었다. 예루살렘은 거의 황폐해 있었고 4000명도 안 되는 주민 중에 유대인은 고작 70명뿐이었으며 그나마 비참하게 가난했다. 그 와중에서도 외지에서 기독교인과 유대인의 예루살렘 성지 방문은 줄을 이었다.

오스만튀르크 제국 시대

오스만튀르크는 1453년에 비잔틴 제국의 수도 콘스탄티노플을 점령하고 이스탄불을 건설한 뒤 다마스커스와 여러 도시를 점령하였다. 아울러 이집트를 정복하면서 아랍 세계를 통합하였다. 술탄 셀림은 1517년 팔레스타인에 들어와 약 400년 동안 새 주인이 되었다. 1492년과 1497년 스페인의 유대인 대량 학살과 추방으로 그들 가운데 일부가 팔레스타인으로 이주해 왔다.

반유대주의의 극성

"그 사람의 피에 대한 책임은 우리와 우리 자손들이 지겠습니다(마태오의 복음서 27:25)." 유대인들은 유월절에 어린양으로 오신 예수를 십자가에 못 박고 그 피를 우리와 우리 자손에 돌리라고 말하였다. 하느님이신 그분의 무죄한 피를 흘린 대가는 참으로 엄청난 것이었다. 루가의 복음서 23장에서 예수님은 십자가에 처형당하려고 끌려가시면서 뒤따라오는 무리들과 여인들에게 이렇게 말씀하신다. "예루살렘의 여인들아, 나를 위하여 울지 말고 너와 네 자녀들을 위하여 울어라(루가의 복음서 23:28)."

하느님의 선민이었던 유대인들은 예수를 십자가에 못 박음으로 말미암아 엄청난 반유대주의에 시달려야만 했다. 십자군 전쟁 이후에도 계속적인 박해를 당했다. 중세 유대인들은 유럽 각처에서 인간 이하의 대우를 받았다. 밀폐된 지역, 즉 게토에서 집단 거주하면서 유대인임을 나타내는 옷을 입어야 했다. 경제활동에도 많은 제약을 받았다. 유대인들은 무려 400년을 그렇게 살았다.

유럽에 흑사병이 강타했을 때 기독교인들은 그 책임을 유대인에게 전가하여 고문하고 박해했으며 성난 군중에 의한 대량 학살이 자행되었다. 이슬람, 스페인, 포르투갈, 네덜란드, 영국, 프랑스, 독일, 폴란드, 러시아 어디를 가리지 않고 그들은 박해받고 살해되거나 추방당하였다.

(6) 파시즘의 출현

제6의 도전은 극렬한 반유대주의를 불러일으켰던 19세기와 20세기의 국가주의와 파시즘의 출현이었다. 지금까지의 유대인에 대한 박해 중 가장 최악이었던 경우는 우리도 잘 알고 있듯이 히틀러 치하에서였다.

히틀러는 1933년 집권 직후부터 유대인 박해를 시작했으며 1939년 제 2차 세계대전 발발 뒤엔 반유대주의를 점령지 지배의 유용한 수단으로 사용했다. 현지인들이 가지고 있던 유대인에 대한 반감을 이용한 것이다.

1942년 나치 독일은 독일과 점령지에 살고 있는 모든 유대인을 집단 수용소로 이주시켜 대량 학살하였다. 가장 많이 죽은 아우슈비츠 – 비르케나우 수용소에서 150만 명이 학살당했고, 전쟁 기간 중 무려 600만 명이라는 어마어마한 숫자의 유대인들이 참혹한 죽임을 당했다. 참으로 가공할 만한 민족 대학살이었다. 인류가 가장 부끄럽게 여기는 사건이다.

유대인은 이처럼 하나의 도전이 아닌 6개의 문명에서 살아남았다. 이것은 문명에도 수명이 있어 보통 500년 혹은 길어야 1000년 정도 간다는 기존의 견해를 보기 좋게 뒤집는 것이다. 유대인의 역사를 쓰는 일은 세계사를 쓰는 것과 진배없다.*

❖ 막스 디몬트 지음, 이희영 옮김,《세계 최강성공집단 유대인》, 동서문화사, 2002;
   정성호 지음,《유대인》, 살림, 2003

한 뿌리의 유대교, 기독교, 이슬람교

유대교, 기독교, 이슬람교 모두 아브라함의 자손인 유대인들에 의해 발흥되었다. 그들은 모두 유일신 하느님을 믿는 한 뿌리에서 갈라져 나온 종교이다. 유대인들이 쓴 그들의 역사책을 보면 기독교와 이슬람을 각각 유대교의 첫째 딸, 둘째 딸의 종교로 표현해놓았다. 물론 이는 유대교가 유일신 종교의 시발점이라는 데서 나온 표현이다.

유대교는 그들의 조상 아브라함이 직접 신과 계약을 맺은 것을 믿는 유대 민족의 종교이다. 반면 기독교는 하느님의 외아들인 예수 그리스도를 구세주로 믿는 종교로 이를 받아들이면 누구나 기독교인이 될 수 있다. 이보다 늦게 태어난 이슬람교는 예수를 구세주가 아닌 예언자로 인정하고 마호메트를 최후의 가장 위대한 예언자로 보는 종교이다. 뿌리가 같기에 당연히 이들 종교 모두 구약성경을 성서로 믿는다. 차이는 유대교는 구약성경만 믿지만 기독교는 여기에 구세주 예수와 신약이 더 있고 이슬람교는 마지막 예언자 마호메트와 코란이 더 있다.

종교별 안식일도 차이가 있다. 즉 금요일은 이슬람교, 토요일은 유대교, 그리고 일요일은 기독교의 안식일이다. 유대인은 하루의 시작을 일몰로부터 계산한다. 그들의 안식일은 금요일 일몰부터 토요일 일몰까지다. 성경의 창세기(1:3-5)에 보면 "하느님께서 '빛이 생겨라!' 하시자 빛이 생겨났다. … 이렇게 첫날이 밤, 낮 하루가 지났다"라고 쓰여 있는 걸 보고 하루를 일몰로부터 시작하는 것이다.

또 창세기(17:4-5)에 보면 "내가 너와 계약을 맺는다. 너는 많은 민족의 조상이 되리라. 내가 너를 많은 민족의 조상으로 삼으리니, 네 이름은 이

제 아브람이 아니라 아브라함이라 불리리라"라는 말씀이 있다. 실제로 이들 모두 아브라함의 후손들이다. 이슬람인들은 아브라함의 아들 이스마엘의 후손들이고 유대인들은 이삭의 후손들이다.

유대교 입장에서 바라본 기독교

유대교의 입장에서 바라본 기독교에 대해 먼저 알아보자. 예수와 그 제자들이 원래 유대인이고 그들이 모두 유대인 가정에서 자랐고, 유대인 선생님으로부터 교육받았기 때문에 기독교 교리에 유대 사상이 적지 않게 반영되어 있다고 유대인들은 말한다. 예수는 가정에서 유대식 교육을 받아 랍비로 불릴 만큼 구약성서와 탈무드에 해박한 지식을 갖추었다. 유대인들은 예수가 당시 바리새파의 대표 랍비이자 유대 역사상 가장 훌륭한 랍비로 추앙받고 있는 힐렐의 가르침을 받은 것으로 보고 있다. 힐렐은 유대 율법의 모체인 모세오경, 즉 토라가 무엇인지 짤막하게 이야기해달라는 질문에 "네가 싫어하는 것을 너의 이웃에게 하지 마라. 이것이 토라의 전부다. 나머지는 모두 부연 설명이다"라고 대답한 것으로 유명하다. 이는 이웃을 사랑하라는 예수의 가르침과 일맥상통한다. 예수는 나이 30세에 세례 요한을 만난다. 요단강에서 침례의식을 받고 얼마 동안 그의 무리와 함께 지냈다. 세례 요한 무리와 함께 지내는 동안 예수가 에세네파의 영향을 받았을 것이라고 유대인들은 생각한다. 하늘 왕국이 임박한 걸 본 예수는 세례 요한을 떠난다.

그는 새로운 종교 커뮤니티를 수립하여 하늘왕국이 실현되고 있다는 그의 메시지를 전파하기 위해 미래 이스라엘 12지파를 대변하게 될 12제자를 뽑았다. 그 뒤 갈릴리에서 예루살렘으로 옮긴 예수는 신전을 장사 터로 사용하고 있는 상인들을 호통치고 사람들에게 회개를 촉구한다. 그 과정에 신전 지도부인 사두개파와 충돌하게 된다. 결국 당시 유대 총독인 빌라도의 명에 따라 십자가에 못 박힌다.

아는 데 그치지 않고 행동과 실천을 강조하는 것은 기독교와 유대교의 공통점이다. 기원전 3세기 그리스 통치기간 중 유대교가 헬레니즘의 영향을 받아 변질되는 것에 죽음을 각오하고 맞서 싸운 독실한 신앙 계층이 하시딤이었다. 그들은 종교생활에서 지성주의를 거부하고 실천을 강조했다. 예수 또한 항상 행동의 중요성을 강조하면서 제자들에게 바리새인의 수칙에 따라 행하라고 지시했다.

그리고 종종 하늘에 계신 그의 아버지 뜻에 따라 행하는 것에 대해 말했다. 하느님에 대한 '아버지'라는 호칭은 예수 생전 당시 하시딤들이 사용하고 있었다. 그래서 유대인들은 예수가 하느님을 아버지라 부르는 것을 보고 그를 하시딤 중의 한 명으로 인식했다. 이들 하시딤은 기도를 통해 비를 내리게 하고 병자를 낫게 할 수 있다고 믿었다. 예수는 하느님과의 특수한 관계에서 신비적인 초능력을 발휘한다는 점에서 하시딤과의 연관성을 추정하게 된다.

기독교에서 가난을 종교적 가치로 표현한 점 또한 하시딤의 극좌파 에세네파의 종교 강령과 비슷하다. 집단 은둔생활을 하고 있던 에세네파는 하늘왕국에 대한 사상을 가지고 가난과 정의를 중요하게 여겼다. 에세네파의 구원을 위한 희망과 메시아 출현에 대한 사고가 초기 기독교 사상에 스며든 것으

꽃 샤갈, 유대교 회당

로 보인다. 즉 유대교는 예수가 창시한 기독교가 유대교의 한 분파인 에세네파라는 극좌파가 독립해 나간 종교라는 인식을 갖고 있음을 엿볼 수 있다.

유대교와 기독교가 극명하게 다른 점이 있다. 유대교는 유대인에 한정된 종교인 반면 기독교는 예수의 죽음과 부활을 계기로 사랑과 전 인류의 구원을 지향하는 보편적인 종교로 발전하게 되었다. 구약이란 '하느님이 인간에게 이런 계명(율법)을 지키면 구원을 하시겠다'는 약속이다. 그러나 인간은 그 계명이나 율법을 지키지 않다가 하느님의 심판에 놓이게 되었다. 그래서 새로운 약속(신약)을 주셨다. 그것이 예수 그리스도를 믿는 것이다. 구약이 어떻게 하느님의 계명을 지켜야 하는 것이냐 하는 문제와 하느님의 선택을 받은 민족인 이스라엘의 역사를 기록하였다면, 신약은 예수가 그리스도, 곧 구세주이심과 하느님의 아들이심을 알게 하고 그를 왜 믿어야 하는가를 가르쳐주는 안내서다. 구약은 하느님과 유대 민족과의 약속이며 신약은 예수 그리스도를 통해 구원의 범위를 이방인에게까지 넓힌 것이다.

그러나 기독교 문명의 번성은 포교와 전쟁이란 양자택일적 강압 수단에 의한 것이 많았다. 인류 역사에 기독교가 뿌리를 내린 이후 오늘날까지 신앙이란 이름으로 수많은 전쟁과 이로 말미암은 인류의 희생이 있었다. 그러나 유대교에는 포교나 전도라는 개념이 없다. 왜냐하면 유대교는 선민, 곧 선택된 민족만 갖는 종교이므로 굳이 이교도에게 전파할 이유가 없기 때문이다. 따라서 선교를 목적으로 야기된 이민족과의 무력투쟁 역사도 없다. 이러한 유아독존적이고 배타적인 면이 유대인에 대한 기독교권의 역사적 박해를 가중시킨 측면이 있다.

그러나 바울 사도에 의하면 복음은 "모든 믿는 사람을 구원하는 하나님의 능력"인데, "먼저 유다인들에게, 그리고 이방인들"(로마인들에게 보낸 편지 1:16)에게 적용된다. 이방인(헬라인)들은 율법을 행하는 유대인으로 개종하지 않고, 믿음으로 하느님의 백성이 될 권리가 있다는 것이다. 그러나 유대인들이 지금 불순종한다고 해서 이방인들이 유대인들을 차별하는 것은, 참 올리브 나무에 접붙인 돌 올리브 나뭇가지들이 우쭐대는 격이다. "여러분이 뿌리를 지탱하는 것이 아니고 뿌리가 여러분을 지탱한다는 사실을 기억하십시오"(로마인들에게 보낸 편지 11:18)라고 바울은 말하였다. 두 종교는 한 뿌리의 나무요 형제다. 이제 사죄하고 용서하며 화합해야 한다.

유대교와 이슬람교

이번에는 유대교와 이슬람교의 관계에 대해 알아보자. 이슬람교의 창시자 마호메트는 569년 메카에서 태어났다. 예수보다 569년 뒤에 태어났다. 그는 어린 나이에 부모를 여의고 할아버지의 보살핌으로 자라다가 나중에는 작은아버지 집에서 성장한다. 그는 가난하여 교육을 제대로 받지 못했으나 뛰어난 지성과 통찰력을 갖고 있었다. 12세 때 마호메트는 작은아버지를 따라 사막을 횡단하는 대상商隊의 일원으로 시리아에 가 그곳에서 처음 유대교와 기독교를 접하게 된다. 그는 유대교의 성경에 푹 빠져들었다. 아브라함과 이스마엘 등 그의 유대인 조상들은 그에게 영웅으로 마음속 깊이 자리 잡는다.

❖ 이스탄불의 술탄 마호메트 사원

그리고 당시에 아라비아 반도 주위에 뿌리내린 유대교나 기독교 같은 선진 종교의 영향은 우상숭배 등 구습에 젖어 있는 아랍인들에게 새로운 종교를 탄생시키는 데 촉매제 구실을 했다. 기원후 1세기부터 반도의 남부에 자리한 예멘에는 유대교가 서서히 전파되어 5세기 말에 이르러서는 히미리아조의 자누와스 왕이 유대교로 개종할 정도로 번성했다. 북쪽의 메디나(야스리브)에는 일찍이 로마 제국의 박해를 피해 팔레스타인으로부터 피난 온 유대인의 후예들이 살고 있었다.

마호메트가 청년이 되었을 무렵, 메카시에는 카디자라는 부유한 미망인이 살고 있었다. 그녀는 죽은 남편이 하던 장사를 맡아 관리해줄 사람을 구하고 있었다. 그러자 조카인 튜지마가 나서서 그의 친구인 마호메트를 추천하였다. 카디자의 관리인으로 들어간 마호메트는 뒤에 대상의 책임자가 되어 팔레스타인에도 자주 가게 되는데 사업 파트너인 기독교도와 유대인을 통해 그들이 가지고 있는 세계관, 신앙관, 관습 그리고 하느님 경배 방법을 알게 된다. 그러면서 점차 아랍 대중의 우상숭배를 바꾸어야겠다는 생각을 가지게 된다. 어떻게 민족을 구원할 수 있을까 하는 생각에 사로잡혀 사색과 명상을 계속하였다.

그러는 동안에 카디자는 마호메트에게 호감을 갖게 되어 두 사람은 결혼하게 된다. 25세에 15세 연상인 카디자와 결혼한 후 마호메트는 메카에서 으뜸가는 부자가 되었다. 그러나 그는 사치스러운 생활에 빠지지 않고 오히려 아예 메카 부근의 히라 동굴에 들어가 단식을 하며 인생의 진리를 찾기 위해 사색과 명상에 잠겼다. 15년이란 긴 세월이 흘러가 마침내 그의 나이 40세에 천사 가브리엘을 통해 "읽어라, 창조주인 너의 주님의 이름으로 그분께서 한 방울의 정액으로 인간을 창조하시고…"라는 알라의 첫 계시를 받는다. 문맹이던 그가 하느님의 메시지인 코란을 기록했다.

이로부터 각성하여 알라가 보낸 사람이란 뜻인 '라술라'로 자처하면서 유일신 알라의 종교인 이슬람을 포교하는 데 나섰다. 그는 우선 아내에게 참된 신, 곧 알라에 대해 설교했다. 다음에는 열한 살 난 사촌 동생에게, 그다음에는 하인에게 설교했다. 그는 이처럼 주변 사람들로부터 시작하여 차츰차츰 메카시의 사람들을 신도로 만들어나갔다. 그 뒤부터 그는 자신을 하느님, 곧 알라가 보낸 모세나 예수보다 더 위대한 예언자라 했다.

메카에서의 초기 포교는 온갖 탄압과 비방, 중상 속에서 많은 우여곡절을 겪는다. 활로를 찾기 위해 그는 70여 명의 신자와 함께 622년 9월 24일 메카에서 북쪽으로 400km 떨어진 메디나로 활동무대를 옮겼다. 이 역사적인 이동을 이슬람사에서는 '헤지라', 곧 성천聖遷이라고 한다. 17년 후에 제2대 할리파 오마르가 이날을 이슬람력의 기원으로 선포했다.

새로운 종교가 뿌리를 내리기 시작하였다. 마호메트는 우선 아랍인들 사이에 널리 퍼져 있던 우상숭배를 금지시켰다. 그리고 제물을 바치지 못하게 하고 기도를 제도화했다. 유대인과 기독교인들의 윤리도덕관을 체계화시키고 이들 두 종교처럼 신앙인에게 사후 기쁨이 보상된다고 주장하였다. 이슬람이라는 말은 '평화롭게 되는 것'이라는 뜻의 아랍어다. 창조주 하느님의 법칙에 따름으로써 인간이 현실과 내세에서 평화에 이르는 것이 이슬람의 가장 큰 뜻이다.

마호메트는 그가 새로운 종교를 전파하고 있는 곳인 메디나의 유대인들이 그를 지지하고 모세, 예수 다음의 예언자로 받아들여 줄 것을 기대했다. 그러나 유대인들은 마호메트를 거부했다. 그뿐만 아니라 그들은 성경에 관한 마호메트의 무지를 비웃었다. 유대교에 근거를 둔 마호메트의 종교가 바로 그 유대인들에 의해 무시된 것이다. 마호메트는 유대인들의 냉대에 격분하여 보복을 결심한다. 그는 메디나를 중심으로 인근지에 퍼져 있는 유대인 공동체(커뮤니티)를 하나씩 공격하여 점령해나갔다. 유대인들을 쳐부수면서 하느님이 자신의 편에 있음을 느꼈다. 유대인과의 싸움에서 연전연승하면서 탈취한 재물을 이용하여 더 많은 추종자를 모을 수 있었다.

624년부터 627년 사이에 세 차례의 큰 전투를 거쳐 메카에 있던 기존 세력을 제압하고 드디어 630년 1월 메카에 무혈입성하였다. 이해를 이슬람사에서는 '정복의 해'라고 부른다. 이듬해 메카의 여러 부족들은 메디나에 사절단을 보내 메카인들이 이슬람으로 개종할 것을 서약했다. 마침내 그는 메카의 지배 계층도 굴복시켰다. 그리고 아라비아 곳곳에 사는 부족들을 차례로 정복했다. 다음해인 632년 마호메트는 노구를 이끌고 메카를 순례하고 부근의 아라파트 산에서 마지막 고별 연설을 하면서 이슬람의 승리를 세상에 공식 선포했다. 마호메트는 그해 6월 향년 62세로 영면했다. 이후에도 마호메트 군단은 635년 다마스커스, 638년 팔레스타인, 640년 시리아, 641년 이집트를 점령하면서 "알라는 신이고, 마호메트는 그의 예언자다"라는 외침을 퍼뜨린다.

한쪽 손에는 코란을, 다른 한쪽 손에는 칼을 들고 이슬람교를 포교한 것이다. 이 말은 얼핏 들으면 이슬람 정복자들이 피정복민에게 개종을 강요하며 이를 거부하면 무력 탄압을 하였다고 오해하기 쉬우나 실상 이슬람교도들은 정복한 이교도들에 대해 오히려 관용적인 편이었다. 그들이 정복전을 성전이라 믿고 용감히 싸운 것은 사실이지만 정복민에 대해서는 개종을 하든가 납세 의무, 곧 공물을 받치든가 하는 양자택일을 하게 하였다. 억지로 개종을 강요하거나 잔인한 살육을 자행하지는 않았다. 오히려 정복당한 주민들이 자발적으로 개종해서 적극 이슬람 지배체제에 협력하는 경향이 각지에서 나타났다.

이같이 서기 7세기 전반 아라비아 반도의 메카에서 출현한 이슬람은 광범위한 권역을 형성하면서 유라시아와 아프리카의 여러 곳에 확산됐다. 이슬람의 확산이란 종교로서의 이슬람교와 그에 바탕한 복합적 이슬람 문화의 지역적 전파를 의미한다. 이슬람교도 본질에 있어서는 유대교, 기독교와 크게 다를 바 없다. 유일신을 믿고 아브라함을 조상으로 섬기며 예수의 복음을 인정한다. 다만 마호메트를 마지막 예언자로 믿을 뿐이다. 그들의 종교를 이해하기 위해 그들의 실천사항 5행을 보자.

(1) 유일신 알라에게 예배하고 마호메트가 예언자이다.

(2) 하루 5번 메카를 향해 기도하며 금요일에는 특별 기도를 하라. 그들이 처음에는 예루살렘을 향하여 기도하였다. 그러나 메디나에서 메카를 정복하기 위해 기도의 방향을 메카로 향하였다.

(3) 믿음에 따라 이웃에게 베풀어라.

(4) 9월에 단식하라. 이것은 가난한 것을 이해하고, 도우라는 뜻이다.

(5) 메카를 순례하라. 이것은 631년에 마호메트가 메카를 순례한 것에 유래한 것이다.

순례가 예언을 외우는 것보다 중요하고, 코란의 낭송은 죄를 사하기보다는 미연에 방지하기 위함이다. 평생에 꼭 한 번 이상은 순례를 해야 하며 도중에 사망하면 천국으로 간다고 믿는다. 노약자, 병자 순례객이 많아 순례 중에 사망하는 자가 많은 이유이다. 순례 중에는 금욕(마음, 성생활)해야 하고 손톱이나 머리는 못 깎고, 큰소리나 화를 내서도 안된다.

이러한 역사를 거치면서 유대교와 기독교, 유대교와 이슬람교는 서로 반목의 길로 들어서게 된 것이다. 그리고 기독교와 이슬람교도 대립하게 된다. 유일신 하느님을 믿는 시발점과 뿌리가 같은 세 종교, 형제 종교가 말이다. 파스칼은 그의 명상록에서 "우주 속에는 필연적이고 영원하고 무한한 존재가 딱 한 분 계시다. 오늘날 세상에 존재하는 종교 간의 갈등이나 논쟁은 저마다 신을 독점하려는 데 있으며 자신들만이 필연적이고 영원하고 무한하다고 착각하는 데서 비롯되고 있다"고 갈파하였다.

자신들이 믿는 종교만이 '참'이라고 생각하지만, 역사적으로 발전되어 온 모든 종교들 역시 이 유일한 종교적 진리에 참여하여 연관성을 가지고 있다. 이를 이해하고 인정해야 한다. 종교적 평화는 다른 종교들과의 통합integration 혹은 화해로 이루어질 수 있다. 이제 인류의 미래를 위해 세 종교는 서로 용서하고 화해해야 한다. 서로 상대방 입장에서 이해하고, 그동안의 잘못에 대해 서로 사죄해야 한다. 중요한 것은 신학적으로 누가 옳고 그르냐의 문제가 아니라 세 종교가 다 같이 믿는 하느님의 뜻에 누가 더 '합당한' 길을 갈 수 있느냐의 문제이다. 옳고 그름이 아닌 합당함을 찾아내는 것은 이제 인간의 몫이다. 세 종교는 합당함을 찾아 미래의 후손을 위해서라도 반목과 대립의 길을 청산하고 평화 공존의 관

계를 하루빨리 정착시켜야 한다.❖

세계 종교인 분포

참고로 세계 종교인 분포를 보면, 세계 인구 65억 명 가운데 기독교도가 21억 5000만 명으로 가장 많다. 다음이 이슬람교도로, 12억 5000만 명이다. 이를 다시 세분해서 보면 기독교는 가톨릭 11억 3000만 명, 개신교 3억 5000만 명, 정교회 2억 4000만 명, 성공회 8400만 명, 그 밖의 기독교 분파 3억 5000만 명으로 구성되어 있다. 그리고 이슬람교는 수니파 9억 4000만 명, 시아파 1억 7000만 명 등이다. 2006년 교황청 연감에 의하면 단일 종교로는 이슬람이 가톨릭을 제치고 1위로 올라섰다.

그 밖에 힌두교 9억 명, 유교·도교 등의 중국 전통 종교 4억 명, 불교 3억 8000만 명(대승불교: 1억 9000만 명, 소승불교: 1억 2000만 명 등), 원시 토착신앙 3억 명, 아프리카 토속신앙 1억 명, 시크교 2300만 명, 주체사상 1900만 명, 정령숭배 1500만 명, 유대교 1400만 명, 바하이 신앙 700만 명, 자이나교 420만 명 순이다. 이외에도 수많은 종교가 현존하고 있으며 많은 사람이 그 종교들을 믿고 있다. 또 종교를 갖고 있지 않은 무종교·무신론·불가지론자가 11억 명이다.

전 세계 인구를 65억 명이라고 할 때 세 명 가운데 한 명은 기독교, 다섯 명 가운데 한 명은 이슬람교를 믿는 셈이다. 현재까지는 기독교도의 수적 우위가 유지되고 있는 셈이지만, 이슬람교도의 놀라운 팽창률과 그것보다 상대적으로 저조한 기독교도의 증가율을 감안하면, 앞으로 반

❖ 강영수 지음,《유태인 오천년사》, 청년정신, 2003

세기 이내에 양자 사이의 관계가 역전될 가능성도 배제할 수 없는 상황이다.

현대 유대교의 세 흐름

현대 유대교의 분파는 크게 세 종류다. 성경에 기록된 대로 사는 정통파 유대교, 현대의 흐름에 맞추어 진보된 개혁파 유대교, 그리고 중도보수 격인 보수파 유대교가 있다. 하스칼라 운동과 게토로부터의 해방 이후, 유대교는 다양한 흐름으로 현대 세계에 대처하는 모습을 보여주고 있다. 하스칼라 운동이란 유대인들이 사회와 융합할 것을 주장하며 비종교적인 현대교육을 장려하는 운동이다.

정통파 유대교

정통파 유대인은 섭씨 35도의 폭염 아래에서도 검은 모자를 눌러 쓰고 검은 두루마기와 검은 양복에 검정 넥타이까지 매고 다닌다. 유대 민족의 살아 있는 골동품 격인 이들은 아이들도 10여 명 이상씩 낳는다. 하시딤, 곧 철저한 경건주의자들이다. 정통파는 다시 그들이 믿는 교리에 따라 여러 종파로 나누어지지만 이들은 모든 면에서 거의 비슷하다. 하시딤

은 랍비 문학에서 계명을 철저하게 지키는 사람들을 지칭하는 말로 사용되었다. 하시디의 경건은 신성한 영감과 궁극적으로 구원에 이르게 한다고 미쉬나에 언급되어 있다. 이들은 독특한 의복을 착용하고 귀밑머리를 기르고 있기 때문에 쉽게 구별할 수 있다.

정통파 유대교에서 기록된 율법인 토라와 구전율법은 여전히 종교적으로 준수해야 할 유일한 규범이다. 정통파 유대교는 이러한 규범을 수정하라는 현대의 압박에 끈질기게 저항해왔으며, 매일 드리는 예배와 음식에 관한 규정, 전통적인 기도와 의식들, 규칙적인 토라 연구, 회당에서 남녀가 따로 앉는 것 같은 관행을 철저하게 지켜왔다. 또한 안식일과 종교 절기를 엄격하게 지킬 것을 명령하며 공동예배 시에 악기 사용을 금한다. 외형상의 경직성에도 불구하고 정통파 유대교는 상당한 다양성을 지니고 있다. 삼손 라파엘 히르시의 지도 아래 19세기 말에 발전한 신 정통파는 현대적인 의상의 착용, 설교 시의 일상어 사용, 현대 문화에 대한 보다 긍정적인 견해를 허용한다.

개혁파 유대교

유대교의 전통적인 신앙, 율법, 의식 중 많은 것을 수정하거나 포기함으로써 현대의 변화된 사회적·정치적·문화적 상황에 적응하려는 시도이다. 개혁파 유대인은 모든 예배의식을 현대화하였다. 예배를 드리는 의식이 마치 한국의 기독교 의식과 같아서 설교도 하고 찬송도 하는 등 교인들에게 퍽 개방적인 종파이다. 하시딤이 극단적인 보수주의의 입장이라면 개혁파는 극단적인 자유주의로 생각할 수 있다. 개혁 유대교는 성서와 랍비적 기원을 가진 저서, 예를 들어 탈무드에 규정된 의식, 율법, 관습의 구속력에 도전함으로써 정통 유대교와 차이가 있다. 이 운동은 19세기 초 독일에서 평신도들이 주도하여 시작되었다. 이스라엘 야콥슨(1768~1828년)은 평신도로서 1801년 브런즈윅에 혁신적인 학교를 세웠다.

1809년 그곳에서 어른들과 아이들이 함께 참가한 가운데 처음으로 개혁적인 예배를 보았다. 야콥슨의 예배의식은 히브리어가 아닌 독일어로 진행되었으며, 남녀가 함께 앉아도 되었다. 또한 오르간과 성가대가 예배에 추가되었다. 전통적으로 소년들의 성년의식인 '바르 미츠바' 대신 소년·소녀를 위한 견진성사를 제도화했다. 그 뒤 예배에서 이스라엘을 국가로 회복시켜 줄 개인적인 메시아에 대한 언급은 모두 생략했다. 개혁운동 지지자들은 더 이상 그들의 머리를 가리거나 기도할 때 숄(탈릿)을 두르지 않았다. 매일의 공동예배는 취소되고 안식일에 일을 해도 괜찮으며, 음식에 대한 율법(카슈루트)은 낡은 것으로 선포되었다.

보수파 유대교

보수파 유대인은 모든 종교의식을 잘 지키며 안식일마다 회당에 나가 예배를 드리는 경건한 사람들이다. 보수파 유대교는 전통 유대교의 본질적 내용을 보존하려는 종교운동이며, 개혁 유대교보다는 보수적 입장을 취하면서 종교 관습의 현대화를 허용했다.

유대 종교는 유대 문화 및 민족적 정체성과 밀접한 관계를 가진다는 생각을 고수하고 있다. 종교 관습과 전통을 비본질적인 요소로 여기는 태도를 비판한다. 역사 연구를 통해 구전법과 성문법의 내용들이 영속적인 종교 진리임을 밝힐 수 있으며, 이 절차를 거친 후 그 내용들을 현대적인 삶의 맥락에 맞도록 재해석할 수 있다고 봄으로써 생명력 있는 율법의 신성함을 강조한다. 식사 규정법도 존중하여 준수하지만 필요한 경우 수정도 가능하다.

정통파 유대교, 보수파 유대교, 개혁파 유대교를 위시한 모든 유대교 분파는 유대적 신앙의 추종자임을 자처하고 서로 상대방을 인정한다.

유대인 이야기를 쓰고 보니, 1990년대 초 밀턴 프리드먼과《흥망 세계 경제》를 쓴 일본의 가나모리 히사오가 벌였던 논쟁이 생각난다. 이들 사이의 논쟁은 국가경제의 흥망과 성쇠를 가져오는 원인이 '제도'에 기인하는 것인지, 아니면 '인간'에 기인하는 것인지에 대한 설전이었다. 프리드먼은 제도가 중요하다고 보았고, 히사오는 인간이 중요하다고 보았다. 프리드먼은 1980년대의 중국과 대만의 예를 들어 같은 민족이지만 제도적 차이로 경제력의 차이가 벌어졌다고 주장하였다. 결국 경제의 성공과 실패를 만드는 것은 인간이 아니라 제도라고 프리드먼은 보았던 것이다. 프리드먼은 진 적이 없다는 뛰어난 논쟁력으로 유명하다. 결국 이 논쟁에서도 프리드먼이 이겼다. 그러나 유대인 이야기를 쓰고 보니 경제는 인간이 주인공이었다. 세계 경제사의 주역은 유대인이었다.

사실은 유대인 이야기보다는 좀 더 현실감 있는 국제금융에 관한 글을 쓰고 싶었다. 여기에 우리 서비스 수지 적자의 근본 요인인 관광산업, 교육산업, 의료산업 등을 덧붙여 금융산업을 포함한 서비스산업의 중요성에 대하여 알리고 싶었다. 특히 요사이 국제금융시장이 얼마나 현란하게 돌아가고 있는지, 금융자본은 얼마나 빨리 팽창하고 있는지, 월스트리트와 런던 금융시장의 깊숙한 내부의 메커니즘은 어떻게 돌아가고 있는지 이야기해주고 싶었다.

파생상품이 만들어진 시대적 배경과 아울러 그 해악, 주식시장과 파생상품의 거래가 사람의 손을 떠나 치밀한 컴퓨터 프로그램들끼리 부딪치는 현장, 과학적 투자기법의 원리, 자본주의의 극을 달리는 국제금융시장의 실체, 첨단 금융기법 등을 욕심껏 파헤쳐 전달하고 싶었다. 너무 무분별하게 달리다 비록 신용위기가 터졌지만, 이는 감추어진 축복일 수 있다. 자본주의가 살아 있는 한 자본의 위력은 그 스스로가 다시 이야기를 시작할 것이다.

게다가 창의력과 의지로 키울 수 있는 관광산업, 미래의 궁극적 승부처인 교육산업, 가장 우수한 인재들이 모여 있는 의료산업을 비롯하여 이들 서비스산업을 키워낼 인재 양성에 관하여 이야기하고 싶었다. 그리고 그 무엇보다도 서비스산업의 '중요성'을 알리고 싶었다. 그냥 중요하다고만 외쳐서는 피부에 와 닿을 것 같지 않았다. 그래서 유대인을 통해 본 서비스산업의 경제사적 의미를 도입하여, 독자가 그 중요성을 피부로 느끼게 하고 싶었다. 그래서 고대부터의 유대인의 발자취를 추적하였다. 그런데 그만 너무 길어져 대하 드라마가 되어버렸다. 자그마치 책이 10권이다.

그간 쓴 내용을 다시 들여다보니 필자의 능력을 넘어서는 분야가 많았다. 한마디로 욕심이었다. 필자가 도전하기에는 역부족임을 자인한다. 게다가 소송을 무기로 유대인 연구를 감시하는 '유대인비방대응기구Anti Defamation League: ADL' 때문에 서구에는 유대인에 관한 자료를 구하기 어려웠다. 특히 비유대인이 쓴 책은 거의 없었다. 그럼에도 부족한 글을 모아 '유대인, 그들은 과연 누구인가?'라는 화두를 던지는 데 그쳤다. 그러나 누군가는, 또는 어느 조직에선가는 해야 할 일이다. 개인이 아닌 시스템을 갖춘 조직이 앞장서야 할 것 같다. 능력 있는 단체의 관심과 후학들의 정진이 있기를 바랄 뿐이다.

부끄러움으로 펜을 놓으며
KOTRA 연구위원실에서

가나모리 히사오 지음, 정재철 옮김,《흥망 세계경제》, 매일경제신문사, 1995

강영수 지음,《유태인 오천년사》, 청년정신, 2003

갤브레이스 지음, 장상환 옮김,《경제학의 역사》, 책벌레, 2009

공병호 지음,《인생은 경제학이다》, 해냄, 2006

권홍우 지음,《부의 역사》, 인물과사상사, 2008

기 소르망 지음, 김정은 옮김,《자본주의 종말과 새 세기》, 한국경제신문사, 1995

김경묵·우종익 지음,《이야기 세계사》, 청아출판사, 2006

김욱 지음,《세계를 움직이는 유대인의 모든 것》, 지훈, 2005

김욱 지음,《유대인 기적의 성공비밀》, 지훈, 2006

김종빈 지음,《갈등의 핵, 유태인》, 효형출판, 2001

니얼 퍼거슨 지음, 김선영 옮김,《금융의 지배》, 민음사, 2010

데릭 윌슨 지음, 신상성 옮김,《가난한 아빠 부자 아들 3》, 동서문화사, 2002

마빈 토케이어 지음, 이찬일 옮김,《성경 탈무드》, 선영사, 1990

막스 디몬트 지음, 이희영 옮김,《세계 최강성공집단 유대인》, 동서문화사, 2002

머니투데이 국제부 지음,《월가 제대로 알기》, 아카넷, 2005

문미화·민병훈 지음,《유태인 경제교육의 비밀》, 달과소, 2005

미야자키 마사카츠 지음, 오근영 옮김,《하룻밤에 읽는 세계사 2》, 알에이치코
　　리아, 2011

박윤명 지음,《상식 밖의 동양사》, 새길, 1995

박은봉 지음,《세계사 100장면》, 실천문학사, 1998

박재선 지음,《세계사의 주역, 유태인》, 모아드림, 1999

브라이언 랭커스터 지음, 문정희 옮김,《유대교 입문》, 김영사, 1999

비토리오 주디치 지음, 최영순 옮김,《경제의 역사》, 사계절, 2005

사카키바라 에이스케 지음, 삼정KPMG경제연구소 옮김,《경제의 세계세력도》,
　　현암사, 2005

사토 다다유키 지음, 여용준 옮김,《미국 경제의 유태인 파워》, 가야넷, 2002

새뮤얼 애드셰드 지음, 박영준 옮김,《소금과 문명》, 지호, 2001

시오노 나나미 지음, 김석희 옮김,《로마인 이야기》, 한길사, 2007

쑹훙빙 지음, 차혜정 옮김,《화폐전쟁 1》, 알에이치코리아, 2008

쑹훙빙 지음, 홍순도 옮김,《화폐전쟁 2》, 알에이치코리아, 2010

안효상 지음,《상식 밖의 세계사》, 새길, 1997

애디슨 위긴 지음, 이수정 옮김,《달러의 경제학》, 비즈니스북스, 2006

에른스트 곰브리치 지음, 이내금 옮김,《곰브리치 세계사 1, 2》, 자작나무, 1997

오오타류 지음, 양병준 옮김,《유태7대 재벌의 세계전략》, 크라운출판사, 2006

왕연중,《세계적 특허발명 이야기 1》, 세창미디어, 2009

우태희 지음,《세계 경제를 뒤흔든 월스트리트 사람들》, 새로운제안, 2005

유시민 지음,《부자의 경제학 빈민의 경제학》, 푸른나무, 2004

육동인 지음,《0.25의 힘》, 아카넷, 2009

윤승준 지음,《하룻밤에 읽는 유럽사》, 알에이치코리아, 2004

이강혁 지음,《스페인 역사 100장면》, 가람기획, 2006

이라유카바 최 지음,《그림자 정부(경제편)》, 해냄, 2005

자크 아탈리 지음, 양영란 옮김,《미래의 물결》, 위즈덤하우스, 2007

정성호 지음,《유대인》, 살림, 2003

존 스틸 고든 지음, 김남규 옮김,《월스트리트 제국》, 참솔, 2002

찰스 가이스트 지음, 권치오 옮김,《월스트리트 100년》, 좋은책만들기, 2001

찰스 킨들버거 지음, 주경철 옮김,《경제강대국 흥망사》, 까치, 2005

최영순 지음,《경제사 오디세이》, 부키, 2002

최영순 지음,《성서 이후의 유대인》, 매일경제신문사, 2005

최용식 지음,《돈 버는 경제학》, 알에이치코리아, 2008

최용식 지음,《환율전쟁》, 새빛에듀넷, 2010

최재호 지음,《유대인을 알면 경제가 보인다》, 한마음사, 2001

최창모 지음,《이스라엘사》, 대한교과서, 2005

최한구 지음,《유대인은 EQ로 시작하여 IQ로 승리한다》, 한글, 1998

코스톨라니 지음, 김재경 옮김,《돈, 뜨겁게 사랑하고 차갑게 다루어라》, 미래의창, 2005

쿠사카리 류우헤이 지음, 지탄현 옮김,《소로스의 모의는 끝났는가》, 지원미디어, 2000

폴 존슨 지음, 김한성 옮김,《유대인의 역사》, 살림, 2014

프레더릭 모턴 지음, 이은종 옮김,《250년 금융재벌 로스차일드 가문》, 주영사, 2009

피터 번스타인 지음, 안진환·김성우 옮김,《신을 거역한 사람들》, 한국경제신문사, 2008

홍성국 지음,《세계 경제의 그림자 미국》, 해냄, 2005

후지다 덴 지음, 진웅기 옮김,《유태인의 상술》, 범우사, 2008

성서(대한성서공회, 공동번역 개정판)

가우리의 블로그 정보센터

데니,〈인류의 100대 과학사건〉

박문환,〈고수 투자 데일리〉,《한경와우넷》

우광호,〈유대인 이야기〉,《가톨릭신문》

임성아,〈암모니아 합성법의 두 얼굴〉,《한겨레》

Divini Redemptoris, March, 1937

홍익희의
유대인 경제사 6
산업혁명을 세계로 전파한 유대 자본
근대 유럽 경제사 下

1판 1쇄 발행 | 2016년 8월 2일
1판 4쇄 발행 | 2024년 7월 30일

지은이 홍익희
펴낸이 김기옥

경제경영팀장 모민원
기획 편집 변호이, 박지선
마케팅 박진모
경영지원 고광현
제작 김형식

디자인 푸른나무디자인

인쇄 · 제본 프린탑

펴낸곳 한스미디어(한즈미디어(주))
주소 121-839 서울시 마포구 양화로 11길 13(서교동, 강원빌딩 5층)
전화 02-707-0337 | 팩스 02-707-0198 | 홈페이지 www.hansmedia.com
출판신고번호 제 313-2003-227호 | 신고일자 2003년 6월 25일

ISBN 979-11-6007-030-9 14320
ISBN 978-89-5975-861-6(세트)